춤을 사랑한 조선의 왕세자

"知年知孝"
"부모의 나이는 반드시 기억해야 한다.
이로써 한편으로는 기뻐하고 한편으로는 두려워한다."
父母之年 不可不知也 一則以喜 一則以懼
- 『논어(論語)』 《이인편(理仁篇)》 -

춤을 사랑한 조선의 왕세자

"효명"

도서출판 시간의물레

| 머리말 |

　순조 28년(1828) 6월 1일 오전 9시경 창덕궁 후원에 위치한 연경당에서 조선왕조 초유의 연회가 벌어진다. 바로 "연경당 진작(延慶堂 進爵)"!
　아버지 순조를 대신해 대리청정을 하던 효명세자가 어머니 순원왕후의 보령 40세 생일을 맞이하여 왕실가족 10명과 외척인 순조의 장인 김조순, 효명세자의 장인 조만영 등 12명만을 연경당으로 초대하여 연회를 열었다. 얼핏 규모로 보기에는 조촐한 연회 같았지만 내막은 상상을 초월하는 것이었다.
　연회의 주빈인 순조와 순원왕후가 연경당의 대청마루 동서의 보위에 앉고, 효명세자가 무릎을 꿇고 국궁사배의 예를 올리고 일어나자, 〈제천악〉이란 음악이 연주되고 〈망선문〉이란 춤이 시작되었는데, 이제껏 듣지도 보지도 못했던 노래와 춤이었다. 이어서 왕과 왕비에게 휘건을 올렸는데, 〈옥촉신〉이란 음악이 연주되고, 〈경풍도〉란 춤을 추면서 임금을 찬양하는 노래가 불리는 것이었다.
　효명세자가 올린 술잔을 순조가 마실 때까지, 〈만수무〉와 〈헌천화〉 두 개의 춤이 더 추어졌고, 다시 효명세자가 순원왕후에게 술잔을 올려서 왕후가 술을 마실 때까지 〈춘대옥촉〉과 〈보상무〉가 추어졌다. 의례에 따른 절차가 진행될 때마다 새로운 음악과 춤이 연이어 추어졌고, 연회를 마치려고 효명세자가 절하는 자리로 나아갈 때, 〈춘요호〉라는 음악에 〈무산향〉이라는 춤을 끝으로 17종의 음악과 노래, 그리고 정재가 끝났고, 순조와 순원왕후는 내전으로 돌아갔다.
　왕과 왕비에게 단 한 차례의 술을 올리면서 무려 17종의 음악과 춤이 추어진 이 연회는 조선왕조 역사상 전에도 후에도 없었다. 더구나 그 음악과 춤을 왕세자가 단 4개월 만에 만들어 6명의 무동에 의해 추어진 것은 불가사의한 일이었다. 더욱 놀라운 것은 그동안의 정재가 군무였던 것에 반해 〈춘앵전〉과 〈무산향〉은 독무라는 새로운 형태의 춤이 추어졌고, 영지, 윤대, 대모반, 화문석 등 새로운 무구들이 만들어졌으며, 정재 복식 또한 처음 보는 새로운 디자인이었다.

순원왕후의 생일은 5월 15일이다. 그런데 효명세자는 1795년 2월 13일에 거행된 정조의 ≪봉수당 진찬≫을 전례(前例)로 삼아, 33년 후인 1828년 2월 12일에 ≪봉수당 진찬≫보다 하루 빠른 날, 자경전에서 왕실 가족 11인, 내외빈 16인과 내외종친과 척신 10명 등 37인이 참석하는 대규모 연회를 열었다. 효명세자가 정조를 따르려면 순원왕후의 생일인 5월 15일에 또 연회를 해야 하지만 이 날은 창덕궁 인정전에서 치사와 표리만을 올리고, 6월 1일을 택하여 연경당에서 진작례를 행하였다.

　연회가 어떤 이유에서 보름간 연기되었는지 모르지만 당시에 특별한 자연적 정치적 사건, 사고가 없었던 것을 보면, 어쩌면 17종의 정재가 충분히 습의되지 못한 것은 아니었을까? 라는 추론도 가능하다.

　2001년 국립국악원의 ≪왕조의 꿈, 태평서곡≫의 홀기와 의례연출을 맡으면서 조선왕조의 궁중연향에 처음 접하게 된 이후, 수십 차례의 공연을 통해 『원행을묘정리의궤』의 〈봉수당 진찬〉에만 천착되어 있던 필자에게 2017년 3월, 한국예술종합학교 전통무용원 예술사 한 학기 과정에서 『순조무자진작의궤』를 강의하게 된 것은 행운이었다. 강의를 준비하면서 〈연경당 진작〉에 대하여 새로운 관심을 갖게 되었기 때문이다.

　2016년에 이어 2017년 6월 국립부산국악원의 기획공연 ≪왕이 모신 잔치, 효≫의 대본과 의례연출을 맡게 되었는데, 이를 계기로 무용단에서 강의 요청이 와서 10월부터 월 2회, 총 10회를 강의하게 되었다. 강의 내용은 ≪왕조의 꿈, 태평서곡≫과 ≪왕이 모신 잔치, 효≫ 그리고 필자의 논문 『정조, 사도세자의 천도재를 지내다』와 『순조무자진작의궤』, 『순조기축진찬의궤』 등이다.

국립부산국악원 무용단 강의는 〈연경당 진작〉에 대하여 조금 더 깊은 공부를 할 수 있었고, 그 내용은 2018년 (사)아시아민족조형학회 춘계 학술세미나에서 필자가 「효명세자 예제 정재명과 악곡명에 대한 연구」로 발표하게 되었다. 연구한 분량은 많았지만 학회지 규정상 20쪽밖에 게재하지 못한 아쉬움이 남았다.

본 책은 그 논문이 시작점이 되었고, 표제인 "춤을 사랑한 조선의 왕세자"는 2012년 국립국악원 정기 공연 "정재, 조선의 역사를 품다"의 2부 공연의 효명세자의 작품을 해설하면서 썼던 문장이다.

효명세자의 궁중연향을 통한 예악정치는 〈연경당 진작〉을 시발점으로 보이는데, 이 때 창제한 17종의 정재와 악곡의 명칭이 무척이나 궁금하였다. 효명세자는 과연 어떤 의도를 가지고 명명을 한 것일까?

효명세자의 정치적 의도를 들여다보고자 한 것이었는데, 17종 정재의 악장 내용은 절반 가까이 "당 현종과 양귀비"의 이야기와 관련돼 있었다. 비록 당 현종은 여인에 빠져 국사를 망친 황제로 후대에 비판을 받지만, 당시에 그의 치세기간은 중국 역사상 가장 빛나고 화려한 문화가 번성한 태평성대였고, 당 현종은 역대 황제 중 가장 춤과 음악을 사랑하는 예술가였다.

효명세자는 당 현종과 같은 군주가 되고 싶었다. 예악을 통한 이상정치, 궁중연향을 무기로 군주와 신하의 위치는 어디이며, 역할은 무엇인가를 확인시켜 안동 김씨 세도세력을 견제하며, 태평성대의 격양가가 백성들에게 불리기를 바랐다. 가뭄과 기근으로 백성이 고통을 받는 순간에도 효명세자가 궁중연향을 계속한 이유는 궁중연향의 효과가 모든 백성에게 혜택이 돌아간다는 사실을 잘 알고 있기 때문이다.

조선왕조의 궁중 연향은 단순히 궁중잔치로 끝나는 것이 아니라 그 후에 사면과 구휼, 세금의 감면 등으로 모든 백성들이 체감할 수 있는 혜택이 돌아갔다.

가문과 기근으로 고통 받는 것은 천도를 어겼기 때문에 일어나는 자연재해인데, 그것은 왕실의 잘못이 아니라 왕권을 누르고, 신권으로 백성의 고혈을 빨아먹는 안동 김씨 추종세력들 때문이라는 메시지가 궁중연향에 담겨있는 것이다.

효명세자의 궁중연향은 연산군 폭정 때의 흥청망청이 아니라 세종대의 여민락이다.

17종의 정재는 한국정신문화연구원이 발간한 장서각 소장의 영인본 『정재무도홀기』에서 찾았는데, 『무동정재홀기』는 대부분 연대미상이고, 『여령정재홀기』는 『고종신축진연의궤』(1901)에서 여령의 이름이 확인되어 연대를 표기하였다.

17종의 정재가 현대에 들어와 초연할 수 있었던 것은 "조선의 마지막 무동"이라 불렸던 고 김천흥 선생님의 노력과 희생의 산물이며, 이 초연 공연의 모든 사료와 사진은 국립국악원 무용단 전 안무자였던 하루미 선생님의 꼼꼼한 기록이 있었기에 가능하였다.

개인적 사정이 너무도 힘드신 와중에 많은 자료를 흔쾌히 함께 찾아 주시고, 자문해주신 하루미 선생님께 이 기회를 통하여 진심으로 감사드립니다.

아울러 적은 분량이라도 책을 내는 게 중요하다며, 원고를 정리해 달라고 종용하시고 격려해주신 "시간의물레" 권호순 대표님께도 감사드립니다.

코로나 팬더믹(Corona Pandemic) 속에 전국의 모든 봄 축제와 전통문화행사가 취소되면서 이루어진 결과물이니 새옹지마(塞翁之馬)일까? 전화위복(轉禍爲福)일까!

2020년 7월 맹하 　東湖 金巨富

目次

머리말 | 4

1장 조선왕실의 영재교육 | 11
1. 왕실의 수태(受胎) | 12
2. 왕실의 출산(出産) | 13
3. 왕세자 유아교육(幼兒敎育) | 14
4. 성균관 입학례(入學禮) | 19

2장 효명세자의 통과의례 通過儀禮 | 29
1. 효명세자의 탄생(誕生) | 30
2. 효명세자의 책봉(冊封) | 31
3. 효명세지의 관례(冠禮) | 33
4. 효명세자의 혼례(婚禮) | 40

3장 조선의 마지막 꿈이 지다 | 55
1. 효명세자의 훙서(薨逝) | 56
2. 효명세자의 애책문(哀冊文) | 60
3. 순조(純祖)가 친히 지은 제문(祭文) | 61
4. 효명세자 지문(誌文) | 62

4장 효명세자의 대리청정 代理聽政 | 63
1. 안동 김씨 견제 | 65
2. 새로운 인재등용과 측근 중용 | 66
3. 위민정책 실시 | 66

5장 왕실 전용 연회장을 짓다 | 69
1. 연경당(演慶堂)의 위치 | 70
2. 동궐도의 연경당 | 72
3. 연경당의 구조 | 73
4. 연경당의 기능 | 74
5. 현재의 연경당 | 76

6장 춤을 사랑한 조선의 왕세자 | 79
1. 예악정치를 계획하다 | 81
2. 악장과 정재를 만들다 | 82
3. 신작 정재의 주역 무동(舞童) | 86
4. 효명세자의 복심이 담긴 정재 | 88
5. 연경당 진작의 의미 | 91

7장 규장각, 효명세자의 보고 寶庫 | 93
1. 고금도서집성(古今圖書集成) | 95
2. 연감유함(淵鑑類函) | 97
3. 패문운부(佩文韻府) | 97
4. 법원주림(法苑珠林) | 98
5. 구간시화(龜磵詩話) | 98

8장 『순조무자진작의궤』 《부편》 | 101
1. 연경당 진작 | 103
2. 연경당 진작시 의주(儀註) | 111
3. 연경당 진작 정재와 악곡의 모티브(Motive) | 114

目次

9장 연경당 진작 정재와 악곡, 그리고 정재무도홀기 | 119

1. 예제 망선문(睿製 望仙門)/제천악(霽天樂) | 120
2. 예제 경풍도(睿製 慶豊圖)/옥촉신(玉燭新) | 126
3. 예제 만수무(睿製 萬壽舞)/다려(多麗) | 137
4. 예제 헌천화(睿製 獻天花)/경춘궁(慶春宮) | 150
5. 예제 춘대옥촉(睿製 春臺玉燭)/보살만(菩薩慢) | 157
6. 예제 보상무(睿製 寶相舞)/기라향(綺羅香) | 170
7. 향령무(響鈴舞)/옥련환(玉聯環) | 179
8. 예제 영지무(睿製 影池舞)/성성만(聲聲慢) | 189
9. 예제 박접무(睿製 撲蝶舞)/만정방(滿庭芳) | 199
10. 침향춘(沈香春)/청평악(淸平樂) | 212
11. 연화무(蓮花舞)/전향(天香) | 222
12. 예제 춘앵전(睿製 春鶯囀)/춘앵전무(春鶯囀舞) | 232
13. 춘광호(春光好)/자고천(鷓鴣天) | 249
14. 예제 첩승무(睿製 疊勝舞)/목란화만(木蘭花慢) | 260
15. 최화무(催花舞)/염노교(念奴嬌) | 273
16. 가인전목단(佳人剪牧丹)/탐춘령(貪春令) | 289
17. 예제 무산향(睿製 舞山香) | 296

10장 효명세자의 은밀한 사랑 | 319

1. 왕세자와 궁녀의 사랑 | 320
2. 효명세자의 은밀한 사랑 | 322
3. 화조가(花鳥歌) | 325

■ 참고문헌 | 331

제1장 조선왕실의 영재교육

1. 왕실의 수태(受胎)
2. 왕실의 출산(出産)
3. 왕세자 유아교육(幼兒敎育)
4. 성균관 입학례(入學禮)

1. 조선왕실의 수태(受胎)

　조선왕실의 왕세자 교육법은 임신에서 태교, 그리고 출산과 육아, 교육에 있어서 세계 최고의 체계를 갖추고 있었다.
　왕실의 대를 잇는 왕자를 생산하는 것이 지상목표인 왕실에서 왕과 왕비의 합방은 철저하게 관리되어 왕비를 가장 가까이서 모시는 노상궁에 의하여 왕비의 가임 기간이 확인되면, 내의원에서 왕의 건강상태를 진료하고 관상감에서는 날씨를 예측하여 길일(吉日)을 알려 주면 왕과 왕비의 합궁일을 결정하였다. 길일은 보통 제조상궁이나 관상감 제조가 사일(巳日.뱀날)이나 인일(寅日.범날)을 피하여 택하여 올렸다.
　그러나 가임기간은 한 달에 4~5일인데 국가 제례나 중대사가 있거나, 왕의 심기가 불편하거나, 비 또는 천둥 번개가 치는 궂은 날씨 등도 합궁을 할 수 없으니, 실제로 왕과 왕비가 모든 조건을 갖춘 상태에서 합궁할 수 있는 날은 1년에 한두 차례여서, 정비(正妃)에서 왕자를 생산하기가 어려웠고, 따라서 이러한 제약을 받지 않는 후궁에서 왕자의 생산이 쉬웠다.

　왕실의 태교는 왕비나 후궁 그리고 세자빈 등이 수태가 확인이 되면, 가장 먼저 음식과 행동, 그리고 주변의 환경부터 바뀌는데, 우선 거처를 별궁으로 옮기고 본격적인 태교는 3개월째부터 시작되는데 아침에 눈을 뜨는 순간부터 시작된다. 먼저 성현의 교훈을 새긴 옥판(玉板)을 보고 외우는 것으로 시작하여 자수정이나 홍수정을 어루만지며 왕자의 탄생을 마음속으로 기원하고, 궁중 아악 중에서 가야금이나 거문고의 현악기 음악을 들으며 십장생도를 바라보며 누비옷을 짓는다. 누비옷을 짓는 것은 정성과 집중력이 필요한 섬세한 바느질을 통하여 마음의 안정을 꾀할 수 있기 때문이다.
　아이를 임신하면 몸가짐은 옆으로 누워 자지 않고, 비스듬히 앉지 않으며, 외발로 서지 않고, 부정한 것을 보거나 듣는 것을 피했으며, 맛이 야릇한 음식을 먹지 않는다. 특히 단맛을 과하게 섭취하는 것을 의원들의 조언을 들어 금하였는데, 이는 당분의 과다 섭취로 뼈의 주성분(칼슘)이 산모나 아이에게 나쁘다는 것을 경험적으로 알았던 것이다.

5개월부터는 낮에는 목소리 좋은 당직 내시가, 밤에는 역시 목소리 고운 상궁과 나인이 『천자문』, 『명심보감』, 『동몽선습』 등을 낭송하게 하였다.

7개월째 접어들면 섭취하는 음식의 변화가 있게 되는데, 육류는 피하고 콩으로 된 음식이 태아의 두뇌발달에 좋다하여 식전에 순두부를 먹었다. 그리고 각종 채소와 미역, 흰살 생선 등 해산물을 상에 올리는데 게와 문어·낙지 등은 피하였다.

2. 왕실의 출산(出産)

산달이 가까이 오면 보통 3개월 전에 왕실의 출산을 전담하는 산실청(産室廳)을 설치하는데, 업무를 총괄하는 도제조와 권초관[1])과 내의원 의원와 의녀, 그리고 여러 관원이 배속되어 30~50 명의 인원이 밤낮으로 수발을 하였다.

궁 안에서는 왕비나 세자빈만이 출산할 수 있고 후궁 이하가 출산할 때는 궁 밖의 사가에 나가서 출산해야 했으나 선조(宣祖)의 후궁 김씨가 친정에서 출산하던 중 사망하고, 뒤이어 또 숙의 정씨가 출산 중 사망하자 이후부터는 후궁도 궁에서 출산할 수 있게 되었는데, 격을 낮추어 호산청(護産廳)이라 하고, 1개월 전에 설치하고 관련된 인원도 많이 축소하였다.

왕자를 출산하는 산실은 24방위에 붉은색 방위도(方位圖)를 설치하고, 차지부(借地符[2])·와 최생부(催生符)[3])를 부착하며, 산모가 붙잡을 사슴가죽 고삐를 매단다.

아기가 태어날 산자리는 볏짚, 가마니, 풀돗자리, 양털, 기름종이, 흰말가죽 순으로 깔고, 날다람쥐 가죽을 말가죽 밑에 넣었는데, 이 모두가 순산을 기원하는 의미이다.

산자리를 깔 때 차지부를 3번 읽는데, "동서남북의 해신(海神)과 천신과 지신은 10장(丈)씩 물러

---

1) 권초관 : 출산 때 깔았던 산자리를 걷어서 산실의 문설주에 매다는 일을 하는 사람으로, 고위 관리 중 아들이 많고 복이 많은 사람으로 임명하였음.
2) 차지부 : 하늘과 땅, 그리고 사방 10보를 천지신명께 빌린다는 부적.
3) 최생부 : 순산을 기원하는 의미의 부적.

나 산모를 호위해 주고 악한 귀신을 몰아내 달라"고 하는 내용이다.

산실에 삼신상을 차려놓고, 아기가 무사히 태어나기를 비는데, 상에는 해산쌀(産米)4)과 물, 꺾지 않은 긴 미역을 차린다. 아기가 태어나면 해산쌀로 밥을 지어 세 그릇에 담고, 미역국도 세 그릇 담아 삼신상에 올려 삼신할미에게 감사하고 산모에게 첫 미역국밥을 먹인다.

산모는 쑥 달인 물로 목욕하고 아기는 복숭아 씨·매화뿌리·호두껍질·돼지쓸개즙 등을 우린 물로 목욕을 시킨다.

궁중에서 태어난 아기는 "아지(阿只)"라 쓰고 "아기"라 읽는데, 아기 뒤에 씨를 붙여 "왕자아기씨" "공주아기씨"라 불렀다. "아기씨"는 혼인하기 전의 왕자나 공주를 부르는 일반 호칭이었는데, "아가씨"의 어원으로 볼 수 있다.

3. 왕세자 유아교육(幼兒敎育)

1) 보양청輔養廳

왕실에서 원자가 탄생하면 바로 보양청을 설치하여 4세까지 원자의 양육과 보호를 담당하게 하는데, 제일 먼저 유모(乳母)를 선발한다. 선발 조건은 무엇보다 젖이 풍부하고 심성이 고운 부인중에서 대왕대비가 직접 면접하여 선발하였다.

원자의 유모를 구하는 문제는 단순히 젖 먹이는 부인이 아니라 유아기의 원자의 인성과 성격 형성에 영향을 미칠 수 있는 "원자의 스승"을 뽑는 일이었다. 원자가 장성하여 무사히 왕위에 오르면 유모는 '봉보부인(奉保夫人)'이라는 종 1품의 내명부 품계를 받는다.

종 1품은 정 2품인 육조의 판서보다 높고, 의복과 음식은 후궁인 빈(嬪)과 귀인(貴人)의 예에 따라 지급받는다. 그리고 봉보부인은 왕이 성인이 되었을 때에도 목욕수발까지 받든다.

원자의 유아 교육은 머리를 맑게 하고 기억력에 도움을 주는 총명탕(聰明湯) 등의 탕약을 섭취하기도 하지만 두뇌와 오장육부의 조화와 균형적인 발달을 위해 손과 발을 통한 운동도 한다.

---

4) 해산쌀 : 해산 후 산모가 먹을 밥을 지을 쌀.

손놀림이나 손끝놀림 등 손의 미세한 움직임이 뇌의 활성화에 놀라운 효능이 있음이 현대의과학으로도 밝혀졌는데, 손은 뇌의 연장이며 손가락 운동은 뇌의 넓은 부위를 자극하기에 두 손을 모두 사용하는 것이 중요하다.

우리가 어렸을 때 어르신들이 했던 유아 운동이 사실은 궁중의 왕세자 유아 운동법이 민간에 퍼진 것임을 알 수 있다.

(1) 부라부라 불불

유아의 양 겨드랑이에 손을 넣어 잡고, 좌우로 흔들어 움직이는 것인데, 앞이나 뒤에서 번갈아 해주면 효과가 더 좋다.

척추를 바로 세우는 자세로 뇌의 성장과 척추신경 강화, 키 성장에 도움이 된다.

(2) 도리도리 짝짜꿍

웃으면서 머리를 좌우로 흔들어 주는 운동으로, 도리도리는 머리를 흔들어 척수와 뇌의 균형 있는 발달을 꾀하는 것으로 도리도리(道理道理)는 '도의 이치를 깨달거라'라는 의미이며, '짝짜꿍'은 손바닥을 부딪쳐서 뇌를 활성화하고 건강하게 하는 운동으로 '짝짜꿍'이란 음과 양이 짝을 이룬 상태, 즉 태극의 상태를 말한다. 결국 '정신 차리는 도리를 알거라'라는 깊은 의미가 있다.

(3) 까꿍

까꿍은 영아의 시선에 벗어나 있다가 갑자기 나타나 놀라게 하거나 웃게 하는 동작이다. 대개 영아는 낯익은 얼굴이 가까이 있다가 없어지면 찾게 되는데, 이 때 갑자기 나타나서 "까꿍"을 외치면 아이가 크게 웃는다. 이 운동은 영아를 웃게 해서 뇌와 심장의 혈액순환을 활성화 하고 새로운 것은 받아들이게 하는 두뇌 발달 법으로 매우 효과가 높다.

사물이 아이의 눈앞에서 사라졌다가 나타나는 것을 반복하게 되면 아이의 '사물 인지 능력'이 향상되는 효과가 있다. 이 때 아이가 놀라서 경기를 일으키지 않도록 작은 소리로 "우르르~~한 뒤 까꿍!"을 조금 큰 소리로 한다. 선조들의 지혜다.

(4) 곤지곤지, 잼잼

곤지곤지는 한 손의 검지손가락으로 다른 손바닥의 중앙(심포혈)을 찌르는 운동으로 좌우로 손을 바꿔 가면서 한다. 잼잼은 열 손가락을 쥐었다 폈다 하는 운동으로 심장의 혈액순환과 뇌의 기능을 강화하는 데 효과가 있다. 곤지곤지(坤地坤地) 땅의 이치를 말하며, 잼잼은 '잡아라'라는 우리말이니 '곤지곤지 잼잼'은 '네 마음대로 이 세상이 만들어진 이치를 잡아라'라는 뜻이 된다.

(5) 꼬네꼬네(따루따루)

아기의 두 발을 어른의 한 손바닥에 올려 잡고, 한 손으로는 아이의 겨드랑이를 받치거나 손을 잡아 균형을 잡고 있다가 겨드랑이를 받친 손을 떼어 한 손으로 아이를 서게 하는 것인데, 아이가 처음엔 겁을 먹고 손을 놓으려 하지 않으나 조심해서 반복하면 아이가 어른을 믿고 손을 놓게 되고, 나중에는 좋아하게 된다. 이 운동은 아이와 어른 간에 신뢰가 형성된다는 점에서 매우 유용하며, 척추를 펴고 중심을 잡도록 하는 운동으로 균형감각을 일깨우고 척추를 강화하여 소뇌 발달에 도움을 주는 효과가 있다. 한편, 아이의 무릎에 힘이 붙어 첫 걸음마를 빨리 배우게 되는 효과도 있다.

(6) 길르래미 훨훨

두 손 좌우로 뻗은 후 끝을 흔드는 운동법으로 손끝을 흔들면 전체적으로 모세혈관의 혈액순환이 촉진되고 심장과 뇌의 발달에 도움이 된다. 훨훨은 날아가는 형상을 표현하는 말로서 기를 발산하고 수렴하는 의미를 담고 있다.

2) 강학청(講學廳)

강학청은 왕자가 5~8세의 기간 동안에 교육을 담당하는 관청으로 송시열의 『계녀서』에서 "딸은 어머니가 가르치고, 아들은 아버지가 가르친다"고 하였다.

① 교재 : 천자문, 동몽선습, 소학, 격몽요결, 한글과 체조
② 방법 : 큰소리로 몸을 좌우로 흔들면서 음률에 맞춰 읽음(배강 背講)
③ 음식 : 궁중 조청(물엿, 현미, 율무, 수수, 차조, 통밀, 호박, 생강, 마늘 등)
 - 두뇌발달 촉진음식 : 양파, 검은참깨, 참치, 미역, 달걀, 메밀, 우유, 굴, 호도, 콩,
 - 두뇌발달 저해음식 : 백설탕, 밀가루, 정제염, 식용유, 빙과류, 유가공품, 캔육류,

3) 세자시강원(世子侍講院)

　조선왕조 500년 동안 27명이 왕이 즉위했지만 적장자로 보위를 이은 왕은 단 7명뿐이었다. 따라서 이 때 효명세자의 위상은 대단히 중요하였고, 왕실과 조정은 원자 시절부터 철저한 교육 프로그램을 통하여 효명세자가 문무를 겸비한 최고의 성군(聖君)이 되도록 만전을 기했다.

　효명세자는 5세 때인 순조 13년(1813) 창덕궁 성정각[5]에서 사부와 빈객에 대한 상견례를 가지고 본격적인 학습에 돌입하였다.

　세자의 교육은 '서연(書筵)[6]'이라고 하는 의식에 따라 진행되는데, 효명세자의 서연은 주로 창덕궁 관물헌[7]에서 진행되었다.

　서연이 거행되는 방에 세자는 동쪽에서 서쪽을 향하고, 서연관은 서쪽에서 동쪽을 향하여 마주 앉았다. 교육이 시작되기 전에 세자는 평상복 차림으로 먼저 방에 들어가 기다리다가 서연관들이 대문 밖 서쪽에서 동쪽을 향하고 서서 기다리면 방 밖으로 나와 동쪽 계단을 통해 내려와 서쪽을 향해 섰다. 그러면 서연관들이 대문 안으로 들어와 서쪽 계단을 통해 방으로 들어가 자리에 섰다. 세자가 뒤따라 들어와 자기 자리에서 머리를 조아리고 두 번 절하면 서연관들도 머리를 조아리고 두 번 답배한 후 자리에 앉았다. 뒤이어 세자가 앉으면 앞에 책상을 가져다 놓았다.

　교육은 수업할 부분을 서연관이 먼저 읽고 세자가 따라 읽은 후 서연관들이 내용을 해설해 주는 방식이고, 설명 후에 잘 이해가 되지 않거나 궁금한 내용이 있으면 세자가 질문하고 서연관이 대답했다. 질의응답이 끝나면 학습한 내용을 되풀이해서 읽고 또 읽어 외우도록 했으며,

　학습평가는 서연관들이 일정한 기간마다 왕에게 보고하는 서도(書徒)를 통해 이루어졌다

　세자의 교육은 아침과 저녁에 조강(朝講)과 석강(夕講)이라는 두 차례의 강의가 있고, 늦은 밤에 이뤄지는 보충수업인 야대(夜對)와 필요에 따라 수시로 강의를 듣는 소대(召對)를 통해 유교경전과 역사서, 무예 등을 익힌다.

---

5) 성정각 : 세자가 학문을 익히는 전각으로 성정(誠正)이라는 명칭은 공자의 유교 경전인 ≪대학(大學)≫에 나오는 성의(誠意)와 정심(正心)이라는 말에서 따왔으며 학문을 대하는 정성과 올바른 마음가짐을 뜻한다.
6) 서연(書筵) : 왕세자(王世子)에게 유학의 경전(經典)과 사서(史書)를 강의하던 교육 제도.
7) 관물헌 : 창덕궁 안에 있던 정자. 갑신정변 때 김옥균 등의 개화당이 고종을 이곳에 모시고 회의를 열었다.

조선의 왕세자 교육의 특징을 5가지로 정리 하면 다음과 같다

첫째, 환경을 중시하는 교육(태교, 주변인의 선발 등)

둘째, 덕성을 중시하는 교육(소학을 통한 기본예절 체득)

셋째, 예제를 중시하는 교육(책봉례, 관례, 입학례 등)

넷째, 지식을 중시하는 교육(유교경전, 역사서 등)

다섯째, 예술과 체육을 중시하는 교육(시, 서예, 그림, 말타기, 활쏘기)

[표 1] 세자시강원의 구성(설서까지가 세자의 교육을 담당)

직품(職品)	인원(人員)	품계(品階)
사(師)	1원	영의정의 당연 겸임
부(傅)	1원	우·좌의정의 당연 겸임
이사(貳師)	1원	찬성이 겸임
좌·우빈객(左右賓客)	각 1원	종2품
좌·우부빈객(左右副賓客)	각 1원	종2품
찬선(贊善)	1원	정3품, 유현을 임용
보덕(輔德)	1원, 겸보덕 1원	정3품
진선(進善)	1원	정4품, 유현을 임용
필선(弼善)	1원, 겸필선 1원	정4품
문학(文學)	1원, 겸문학 1원	정5품
사서(司書)	1원, 겸사서 1원	정6품
설서(設書)	1원, 겸설서	정7품
자의(諮議)	1원	정7품, 유현을 임용
이서(吏胥)	21인	
도예(徒隷)	19인	

4. 성균관 입학례(入學禮)

　　조선시대 최고의 국가교육기관인 성균관에 입학하는 입학례는 보통은 왕세자가 12~15세에 치르게 되는데, 효명세자는 8세에 거행하였다. 입학례란 왕세자가 성균관을 방문하여 공자(孔子)와 성현(聖賢)을 모신 대성전에 참배하고, 명륜당에서 성균관 박사에게 제자로서 예를 행하고 가르침을 받는 것인데, 계속해서 성균관을 다니는 것은 아니고, 입학례 후엔 세자시강원에서 교육을 받는다.

　　유교가 국시(國是)인 조선에서 국왕의 후계자인 왕세자가 만고의 스승인 공자(孔子)에게 술잔을 올리는 의식을 통해서 왕세자 역시 유학을 공부하는 학생임을 천하에 알리는 상징적인 행사인 것이다. 성균관 입학례를 처음 거행한 왕자는 태종(太宗)의 장자였던 양녕대군으로 1403년(태종 3) 4월 8일 원자의 신분으로 성균관 문묘에 참배하고 작(爵)을 올리고, 박사에게 속수(束脩)[8]의 예를 행하였다.[9] 왕세자의 신분으로 성균관 입학례를 행한 것은 문종(文宗)인데, 1421년(세종 3) 12월 25일 왕세자(문종)이 8세의 나이로 성균관 대성전의 문묘에 작헌례를 행하고 박사에게 속수례를 행하고 가르침을 청하였다.[10]

　　공자(孔子)는 『논어』 《술이》편에서 "속수(束脩)를 행한 이상 내가 가르쳐 주지 않은 적이 없었다"라고 하였는바, 속수(束脩)란 가르침을 청하는 제자나 가르치는 스승에게도 매우 중요한 의미였다. "속(束)"은 열 묶음을 뜻하고, "수(脩)"는 말린 고기를 뜻한다.

　　공자(孔子)가 제자를 가르칠 때 돈을 받지는 않았지만, 모든 가르침은 예(禮)에서 시작한다고 생각하여 제자들에게 속수 정도의 선물만 가지고 오라고 하였던 것은 "제자의 예를 지키라"는 의미였다. 이후로 모든 제자가 스승에게 가르침을 청할 때는 반드시 최소한의 예물인 속수를 바쳐야 했는데, 이를 다른 말로 "선물(膳物)"이라 하며 오늘날의 "선물"이라는 단어의 어원이다.

　　효명세자의 성균관 입학례를 기록한 《왕세자입학도첩》이라는 화첩은 세자시강원의 관원 13인이 입학례를 무사히 치른 것을 기념하고, 함께 일한 것을 기리기 위하여 제작하였다. 화첩에는

---

8) 속수 : 제자가 될 때에 스승에게 드리는 최소의 예물(모시, 술, 마른안주).
9) 『태종실록 5권』, 태종 3년 4월 8일 갑인 7번째 기사.
10) 『세종실록 14권』, 세종 3년 12월 25일 갑인 2번째 기사.

당시 행사의 과정을 그림으로 기록하고 이를 설명하는 글과 함께 일한 13인 전원의 이름과 관직명 등을 기록하였다. 그림의 뒤에는 세자시강원의 좌빈객 이만수, 박사 겸 우빈객 남공철, 좌부빈객 김희순, 우부빈객 김이교, 보덕 서정보, 겸보덕 이헌기, 필선 이종목, 겸필선 홍경모, 문학 김병구, 겸문학 윤웅대, 사서 김재원, 겸사서 이규현, 설서 남이무 13명의 찬시와 세자시강원의 수장이었던 남공철이 발문을 지어 화첩의 제작경위를 설명하였다.

궁중에서 행해진 중요한 행사를 그림으로 재현한 것을 궁중기록화라고 하는데, 중요한 행사를 전례(典禮)에 어긋남이 없이 성대하게 치른 것을 기념하고 후세에 전달하기 위하여 기록화도 제작되었다. ≪왕세자입학도첩≫화첩은 왕세자의 입학을 기록한 화첩으로는 유일하다.

1) 출궁의(出宮儀)

순조 17년(1817) 3월 11일 아침, 효명세자는 공정책에 홍룡포 차림으로 세자익위사의 관원의 호위아래 가마를 타고 창경궁 홍화문을 나서 성균관으로 향하였다.

[그림 1] 〈출궁도〉, 『왕세자입학도첩』. 경남대학교 박물관 소장

[그림 1]의 앞부분에 좌우 의장기와 의장물을 든 노부꾼들이 앞장섰고, 그 사이의 보마(寶馬)의 등에는 왕세자의 인(印)이 실려 있으며, 그 뒤에는 왕세자를 상징하는 청양산이 있다. 그 뒤 조총을 어깨에 맨 군사와 활과 동개(화살통), 환도를 찬 무사들은 세자의 호위를 맡은 세자익위사 군사들이다. 담장을 안의 녹색 관복을 입은 사람들은 세자의 교육을 담당했던 세자시강원의 관원들이고, 그 뒤에 윗부분에 10명의 가마꾼이 든 여(輿)11)에 효명세자가 타고 있었다. 그림의 가마에 효명세자가 없는 것은 왕과 왕비나 대비, 그리고 세자와 세자빈 등 왕실이 주요 인물들은 실제로 그리지 않고 자리만 표시하는 전례에 다른 것이다.

2) 입학의(入學儀)

효명세자는 성균관에 도착하자 학생복인 청금복(靑衿服)12)으로 갈아입고 대성전에 올라간다. 성균관은 소속 관리와 유생들에게만 주어진 특별한 공간이므로 효명세자를 수행한 인원은 행사장에 들어 갈 수 없다.

① 작헌의(爵獻議)

성균관 대성전에 들어가 공자와 성현들의 신위에 술을 올리는 의식으로, 대성전에 들어선 효명세자는 제일 먼저 공자(孔子)의 신위에 향을 피우고 술잔을 올렸으며, 이어서 안자(顔子), 증자(曾子), 자사(子思), 맹자(孟子) 등의 신위에게도 같은 의식을 행하였다

[그림 2] 작헌도에서 건물 안의 흰 사각형은 모두 대성전에 모신 성현들의 신위(神位)이고, 노란 사각형은 효명세자가 절하는 자리이다.

가운데 5개의 품(品)자 모양의 신위는 위쪽 중앙이 공자(孔子), 우측(東)이 안자(顔子)와 자사(子思), 좌측(西)이 증자(曾子)와 맹자(孟子)의 신위이다.

대성전 안과 마당에 청금복을 입은 성균관 유생들이 가득한 것은, 대성전에서의 작헌례의식의 집사자들은 모두 유생들이 하기 때문이다.

마당 우측에 붉은 상위의 그릇은 효명세자가 손을 씻는 관세(盥洗)이고, 노란 자리는 효명세자

---

11) 여(輿) : 여는 지붕이 없는 가마이고 연(輦)은 지붕이 있는 가마이다.
12) 청금복 : 성균관 유생의 교복으로 유건(儒巾)을 쓰고 옥색에 청색으로 깃과 섶 등을 댄 단령을 입는다.

의 관세위(盥洗位)이다.

[그림 2] 〈작헌도〉, 『왕세자입학도첩』. 경남대학교 박물관 소장

② 왕복의(往復儀)

왕복의란 세자가 명륜당 밖에서 스승에게 수업을 청하는데, 세자가 세 번 청하고 스승이 두 번의 사양 후에 세 번째 허락하는 형식적인 의례이다. 처음 사양하는 것을 예사(禮辭), 두 번째 사양하는 것을 고사(固辭), 세 번째 사양하는 것을 종사(終辭)라고 한다. [그림 3]에서 보면 명륜당 동계(東階) 앞에 홍색 관복을 입은 사람이 박사 남공철이고, 명륜당 대문 밖의 노란 자리가 효명세자의 위치이다. 이 대문 밖의 효명세자와 안의 남공철 사이를 오가며 말을 전하는 사람을 장명자(將命者)라고 하는데, 성균관 유생의 모범생인 '극선(極選)'이 맡았다.

세자의 스승이 될 것을 허락하면 세자가 예물을 들고 안으로 들어가게 되는데 폐백은 세자가 직접 들고 들어가야 하지만 이 때 효명세자의 나이가 8세로 어려서 집사자 유생이 들고 들어갔다.
　동쪽이 상석(上席)이고 서쪽이 하석(下席)이지만 비록 왕세자라 할지라도 스승과 제자 사이에서는 스승이 높기 때문에 남공철이 동쪽에 섰다. 계단 위에는 수폐의를 행할 자리가 동서에 마련되어 있고, 서쪽의 막차는 효명세자가 의식을 준비하는 동안 쉬는 공간이며, 명륜당 안에는 수업을 받을 자리가 마련되어 있다. 담장 밖의 막차는 효명세자가 왕복의를 준비하는 동안 쉬었던 막차인데, 세자익위사의 호위가 엄중하다.

[그림 3] 〈왕복도〉, 『왕세자입학도첩』. 경남대학교 박물관 소장

③ 수폐의(授幣儀)
　수폐의는 스승에게 예물을 올리는 의식인데, 이때 효명세자가 스승에게 올린 예물은 폐백(모시 3필)과 술(2 말), 안주(육포 5묶음)이었다.

[그림 4] 〈수폐도〉, 『왕세자입학도첩』. 경남대학교 박물관 소장

[그림 4]에서 보면 명륜당 월대 위에 홍관복을 입은 박사 남공철 앞에 세 명의 유생이 예물을 들고 있는 것을 볼 수 있는데, 효명세자가 한 가지씩 받아 스승에게 올리면 스승이 받아 좌측의 집사자에게 넘긴다.

"세자가 꿇어앉아 광주리를 올리고 재배(再拜)하니 박사가 답배(答拜)하였다. 세자가 꿇어앉아 광주리를 들어 박사에게 드리고, 예수(醴脩 술과 고기)를 받드는 자가 따라서 예수를 박사 앞에 올리니 박사가 꿇어앉아 광주리를 받아 집사에게 주고 또 다른 집사자 하나가 꿇어앉아 예수를 가지고 물러갔다. 보덕이 세자를 인도하여 뜰 사이에 세우고 북으로 향하여 재배하게 하고 나아가 편차에서 쉬었다."13)

---

13) 『순조실록 20권』, 순조 17년 3월 11일 갑인 1번째 기사

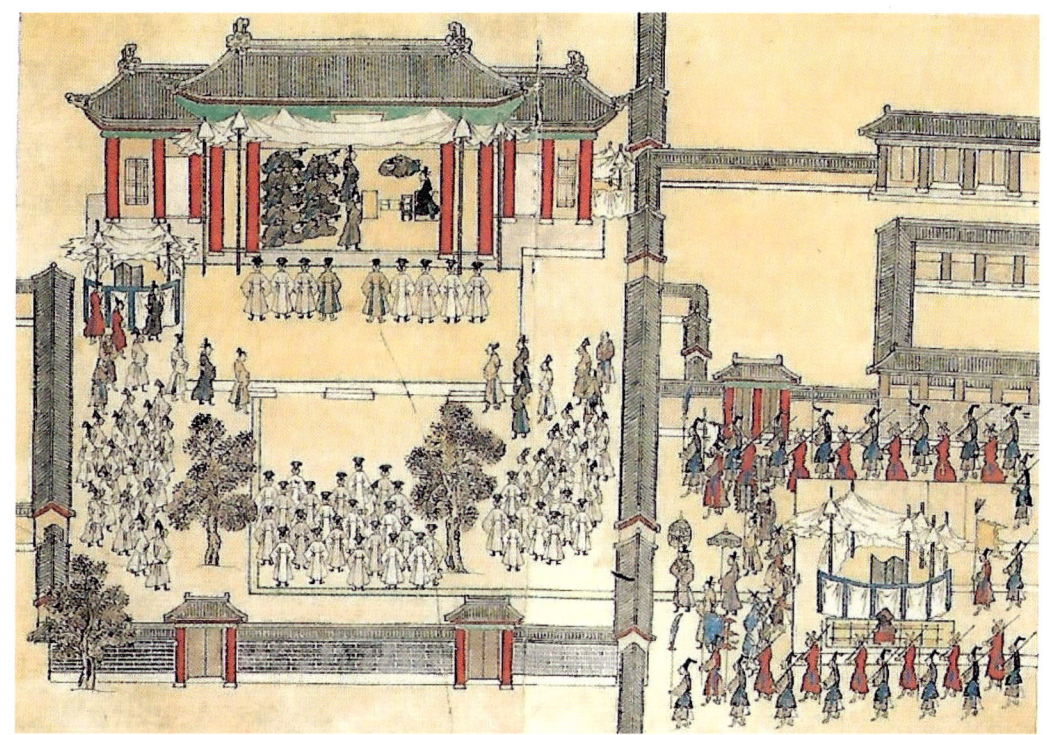

[그림 5] 〈입학도〉, 『왕세자입학도첩』. 경남대학교 박물관 소장

④ 입학의(入學儀)

입학의는 세자가 명륜당에 올라 스승에게 수업을 받는 의식으로, 박사가 평상복으로 갈아입고 명륜당의 동벽에서 서향하였고, 보덕이 세자를 인도하여 서계로 올라 박사 앞에 나아가 자리에 올라 동향하고 꿇어앉으니, 집사가 강서(講書)인 ≪소학(小學)≫을 박사 앞과 세자 앞에 놓았다. 이 때 박사 앞에는 책상이 놓였고, 효명세자는 무릎을 꿇었다. 박사가 글을 읽자 세자도 따라 읽고 박사가 글 뜻을 해석하였다.

이 때 박사가 ≪소학(小學)≫의 〈제사(題辭)〉를 강(講)하였는데, "오직 성인(聖人)만이 천성을 온전히 보존한 자이다[惟聖性者]."라는 내용이었다.

이어서 "어떻게 하면 성인이 될 수 있습니까?"라는 8살의 어린 효명세자의 질문에 남공철은 놀라움과 반가움에 "저하의 질문이 종묘사직과 백성의 복입니다"라고 치하하며 답을 하였다.

효명세자의 질문과 박사 남공철의 대답은 대성전을 벗어나 마당에 가득한 유생들에게도 또렷하게 전해졌으며, 성균관 유생들이라 할지라도 평생 보기 어려운 장면을 직접 목도하면서 미래의 군주에 대한 희망을 품었을 것이다.

【조선왕조실록 한조각】

『순조실록 20권』 순조 17년 3월 11일 갑인 1번째 기사

왕세자가 명륜당에 앉아 ≪소학≫의 제사(題辭)를 강(講)하였는데, '오직 성인(聖人)만이 천성을 온전히 보존한 자이다.[惟聖性者]'라는 대목에 이르러 박사 남공철에게 묻기를,
"어떻게 하면 성인이 될 수 있습니까?"
하니, 박사가 일어서서 대답하기를,
"저하(邸下)의 이 물으심은 참으로 종묘 사직과 신민의 복입니다. 세자께서 어린 나이에 입학하여 이미 성인이 되기를 스스로 기약하는 뜻이 있으니, 참으로 이 마음만 잘 미루어 확충하신다면 요(堯)임금도 될 수 있고, 순(舜)임금도 될 수 있는데 지금부터가 그 시작입니다."
하였다. 세자가 또 묻기를,
"여기에서 '들어와서는 효도하고 나가서는 공손하라.[入孝出恭]'고 하였는데, 효도를 하려면 무엇부터 먼저 하여야 합니까?"
하니, 박사가 대답하기를,
"효도를 하는 길에 대하여 그 허다한 절목을 논하자면 갑자기 다 대답해 올릴 수 없습니다. 다만 마땅히 덕을 닦고 착한 행실을 하는 것으로 근본을 삼아야 할 것입니다. 부모의 마음을 기쁘게 해 드리는 데에 어찌 이보다 더 큰 것이 있겠습니까? 그리고 수신(修身)은 제가(齊家)·치국(治國)·평천하(平天下)의 근본인 만큼 효도의 큰 근본은 이보다 더한 것이 없습니다." 하니, 8살 효명세자가 가납(嘉納)하였다.

3) 수하의(受賀儀)

수하의는 입학의를 마친 세자가 궁궐에 돌아와 이튿날(순조 17. 3. 12) 문무백관과 종친의 하례를 받는 의식으로, 효명세자는 당시 세자궁이었던 창경궁 시민당에서 원유관에 강사포 차림으로 하례를 받았다.

효명세자의 입학례 절차를 모두 마치자, 순조(純祖)는 교서를 반포하여 신료들의 노고를 치하하고, 입학의 관계자와 성균관 유생들을 궁중으로 불러 연회를 베풀었다.

세자시강원과 세자익위사에게도 포상을 내렸고, 입학의례의 집사자 역할을 했던 성균관 유생들에게는 서책과 문방구를 하사했으며, 국가에 경사가 있을 때 치르는 경과(慶科)와 별시(別試)를 치루어 유생(儒生)들에게 관리로 임용될 기회도 주었다.

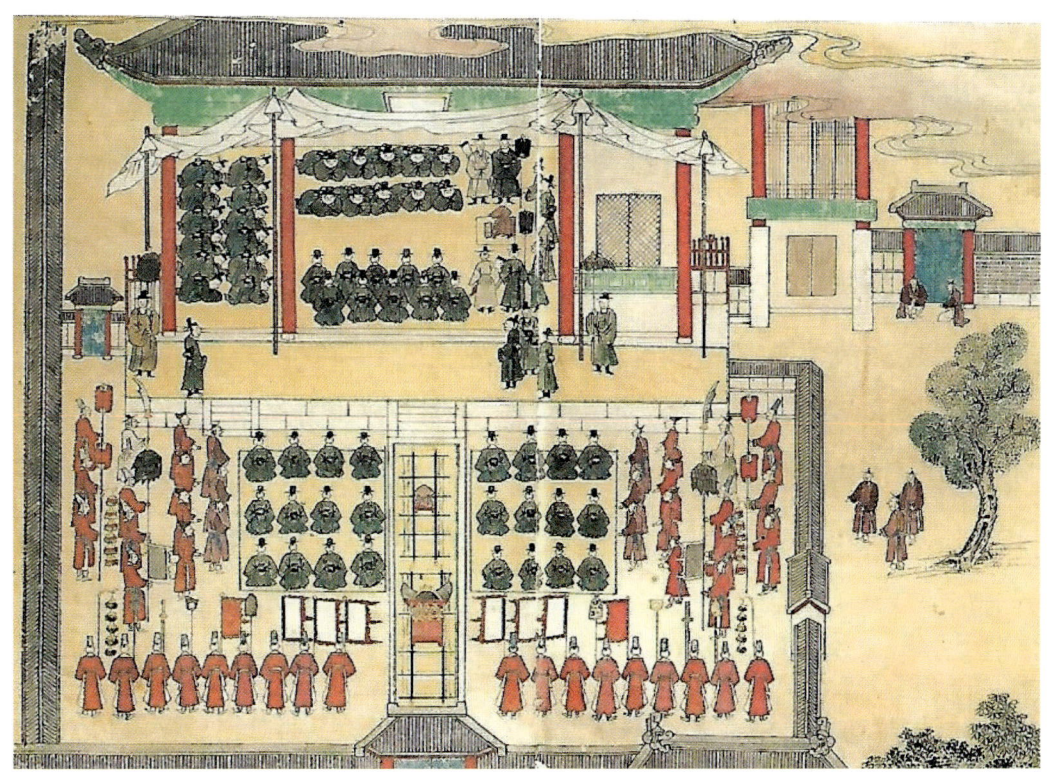

[그림 6] 〈수하도〉, 『왕세자입학도첩』. 경남대학교 박물관 소장

제 2장 효명세자의 통과의례 通過儀禮

1. 효명세자의 탄생(誕生)

2. 효명세자의 책봉(册封)

3. 효명세지의 관례(冠禮)

4. 효명세자의 혼례(婚禮)

1. 효명세자의 탄생(誕生)

　조선왕조 역사상 가장 예술적 재능이 뛰어났던 효명세자는 순조 9년(1809) 8월 9일 창덕궁 대조전에서 출생하였는데, 이 때 부모의 나이는 순조(純祖) 20세, 순원왕후 21세였다.
　순조(純祖)와 순원왕후의 첫 아이이자 장자로 태어난 효명세자는 현종(顯宗)과 명성왕후 슬하에 숙종(肅宗)이 탄생한 이후로 148년 만에 왕후의 몸에서 난 적통 왕자였으니 왕실의 경사이자 축복 그 자체였다.
　순원왕후는 태몽으로 용꿈을 꾸었는데, 아기가 태어나자 얼굴을 보니 이마가 툭 튀어 나온 귀상에 눈에는 영기(靈氣)가 어린것이 노상궁들은 조부인 정조(正祖)를 닮았다고 수군거렸다고 한다.
　순조(純祖)는 크게 기뻐하여 바로 원자로 삼았고, 자신이 태어났을 때 부왕인 정조가 했던 것과 똑같은 예에 따라 원자궁에 공상(供上)하는 전국의 토산물을 바치도록 하였다.
　순조(純祖)는 출산 당일에 신하들에게 원자의 출산 사실을 알리고, 3일 뒤에는 종묘와 사직에 원자의 출생을 알리는 고사묘(告祀廟)를 치르고, 7일 뒤에는 진하(進賀)[1]와 반교(頒敎)[2], 사면(赦免)[3]과 경과(慶科)[4] 등 국가적 의례를 차례로 할 것을 지시하였다.
　그리고 신하들의 주청에 따라 창덕궁 인정전에 나아가 정조(正祖)의 비(妃)인 왕대비 효의왕후 김씨와 할머니인 혜경궁 홍씨, 자신의 생모인 가순궁 수빈 박씨에게 치사(致辭)[5]와 전문(箋文)[6], 표리(表裏)[7]을 올리고 하례를 받았다.
　신하들은 진하에서 앞 다투어 원자의 출생과 왕실의 경사를 축하했으며, 원자 탄생과 관련한 모든 절차가 끝나자 순조(純祖)는 그동안 수고한 모든 신하와 관원들에게 품계를 올려주거나 상을

---

[1] 진하(進賀) : 나라에 경사가 있을 때 조신(朝臣)들이 모여 임금에게 나아가 축하하는 일.
[2] 반교(頒敎) : 나라에 특별한 일이 있을 때 백성에게 널리 알림.
[3] 사면(赦免) : 삼강오륜을 저촉되지 않은 모든 죄인을 풀어 줌.
[4] 경과(慶科) : 나라에 경사가 있을 때 특별히 치루는 과거시험.
[5] 치사(致辭) : 경사가 있을 때에 임금에게 올리던 송덕(頌德)의 글.
[6] 전문(箋文) : 나라에 길흉의 일이 있을 때 왕에게 아뢰던 사륙체(四六體)의 글.
[7] 표리(表裏) : 대비나 왕비에게 올리던 옷감의 겉감과 속감을 말함.

내리는 것으로 치하하였다.

원자 탄생 7일째 되는 날 권초례8)를 행하고 산실청9)을 해산하였으며, 관상감에서는 원자의 태 항아리를 모실 태실 후보지를 보고하여 경기도 포천으로 정하고, 12월 21일에 한양에서 가져간 태항아리를 매장하여 장태 작업을 마쳤다.

원자 탄생 100일째에는 백일잔치를 하는데, 백설기는 백(百)과 백(白)이 같이 발음되는 의미로 만들었고, 인절미는 찹쌀로 만들어 차지고 단단하니 아기의 몸이 건강하고 단단하기를 기원하는 의미가 있다. 특히 송편을 꼭 만들었는데, 속을 넣지 않은 것과 속을 넣은 것, 두 가지를 만들었다. 속이 빈 것은 '뜻을 넓게 가지라'는 의미이고 속이 찬 것은 '속이 꽉 차라'는 의미였다.

승정원과 규장각, 내의원의 제조와 관원들에게 음식을 하사하고 종친과 의빈, 산실청의 제조에게도 노고를 치하하였고, 1년 뒤 돌이 되자 궁중에서 다시 잔치를 열고 '돌잡이'를 하였다. 돌잡이는 책, 붓, 먹, 활 등 문무를 상징하는 것과, 실, 쌀, 돈 등 장수와 복을 상징하는 것들이었다.

원자 탄생 날 사면하였던 것 외에 다시 유배 이하의 죄를 지은 관료들을 사면해 주고 한양의 큰 길거리에 사는 백성들에게 떡을 나누어 주며 왕실의 경사를 함께 기뻐하게 하였다.

2. 효명세자의 책봉(冊封)

순조(純祖)는 창덕궁 빈청(賓廳)10)에서 "왕세자의 이름 정하는 일을 행하였다. 시임(時任)·원임(原任)의 대신과 구경(九卿)11)·관각(館閣)12)의 당상, 육조(六曹)의 참판, 양사(兩司)13)의 장관이 빈청에서 회의하였는데, 대내(大內)에서 예명(睿名)14)을 일(日)자에 대(大)자를 붙인 〈대(旲)자를〉 써

---

8) 권초례(捲草禮) : 산후 산모에게 갈았던 짚자리를 걷어 내는 의식. 자손이 많고 재난이 없는 관료를 권초관으로 임명하여 진행함.
9) 산실청(産室廳) : 왕비나 세자빈의 출산 3개월 전에 설치하고, 후궁은 1개월 전에 설치하며 호산청이라 한다.
10) 빈청(賓廳) : 고위 관리의 대기 및 회의실로 창덕궁 숙장문 안쪽에 있으며 한 때는 순종과 황후가 타시던 어차고로 쓰이다 어차를 궁중유물전시관으로 옮기고, 빈청을 복원하기로 했으나 현재는 카페로 쓰이고 있다.
11) 구경(九卿) : 삼정승에 다음 가는 아홉 고관직. 의정부의 좌우참찬, 육조 판서, 한성부 판윤.
12) 관각(館閣) : 홍문관, 예문관, 규장각.
13) 양사(兩司) : 사헌부, 사간원.

서 내리고 인하여 경례일(慶禮日)에 주합루(宙合樓)에 봉안하라 명하였다.15)"

책봉례를 하려면 세자의 이름을 정하여 종묘에 고하여야 하기 때문에 세자의 이름을 정하라고 한 것인데, 이때 지은 이름이 "햇빛 대(旲)"로 정하였으나 읽을 때는 "영이라 하라" 하여 효명세자의 이름은 "이영(李旲)"이 되었고, 순조(純祖)가 친히 어필로 그 글자를 크게 써서 책봉 당일에 주합루에 봉안토록 하였다.

7월 6일 창덕궁 인정전에서 세자 책봉식이 거행되었다. 순조(純祖)는 구장복(九章服)16)에 면류관(冕旒冠)17)을 쓰고 어좌에 앉았으며, 세자는 칠장복(七章服)18)에 공정책(空頂幘)19) 차림으로 세자궁인 희정당에 대기 하였다.

인정전에서 전교관이 꿇어앉아 원자를 세자로 책봉한다는 순조(純祖)의 전교를 선포하자 집사관이 정사(正使)에게 죽책문20), 교명문21), 세자인22)을 전달하였다. 정사는 희정당으로 나아가 효명세자에게 전달하였는데, 사서(司書)가 왕세자를 인도하여 절하는 자리로 나가서 예를 행하고 책위(冊位)로 올라가 꿇어앉는다. 정사가 교명함을 가져다가 왕세자에게 주면 보덕(輔德)이 꿇어앉아 대신 받고, 정사가 책함(冊函)을 가져다가 왕세자에게 주면 사서(司書)가 꿇어앉아 대신 받으며, 정사가 인수(印綬)를 가셔나가 왕세자에게 주면 익찬(翊贊)이 꿇어앉아 대신 받고, 사서가 왕세자를 인도하여 내려가 다시 배위(拜位)에서 예를 마치고 안으로 돌아간다. 세자 책봉식은 인정전과 희정당을 오가며 진행되었다.

---

14) 예명(睿名) : 세자의 이름. 세자가 지은 글을 예제(睿製)라 한다.
15) 『순조실록』 12권 순조 12년 6월 2일.
16) 구장복 : 왕의 대례복으로 9가지를 수놓거나 그렸는데, 의(衣)에는 산·용·화(火)·화충(華蟲:꿩)·종이(宗彝 : 범)의 5가지를 아래 상(裳)에는 마름[藻]·분미(粉米 : 쌀)·보(黼 : 도끼)·불(黻 : 弓자 2개를 서로 반대로 놓은 모양) 4가지를 수놓았다.
17) 면류관 : 국왕이 면복(구장복)에 쓰는 예모(禮帽)로 모자위에 직사각형 판이 있어 평천관이라고도 하며, 앞은 양이라 둥글고 뒤는 음이라 네모졌다. 안은 붉고 겉은 검다. 앞과 뒤에 각각 9줄의 류(旒)에 오색의 구슬을 각각 9개를 꿰었다. 황제는 12류, 왕은 9류, 세자는 7류를 단다.
18) 칠장복 : 왕세자가 입는 대례복으로 구장복의 의(衣)에 산(山)과 용(龍)이 빠져 7문양이 된다.
19) 공정책 : 왕세자 또는 왕세손이 관례 전에 착용하던 관모(冠帽)로 면류관에서 평천판 없이 각(殼)만을 살린 것으로, 모정(帽頂)이 비어 있다. 이 각을 색라(色羅)로 싸고 지금(紙金)으로 장식하였으며, 쌍옥도(쌍옥도 : 비녀)를 꽂았다.
20) 죽책문 : 일종의 임명장이라 할 수 있음.
21) 교명문 : 세자에게 당부하는 훈계의 글.
22) 세자인 : 세자를 상징하는 도장.
  정조는 영조가 하사한 "세손지보"를 항상 모든 행사에 앞세워 자신의 정통성을 강력하게 시위하였다.

효명세자의 책봉 교명문에서 표현된 순조의 감격은 여느 군왕과는 다른 것이었다.

> "아! 너 원자(元子)는 모습이 준수하고 자질이 영명하였다. 큰 경사로 인해서 태어났음을 진실로 알겠으니 아름다운 상서가 여러 차례 드러났고, 사물을 대하는 가르침을 번거롭게 하지 않고도 지혜가 스스로 열렸다…"

10살에 왕위에 올라 정순왕후의 수렴첨정과 안동 김씨의 세도에 눌려 기를 펴지 못하였고, 왕 노릇조차 제대로 못하였던 순조(純祖)가 이제 10년 만에 아들을 얻고, 영특하게 자라는 네 살배기 아들을 세자로 책봉하여 왕실의 근본을 이었으니 그 감격을 어찌 말로 헤아릴 수 있으랴.

효명세자의 책봉문은 이어서, 어질고 현명하게 자라 세자로서, 아들로서의 본분을 다 하길 바라는 아버지의 바람과 기대를 한껏 드러낸 것으로 마무리 된다.

3. 효명세자의 관례(冠禮)

왕세자 관례는 효명세자가 성인(成人)이 되었음을 알림과 동시에 국가를 바르게 통치하겠다는 인격과 의무를 강조한 행위였으며, 국가의 규범을 세우는 중요한 통치행위로서 특히, 왕실의 권위와 위엄을 높이기 위한 국가의례로서 중요한 역할을 하였다.

효명세자의 관례는 국가의 매우 중요한 행사이므로 종묘에 미리 고하였고, 경희궁 숭정전에서 순조(純祖)의 전교를 발표하여 백성들이 효명세자의 관례가 있음을 알도록 하였으며, 교서(敎書)를 통하여 길일을 택하여 왕세자가 관례를 치르게 될 것임을 선포하였다.

효명세자의 관례의식은 경희궁 숭정전에서 순조(純祖)가 원유관에 강사포를 갖추고 어좌에 오르고, 종친이하 문무백관이 도열한 가운데, 관례의식을 담당하는 빈(賓)[23] 이하가 동문(東門)을 거쳐 전정(殿庭)으로 들어와 국왕에게 사배의 예(禮)를 행하였다.

전교관이 선고(宣敎)하기를,

---

23) 빈(賓) : 종2품의 대신으로 의식을 주관하며, 국왕의 교서를 선포함.

"지금 관(冠)을 세자에게 씌우니 경 등은 일을 진행하라." 하였다.

선교관이 교서함을 들어 빈(賓)에게 주니, 빈(賓)이 꿇어앉아 받은 후 빈(賓)과 찬의(贊儀)[24]가 동문을 거쳐 경현당으로 향하고, 예가 끝나자 순조(純祖)는 내전(內殿)으로 돌아갔다.

한편, 경현당에서는 효명세자가 공정책에 도포를 갖추고, 종친(宗親)중에서 선발한 의식을 주관할 주인(主人)과 사부(師傅)[25], 그리고 의식을 진행할 여러 관원들이 준비하고 있다.

교서함을 받든 빈(賓)과 찬(贊) 일행이 경현당에 당도하면 주인이 궁문으로 나아가 빈(賓)을 맞이하는데, 빈과 주인이 읍(揖)하고 사양하며 문으로 들어섰다. 빈(賓)이 교서함을 받들어 안(案)에 놓자 필선(弼善)[26]이 왕세자를 인도하여 교지를 받들 자리로 나아가 왕이 계신 북쪽을 향하여 사배(四拜)하였다. 빈이 "유교(有敎)"라고 일컫자 왕세자가 꿇어 앉았다.

빈(賓)이 선교(宣敎)하기를,

"왕세자 아무에게 하교한다. 좋은 날 관례를 행하는데 옛 전장(典章)에 따라야 한다. 영의정 서용보에게 명하여 궁에 나아가 예(禮)를 펴게 한다." 하였다.

선교를 마치자 왕세자가 빈(賓)에게 사배하는데 왕의 대리인이기 때문이다. 빈객(賓客)[27]은 빈(賓) 앞으로 나아가 꿇어앉아 교서를 받아 왕세자에게 수었다. 왕세자가 꿇어앉아 교서를 받아 필선에게 주었고, 필선은 꿇어앉아 받아 교서함을 든 자에게 주었다.

이후 가관례를 행하는데 왕세자가 장차 착용해야 할 3가지 관(冠)과 복식을 갈아입는 삼가례(三加禮)를 하는데, 먼저 축사를 하고 관을 씌운 뒤 겉옷을 갈아입힌다.

왕세자 관례 사진은 필자가 기획·연출한 2001년 서울시 ≪왕궁수문장 교대의식≫ 부대행사로 덕수궁에서 거행된 〈왕세자 관례〉자료이다.

---

24) 찬의(贊儀) : 통례원의 5품관으로 의식의 진행과 관원들의 배례를 창홀함.
25) 사부(師傅) : 세자의 교육기관인 세자시강원의 당상으로 3정승이 겸임함.
26) 필선(弼善) : 정4품으로 세자의 스승 중 한 명이며 내엄과 외비 및 절차를 아뢰며 왕세자를 인도함.
27) 빈객(賓客) : 종2품의 세자시강원 관원으로 실질적인 세자의 교육을 담당하는 스승임.

1) 왕세자 취위

왕세자가 관례를 치룰 당(堂)에 오름

[사진 1] 왕세자 취위

2) 치포관

왕세자가 자리로 올라 꿇어앉으면 빈(賓)과 찬관이 빗질을 하고, 상투를 틀어 치포관(緇布冠)[28]을 씌운다.

[사진 2] 상투를 틀어 치포관 씌움

---

28) 치포관 : 머리를 정돈하는 수식으로 관을 쓸 때 상투에 씌운 작은 관.

3) 초가례(初加禮)

왕의 평상복인 익선관을 씌우고 곤룡포로 갈아입히는 절차이다.

축사하기를,

"좋은 달 좋은 날에 비로소 원복을 입히니 어린 마음을 버리고 그 이룬 덕을 삼가서 수고(壽考)를 누리고 큰 복을 받게 하소서."

하였고,

빈(賓)이 꿇어앉아 초가관(初加冠)인 익선관(翼善冠)을 씌웠다

[사진 3] 〈초가례〉,
익선관을 씌우고 축사를 함

4) 재가례(初加禮)

왕의 소례복인 원유관을 씌우고 강사포로 갈아입히는 절차이다.

축사하기를,

"좋은 달 좋은 날에 아름다운 옷을 거듭 입히니 위의(威儀)를 존경하여 그 덕을 밝히고, 만년토록 오래 장수하여 길이 복을 받으소서."

하였고,

　빈(賓)의 찬관이 자리 앞으로 나아가 초가관(初加冠)을 벗기고, 빈이 꿇어앉아 재가관인 원유관(遠遊冠)을 씌웠다.

[사진 4] 〈제가례〉, 원유관을 씌우고 축사를 함

5) 삼가례

　왕의 대례복인 면류관을 씌우고 면복(구장복)으로 갈아입히는 절차이다.
　축사하기를,

　"좋은 해 좋은 달에 그 관복(冠服)을 모두 더 입혀 그 덕을 이루었으니 만년토록 장수하여 한계가 없이 하늘의 경사를 받드소서."

하였고,

　빈(賓)의 찬관이 자리 앞으로 나아가 동쪽을 향하여 꿇어앉아 재가관을 벗기고, 빈이 꿇어 앉아 삼가관인 면류관(冕旒冠)을 씌웠다.

6) 초례(醮禮)

세자가 성년이 되었으므로 앞으로 술을 마실 수 있게 되는데, 초례(醮禮) 축사를 통하여 술에 대한 교훈을 일러주며 술을 내려 마시게 하는 절차이다.

[사진 5] 〈초례〉, 왕세자가 예주를 마심

사옹원 부제조가 예주(醴酒)를 따랐다. 빈이 예주를 받아 왕세자에게 올리고, 축사하기를,

"단 예주가 무르익어 좋은 향기를 풍기니 절하고 받아서 고수레하여 그 상서(祥瑞)를 정하고 하늘의 경사를 받들어 장수하면서 잊지 마소서."

하였고,

꿇어앉아 예주를 올렸다. 왕세자가 예주를 받자 빈의 찬관이 찬(饌)을 받들어 자리 앞에 벌여 놓았다. 효명세자가 예주를 고수레하고 예주를 맛보았다.

7) 명자례(名字禮)

성년이 되어 사용할 이름인 자(字)를 내려 주는 절차이다.

필선이 왕세자를 인도하여 서계를 거쳐 내려와 남쪽을 향하여 서고, 빈이 조금 나아가 자(字)를 붙여 말하기를,

"예의(禮儀)가 갖추어졌습니다. 좋은 달 좋은 날에 그 자(字)를 밝게 고합니다. 군자의 마땅한 바이니, 복을 누리기에 마땅할 것입니다. 길이 받아 간직하소서. 하교를 받들어 아무개라고 자(字)를 붙입니다."

하자 왕세자가 재배하고 말하기를,

'아무는 비록 민첩치 못하나 감히 공경하여 받들지 않겠습니까?'

하였고, 다시 재배하였다. 필선이 왕세자를 인도하여 동쪽 계단 아래에 이르러 서쪽을 향하여 서서 재배하였고, 사부·빈객이 답하여 재배하였다.

빈(賓)이 효명세자의 이름을 바로 부르지는 못하였으나, 효명세자에게는 "덕인(德寅)"이라는 이름을 주었다.

새로운 이름을 받은 효명세자는 관례의식에 참석한 사부와 빈객, 종친들과 차례로 재배(再拜)하여 관례를 마쳤고, 바로 순조(純祖)가 있는 홍정당으로 가서 부왕(父王)에게 하례를 올렸다. 순조(純祖)는 평상복인 홍룡포를 입고 있었고, 효명세자는 마지막 관례복인 면복(구장복)을 입었다.

순조(純祖)가 말하길,

"어버이를 효로 섬기고, 아랫사람을 인으로 접촉하시며, 사람을 의로 부리고, 사람을 은혜로 기르라."

하였다.

효명세자가 사배하고 조금 나아가 일컫기를,

"신이 비록 민첩치 못하나 감히 공경하여 받들지 않겠습니까?"

라고 답하였다.

그리고 관례를 주도하였던 주인과 빈·찬 등에게 속백(왕실에서 쓰는 예단)을 주어 공(功)을 치하하고, 관례를 마친 효명세자가 순조(純祖)와 순원왕후를 찾아뵙고 인사를 드리는 조알례(朝謁禮)로서 모든 의식을 마무리하였다.

4. 효명세자의 혼례(婚禮)

왕조국가에서 왕비가 된다는 것은 여자로서 오를 수 있는 최고의 자리요, 부귀영화가 보장된 자리라 할 수 있다. 아울러 내외명부를 총괄하는 수반(首班)으로서 실질적으로 권력의 중심에 서게 되고, 왕자를 생산하여 왕통을 잇게 되면 안정적인 특권을 누리게 되며, 그 아들이 왕위(王位)를 계승하면 대비의 지위로서 왕이 후사 없이 급서(急逝)를 하게 되면, 차기 왕의 지명권까지도 행사할 수 있게 된다.

조선(朝鮮)의 국모(國母)가 되는 길! 그것은 바로 간택(揀擇)에서 시작된다. 금혼령(禁婚令)으로 시작해서 초간택, 재간택, 삼간택을 거쳐 마침내 낙점이 되면, 별궁으로 직행하여 궁중법도를 교육받다가 납채, 납징, 고기, 책비, 친영, 동뢰의 육례(六禮) 갖추면 마침내 왕비에 오르는 것인데, 이 육례(六禮)에 대한 것은『국조오례의(國朝五禮儀)』나 각종『가례도감의궤(嘉禮都監儀軌)』에 상세히 실려 있으나 유독 간택의식 만큼은 그 관련 문헌을 찾기가 어렵다.

혼례(昏禮)는 인륜지대사(人倫之大事)라 하여 사대부가에서도 육례(六禮)를 갖추는 것을 이상으로 삼았으니, 만인지상(萬人之上)의 왕실에서는 그 절차가 더더욱 까다롭다. 우선 가례(嘉禮)와 길례(吉禮)의 구별없이 '간택(揀擇)'이란 제도가 생겨나면서부터 이에 선행되는 금혼령(禁婚令)과 처자봉단(處子捧單)이라는 격식 때문이다. 국가에서 먼저 금혼령을 내리는 바, 그 기간에 결혼을 할 수 있는 범위와 반대로 절대로 할 수 없는 범위를 밝히고 국혼(國婚)에 응할 자격이 있는 자녀를 가진 집을 대상으로 자진 신고를 강요하는 명령 때문이다.

간택은 『문헌비고(文獻備考)』에 의하면 선조(宣祖) 때 시작되었다고 하고 있으며 이익의 『성호사설』에서는 그보다 앞서 태종(太宗) 때부터였다고 한다. 실록에 나타난 바로는 선조(宣祖) 39년 왕자군 부인 후보의 간택이 처음이다.

1) 금혼령과 처자봉단(處子奉單)

금혼령은 위에서 말한 바와 같이 우선 국혼에 앞서 민간의 혼사부터 금하고 나서 처녀단자(處女單子)를 거둬들이기 위한 전제 절차이다. 이 법령이 발포되면 이 법의 구속을 받는 대상과 그와 관계가 없는 대상이 구체적으로 밝혀지게 된다. 즉 금혼령이라 해서 백성의 여하를 막론하고 절대 불가한 것은 아니며, 처녀단자 신고를 해야 하는 대상, 즉 국혼의 후보감이 될 수 있는 범위 외에 몇 가지의 금기사항이 있다. 예를 들면 모든 이씨(李氏)의 딸, 종실의 딸, 과부와 첩의 딸들은 제외되었다.

국혼의 거론은 대왕대비 또는 왕대비 등 왕실에서 가장 항렬이 높은 여성이 금혼령(禁婚令)을 내릴 것을 명하면 예조(禮曺)에서 구체적인 허혼범위와 단자봉단을 받아들이는 기한을 정하여 한성부 및 팔도(八道)에 공포한다.

후보자격이 없는 처재[헌종(憲宗) 때 예조에서 밝힌 예]
- ○ 국성(國姓: 李氏) 또는 본관과 관계없이 이씨
- ○ 대왕대비전과 동성(同姓)으로 5촌 친족 이내
- ○ 왕대비전과 동성(同姓) 7촌 친족까지, 이성(異姓)은 6촌 이내
- ○ 전하(殿下) 이성 친족의 형제 항렬로서 종 8촌 이내
- ○ 부모가 살아 있지 않은 사람

즉 위의 6가지 조건에 해당하는 처녀는 왕비(또는 세자빈) 후보 자격에서 제외된다. 따라서 처자봉단을 할 필요가 없는 것이다. 그리고 역으로 생각해 보면 후보의 자격을 유추할 수 있다.

후보 자격이 있는 처자
- ○ 이씨(본관 관계없음)외의 사대부 딸
- ○ 대왕대비와 동성(同姓)으로 6촌부터
- ○ 왕대비과 동성(同姓) 8촌부터, 이성(異姓)은 7촌부터
- ○ 왕의 이성 친족의 형제항렬로서 종 10촌부터
- ○ 부모가 살아 있는 9~12세 사이의 소녀

즉, 위의 6가지 조건에 드는 소녀가 적격자인 셈이다.

이 금혼령은 초간택이 지나면 그 선발(選拔)에서 빠진 처자와 마찬가지로 일반도 다 풀리게 마련이다. 금혼령을 내리면 한성부 및 각 도에서는 단자(單子)를 일일이 감봉(監捧)하여 예조(禮曹)로 올려 보낸다.

2) 초간택(初揀擇)

초간택에 참예하는 처자들의 복식은 송화색(松花色)노랑 저고리에 다홍치마, 지고리 위에 덧저고리로서 초록 견마기(肩莫伊)를 입는다. 치마 앞에는 4대조의 이름을 열기(列記)한 조그만 패(牌)를 단다. 입궁할 때에는 물론 걸어갈 수는 없고, 가마가 없는 집은 세를 내서라도 최소한 4인교를 타고가야 한다. 가마 앞뒤에는 몸종과 유모를 세우고, 더 갖춰진 신분의 아가씨는 수모(미용사)까지 딸린다. 없는 경우에는 유모가 대신한다.

요금문(창덕궁 서북문)을 통하여 들어온 처자들은 다시 가마를 타고 정전(인정전)을 비켜 그 동쪽 간택하는 전각 앞에서 내려 차비(差備 : 대기실)에 이른다. 여기서 우선 둥근 흑칠중반에 '응이(薏苡)'를 대접받았다 한다. 응이란 요즈음의 율무로, 이것을 녹말가루로 만들어 쑨 죽인데 설탕을 타서 먹으면 별미였다 한다.

간선(揀選), 소위 '선보이기'는 다른 넓은 마루로 옮겨서 시작되는데, 긴 복도의 문짝을 떼고 임시로 마루의 폭을 넓힌 소위 '보계(補階)'에서 거행된다. 그것은 선을 보는 편, 즉 왕을 위시한 그 가족·종친·외척 및 상궁들이 대청이나 방들을 차지하기 때문이다. 그 장소는 창덕궁의 경우 중희당이 많이 이용되었다.

30명 내외의 처자들을 한 줄로 세우고, 왕을 포함한 왕족들은 발을 치고 보는 것이다. 이 경우 당사자인 신랑은 참여치 않는 것이 전례였었다. 그런데 헌종(憲宗)은 자신이 꼭 보아야겠다고 우겨 친히 나와 보았다는 일화가 낙선재에 전한다.

그러나 왕족들이 나와서 본다 해도 발을 치고 그 너머로 보는 정도이고, 사실상 그날 선을 보는 주역들은 누대에 걸쳐 경험이 많은 노상궁(老尙宮)들이다. 이 '선보이기'가 끝나면 앞서 『임오가례일기(壬午嘉禮日記)』29)에 보면 간단한 점심식사(畫唊)가 나오는데 상은 각자 앞에 두 개씩이다. 왜반기상(倭盤只床)이란 쟁반과 상의 중간 같은 것으로 둥근 모양의 짧은 다리가 달린 조그만 상이다. 여기에 국수장국, 신선로, 김치가 놓여있고, 겹상으로 받친 흑칠중반에는 화채가 놓여 있다. 이것을 먹고 나면 그 날의 일과는 끝나는데, 음식을 먹는 식사예절을 꼼꼼히 관찰하고 무엇보다 음식을 남기면 안 된다.

처자들은 다시 먼저 들어왔던 문을 통해 집으로 돌아간다. 이 같은 간택이란 이름의 행사는 한 대에 두세 번 있을까 말까하는 일대 경사이므로 궁중에서는 잔칫날이나 다름없다. 각 종친·외척과 부인네들은 물론, 외빈들까지도 참례하여 음식이 벌어진다.

[사진 6] 〈초간택〉, 운현궁 왕비간택의식

2005년 4월 운현궁 문화행사의 일환으로 필자가 기획 연출하여 〈왕비간택의식〉이 최초로 재현되었다. 서울시 중·고등 여학생들을 대상으로 사전에 신청을 받은 후, 서류심사로 27명을 선발하여, 일주일에 걸쳐 운현궁 이로당에서 기본 예절과 다도(茶道) 등을 교육한 후에 운현궁 마당에 마련된 무대에서 거행하였고, 관람객들의 열렬한 호응에 힘입어 이듬해인 2006년 4월에 "2회 왕비간택의식"을 거행하게 되었다. 이때는 아쉽게도 비가 와서 운현궁 안채인 노락당에서 진행되었는데, 오히려 실제로 ≪고종·명성후 가례≫가 치러졌던 공간이라 의미가 더했다.

---

29) 임오가례일기 : 순종(純宗)의 가례절차를 기록.

3) 재간택(再揀擇)

재간택 일에도 절차는 같으나 다만 인원수가 예선에서 많이 줄어 5~7인이 입궁한다. 벌써 완전히 내정해 놓은 처자에 대해서는 눈에 보이도록 특별히 대우한다. 왕이 궐내로 불러 들여서 미리 만나보고 "네가 아무개의 딸이구나" 하고 반가워한다든가, 대비나 왕대비들이 벌써 은근히 사랑하여 어루만진다든가 하는 경우이다. 그리고 귀가할 때 육인교를 태우고, 내전에서 보내는 봉서(封書)까지 가진 글월비자를 시켜 따르게 한다 하였다.

〈운현궁 왕비간택의식〉에서는 5명을 선발하였고, 노랑저고리 다홍치마 위에 초록 견마기를 입었다.

[사진 7] 〈재간택〉, 운현궁 왕비간택의식

4) 삼간택(三揀擇)

사도세자와 가례를 올렸던 혜경궁 홍씨는 재간택시 이미 삼간택의 낙점을 받은 것으로 알려졌는데, 삼간택 날 창경궁에 들어갔을 때의 풍경을 『한중록』에 기록해 놓았다.

> "궐내 들어와 경춘전에 쉬어 통명전에 올라 삼전(三殿)께 뵈오니 인원왕후께오서 처음으로 감하오시고 '아름답고 극진하니 나라의 복이라' 하오시고 선대왕께서 어루만져 과애(過愛)하오시고 '슬기로운 며느리를 내 잘 가리었노라' 하오시고 정성왕후께서 기꺼하오심과 선희궁께 오셔 극진히 자애하오심이 이를 것이 없으니…."

어린 마음에도 감은하여 존경하는 마음이 스스로 우러나왔다고 했다. 삼전(三殿)을 뵈옵는 예가 끝나고 나서 날이 저물기 재촉하여 다시 삼전(三殿)께 사배(四拜)하고 별궁에 나오는데,

> "선대왕(영조)께오서 덩30)타는 곳에 친림하오셔 집수(執手)하오시며 '조히 있다가 오라' 하오시고 '소학(小學)을 보낼 것이니 아비에게 배우고 잘 지내다가 들어오라' 하오시고 권권연연 하오심을 받잡고 나오니 날이 저물어 불을 혓더라."

---

30) 덩 : 공주나 옹주가 타던 일종의 가마.

제 2장 효명세자의 통과의례   45

[사진 8] 〈삼간택〉, 운현궁 왕비간택의식

〈운현궁 왕비간택의식〉에서 삼간택은 3명을 선발하였고, 다홍치마 위에 초록 견마기를 당의로 갈아입었다. 삼간택에 참석한 3명의 처자 중 최종적으로 1명을 낙점하면, 당의를 원삼으로 바꿔 입고, 족두리를 쓰는 왕비의 평상복 차림으로 간택에 참석한 왕실의 어른들에게 하례를 드린다. 하례를 마치면 집으로 가지 않고 미리 지정된 별궁으로 가서 가례시까지 궁중의 법도와 궁중의례, 그리고 기본 소양과목과 역사 등을 학습한다.

[사진 9] 〈왕비 원삼〉, 운현궁 왕비간택의식

[사진 10] 〈대비전 하례〉, 운현궁 왕비간택의식

【왕비 간택의 일화】

영조(英祖)는 1757년 정성왕후가 훙서하자 국상을 치루고 난 뒤인 1759년 6월에 다시 혼례를 치렀다. 국모(國母)의 자리를 한 시도 비워둘 수 없다는 것이 왕조시대의 불문율이기 때문이다.

6월 2일 초간택, 6월 4일 재간택, 6월 9일 삼간택에서 김한구의 딸이 낙점되어 국혼일은 6월 22일로 정해졌다. 이리하여 66세의 영조(英祖)는 15세의 어린 처자를 왕비로 맞아들이게 되는데, 이 처자가 훗날 안동 김씨의 세도정치가 뿌리가 되는 "정순왕후"이다. 이 때 영조(英祖)의 아들인 사도세자와 며느리 혜빈 홍씨는 그녀보다 10살이 많았고, 세손(世孫)인 정조(正祖)는 6살이었다. 어쩌면 사도세자의 비극은 여기서부터 잉태되었는지 모른다.

정순왕후의 정치적 잠재력을 알 수 있는 일화가 두 가지 있다.

첫째, 초간택 때의 일이다.

초간택이 진행되는 방에 영조(英祖)가 들어가니 모든 처자가 머리를 숙이고 자리에 앉아 있는데 한 처자만이 서 있는 것이었다. 이상하게 생각한 영조는 "저 처자는 뉘집 규수인데 서 있느냐? 무슨 까닭이 있는지 알아보아라." 명하였다. 상궁이 가서 규수에게 앉기를 종용하였으나, 여전히 서 있는 것이었다. 이에 영조가 친히 "어디 몸이 불편하여 앉지 못하는 것이냐?" 임금의 하문에 작은 소리로 말하길 "방석 위에 어버이의 성함을 써 놓았으니 어찌 그것을 깔고 앉을 수 있겠습니까? 하였다.

어느 집 규수인자 알고자 방석에 규수들의 아비의 이름을 써 놓았던 것이다.

둘째, 재간택이나 삼간택일 것으로 짐작된다.

영조(英祖)는 후보 처자들에게 "꽃 중에 가장 좋은 꽃이 무엇인가?"라는 질문을 하였다. 후보 처자들은 제각기 자기가 좋아하는 꽃 이름을 말하였는데, 한 처자만 묵묵히 있더니, 한참 후에야 "세상에서 가장 좋은 꽃은 면화입니다."라고 말하는 것이었다. 뜻밖의 대답에 영조(英祖)가 그 이유를 물으니 "다른 꽃은 한 때 좋아하는 것으로 그치고 말지만 면화는 옷이 되어 천하 사람들을 따뜻하게 하는 공로가 있습니다."

이 처자의 말에 마음을 빼앗긴 영조(英祖)가 최후의 낙점을 한 것은 당연한 일이리라.

5) 별궁(別宮)의 운용

별궁은 국혼에 중요한 역할을 담당한다. 삼간에 뽑힌 처자는 이미 보통 신분의 사람이 아닌 까닭에 사가(私家)에는 돌아갈 수 없고 별궁으로 직행한다. 말하자면 별궁은 대궐과 사가(私家)의 중간 위치에 있는 것이다. 그 처자는 가례날 입궁할 때까지 이곳에 머물면서 장래 국모가 될 사전교육을 받는다.

별궁의 또 하나의 주요한 역할은 이곳에서 소위 육례(六禮) 중 오례(五禮)(왕의 경우 납채, 납징, 고기, 책비, 명봉영)을 치르는 일이다. 그러므로 국혼때 별궁은 비(또는 세자빈)의 집 역할을 하고 있으므로, 이 경우 별궁을 가리켜 '비씨재(妃氏濟)', '비씨가(妃氏家)'(세자의 경우는 '빈씨재', '빈씨가')라고 하며, 한편 『궁중발기(宮中件記)』[31)]에는 '부인궁'(임오가례 때)이라고도 쓰여 있다. 책빈 전에는 빈(嬪)이라 할 수 없기에 '부인'이라 부른 것이라 할 수 있다. 이 별궁의 필요성은 국가적 체통과 실리적인 면이 있다. 즉, 세자가 그 배우자를 맞이하러 가는 소위 '친영(親迎)' 때 일반 신민(臣民)과 같이 개인 저택에 온다는 것은 체면상 곤란하고, 한편 현실적으로 삼간 후에 있을 납채 등 소위 '오례(五禮)'의 행사를 치르는 데 있어서 그 많은 인원수의 접대가 사가로서는 도저히 감당하기 어렵기 때문이다.

이 밖에도 별궁을 쓰는 장점은 또 있다. 즉, 출입이 대궐같이 까다롭지 않기 때문에 국혼날까지 신부집 가족 및 친척들이 마음대로 드나들 수 있는 장점이 있다.

별궁으로 나온 후보는 앞으로 여기서 얼마만큼 있어야 하며, 그 기간 동안 무엇을 하는가.

그날 아침 삼간택에 참예하기 위해 일찍 집을 나올 때, 이미 이 사실을 알고 나온 것이지만 막상 바뀐 환경에 어린 소녀는 어떻게 대응하였는가? 혜경궁 홍씨는 당시 9세였는데 그녀는,

"궁인들이 좌우로 데리고 있으니 내가 선비(先妣)를 떠나 잘 알 일이 막연하여 잠을 못자고 슬퍼하니 선비(先妣) 마음이 또 어떠하시리오. 보모 최상궁이 성(性)이 엄하고 사정이 없어 '나라 법이 그렇지 아니하니 내려가소서' 하여 모시고 자지 못하니 그런 박절한 인정이 없더니라."

라고 기록하고 있다. 그러나 앞서 말한 바와 같이 별궁의 생활은 순전히 장래 왕비로서의 교양과 예의범절, 언어 등을 수련하는 준비 기간이다. 한편, 주위의 사람들은 본댁(친정) 모친을 비롯한

---

31) 궁중발기 : 물품의 목록과 수량을 기록한 책.

가까운 여인들과 대궐에서 나간 보모 상궁과 별궁 내인들이니 이들은 가례를 앞두고 여러 가지 의식 절차 준비에 매우 바쁘기 때문이다.

※ 필자가 연출한 운현궁 "고종 명성후 가례" 의식 中
  - 비수책 : 왕비로 책봉한다는 사실을 별궁에서 받는 의식

[사진 11] 궁궐 사신 별궁 도착 ①

[사진 12] 별궁에 예물 전달 ②

[사진 13] 왕비로 책봉한다는 교지 낭독 ③

[사진 14] 왕비에게 예물 전달 ④

제 2장 효명세자의 통과의례   49

[사진 15] 궁궐을 향해 4배함 ⑤

[사진 16] 왕비에게 별궁 상궁이 하례 ⑥

- 친영례(親迎禮) : 왕이 별궁에 가서 전안례를 올리고 왕비와 환궁하는 의식

[사진 17] 별궁에서 왕을 영접함 ①

[사진 18] 왕과 왕비의 상견례 ②

[사진 19] 왕이 전안례를 함 ③

[사진 20] 왕과 왕비가 하례를 받음 ④

[사진 21] 왕이 가마를 타고 환궁함 ⑤

[사진 22] 왕비가 가마를 타고 왕을 따름 ⑥

6) 효명세자의 가례(嘉禮)

효명세자빈의 간택은 경희궁 장락전에서 1819년 5월 6일에 초간택, 당월 19일에 재간택을 하였고, 삼간택은 세 달 후인 8월 11일에 하였다.

> 『순조실록 22권』(순조 19년 8월 11일 경자 2번째 기사)에 하교하기를,
> "세자빈의 혼인을 부사직 조만영 집에 정하려 한다. 경들의 논의는 어떠한가?"
> 하니, 빈청(賓廳)에서 아뢰기를,
> "삼가 성교를 받드니, 신명(神明)과 사람의 소망에 매우 합당합니다. 이는 곧 종사(宗社)와 신민(臣民)의 한 없는 행복이니, 신들이 기뻐하며 하례함을 금하지 못하겠습니다."
> 하였다.

세자빈으로 낙점된 처자의 아비인 조만영은 영조(英祖) 때인 1763년 통신사로 일본에 갔을 때 대마도에서 고구마 종자를 가져와 동래와 제주도에 재배하게 하여 백성의 배고픔을 해결했던 조엄의 손자이며, 삼정의 문란이 극에 달했던 1816년 6월에 암행어사로 임명되어 전라도 일대의 탐관오리들을 엄하게 징벌했던 강직한 관리였다.

효명세자의 가례는 『국조오례의』의 육례(六禮)에 따라 엄격하게 치렀다.

첫날밤을 치르는 동뢰연을 하였다고는 하나 효명세자와 세자빈 조씨는 실제로 합방하지는 않는다. 그 이유는 세자가 10세, 세자빈이 11세로 아직 어리기 때문인데, 각자 다른 전각에서 생활하다가 15세가 되어야 정식으로 합방할 수 있다.

동뢰연 다음날인 14일에 효명세자와 세자빈 조씨는 순조와 순원왕후에게 아침인사를 올리는 조현례(朝見禮)[32]를 하였고, 이튿날인 15일에는 대왕대비인 효의왕후에게 문안인사를 올렸다.

[표 2] 효명세자의 육례 절차

절차(節次)	내용(內容)	일시	장소
납채(納采)	청혼하는 의식	1819. 9. 20	숭정전
납징(納徵)	예물을 보내는 의식	1819. 9. 29	〃
고기(告期)	길일을 택하는 의식	1819. 10. 2	〃
책비(冊妃)	세자빈으로 책봉하는 의식	1819. 10. 11	〃
친영(親迎)	왕세자가 별궁에 가서 전안례를 올리는 의식	1819. 10. 13	별궁
동뢰(同牢)	술과 찬을 나누고 첫날밤을 치르는 의식	〃(당일)	광명전

---

[32] 조현례 : 사대부가 에서는 현구고례(見舅姑)禮라 하고 현대의 폐백과 같은데, 조부모가 계셔도 부모가 먼저 인사를 받는 것이 예법이다.

【궁중재현행사 이야기】

"2006 운현궁 왕비간택 재현행사"

1. 지원자 모집계획
 1) 지원자 공모
  ① 인터넷 공고 : 서울시, 운현궁, 관광공사 등 유관단체 홈페이지에 게재
  ② 언론사 공고 : 각 언론사 보도자료 배포
 2) 지원 자격
  ① 명성후 역 : 거주 지역 제한 없음
  - 15 ~ 17세의 여자 청소년
  - 신장 162 ~ 169cm(기 제작된 왕비 의상인 적의에 기준)
  ※ 머리를 땋아야 하므로 지나치게 짧은 커트 머리는 곤란함
  ② 고종 역 : 거주 지역 제한 없음
  - 15 ~ 17세의 남자 청소년
  - 신장 165 ~ 175cm(기 제작된 왕 의상인 면복에 기준)
 3) 지원방법 :
  ① 운현궁 홈페이지에 게재된 신청서를 다운받아 작성
  ② 운현궁 e-mail 또는 우편으로 접수
     (문의 : 운현궁 766-9090, 서울시 문화재과 3707-9451)
 4) 지원서류
  - 신청서, 자기소개서, 추천서
 5) 심사방법
  ① 서류심사
  - 자기 소개서
  - 학교장(담임) 추천서
  - 사회단체 추천(전통예절 교육기관)
  - 개인이력(학교, 사회생활, 연수경력 등)
  ② 행사심사
  - 초간택 : 기본예절(걸음걸이, 절하는 법 등)
  - 재간택 : 식사예절(차 마시는 법, 음식 먹는 법)
  - 삼간택 : 질문 및 종합평가

2005년 참가자

6) 선발인원
  ① 서류심사 : 여자는 제출된 서류로 본행사에 필요한 30명 선발
              남자는 제출된 서류로 본행사에 필요한 1명 선발
  ② 본선심사 : 초간택(5명), 재간택(3명), 삼간택(1명)
7) 지원자 준비물
  ① 의상
  - 행사복인 노랑저고리, 다홍치마는 본인이 구입하여 사용 할 수 있음.
  - 구입 또는 임대가 어려운 참가자는 운현궁의 의상을 무상으로 사용할 수 있음.
  - 속바지 및 속치마는 개인의 준비로 사용 가능함
  ② 부속물
  - 버선 및 신발(고무신, 꽃신)은 각자 준비
8) 추진일정
  ① 공고 및 접수 : 2월 10일 ~ 3월 19일(일)
  ② 서류심사 : 3월 20일 ~ 21일(화)
  ③ 합격자 통보 : 3월 22일(수)
  ④ 합격자 교육 : 3월 25(토) ~ 26일(일)
  ⑤ 행사 리허설 : 3월 31일(금). 10;00 ~ 16:00시

2006년 참가자

2. 교육계획
 1) 교육일정
  ① 1차 : 3월 25일(토) 14:00 ~ 17시. 오리엔테이션 및 기본예절
  ② 2차 : 3월 26일(일) 10:00 ~ 17시. 다례 및 궁중예절
  ③ 3차 : 3월 31일(수) 10:00 ~ 17시. 행사 리허설
 2) 교육내용
  ① 기본예절 : 서기, 걷기, 절하기, 한복 입기 외
  ② 다례예절 : 생활다례 및 음식 먹기
  ③ 궁중예절 : 궁중의식에 필요한 기초 예절
 3) 교육평가
  ① 초간택시 교육과정의 평점을 20% 반영 함.
  ② 1 ~ 3차 교육을 필히 참석해야 하며, 1회 불참시 5% 감점함.
  ③ 개개인의 교육 성취도를 지도선생님들의 평가(15%)로 반영함.

제 3장 조선의 마지막 꿈이 지다

1. 효명세자의 훙서(薨逝)

2. 효명세자의 애책문(哀冊文)

3. 순조(純祖)가 친히 지은 제문(祭文)

4. 효명세자 지문(誌文)

1. 효명세자의 훙서(薨逝)[1]

효명세자는 어렸을 적에 수두(水痘)(3세, 1812년 10월 18일)와 홍역(紅疫)(13세, 1822년 11월 24일)을 앓았다는 기록은 있지만, 순조롭게 왕자를 낳는 등(1827년 7월 18일 헌종 출생) 외형적으로 보이는 건강에는 큰 문제는 없어 보였지만, 대리청정이 가져오는 과도한 업무와 스트레스, 그리고 안동 김씨 세력과의 끊임없는 알력은 22세의 건장한 청년의 몸을 서서히 망가뜨리고 있었던 것이다. 1830년 윤4월 22일 효명세자가 갑자기 각혈을 하자 궁궐이 발칵 뒤집혔다. 그도 그럴 것이 불과 열흘 전 까지만해도

> "돈과 곡식을 관리하는 각 관청들의 낭관(郎官)[2]들이 회계를 잘못하여 허위 장부를 만든다는 것을 질책하고, 하급관리의 법을 우롱하는 행위와 잘못된 행위를 고쳐 모람(冒濫)[3] 됨이 없도록 폐단을 고치고, 만약 혹시라도 어김이 있으면 결단코 용서하지 않는다는 내용을 전곡(錢穀)을 소유하고 있는 각 아문에 써서 게시(揭示)하고, 묘당(廟堂)으로 하여금 각별히 감독하여 경계시키도록 하라"[4]

고 추상같은 명을 내렸던 효명세자이다. 그리고 이틀 전까지만 해도 서능보를 이조 판서에, 오희상을 이조 참의에 임명한다는 명을 내리고, 서울과 지방의 유생(儒生)과 유학(儒學) 248명이 올린 상소문을 읽고, 답을 내리는 등 이전에 어떤 증세도 없이 갑자기 피를 토했으니 얼마나 놀랐겠는가? 효명세자가 갑작스런 각혈로 쓰러지자 궁궐은 초비상사태가 되고, 연일 내의원에서 진찰을 하고 탕약을 올렸으나 상태는 호전되기는커녕 오히려 나빠지고 있었다.

각혈은 폐의 혈관이 터져서 피를 토하는 것으로 원인은 폐결핵이 가장 많아, 각혈의 80~90%를 차지하는데, 기관지 확장증, 대동맥 동맥류(동맥혹), 기도 내 파열, 폐종양, 폐괴저(폐 썩음) 등에 의해서도 일어난다고 한다.

---

[1] 훙서(薨逝) : 왕, 왕비의 죽음을 승하(昇遐), 대비나 후궁, 세자와 세자빈의 죽음을 훙서라고 함. 현대에서는 사회적 지위와 명망이 있는 사람의 서거(逝去)라고 하고, 나름 존경받을 만한 분의 죽음에는 서세(逝世)라는 표현도 권할 만하다.
[2] 낭관(郎官) : 육조에 설치한 각 관청의 실무책임자로 정5품~6품직인 정랑과 좌랑을 말함.
[3] 모람(冒濫) : 윗사람에게 버릇없이 함부로 행동함.
[4] 『순조실록 31권』, 순조 30년 윤4월 11일 무술 1번째 기사.

아래 [표 3]을 보면 효명세자가 각혈을 한 후에 긴박하게 돌아가는 내의원의 상황과 올린 탕약의 종류를 알 수 있다.

[표 3] 효명세자 처방일지

일자(日子)	탕약(湯藥)	입직(入直)	비고(備考)
윤4월 22일	가미육울탕(加味六鬱湯)		
윤4월 24일	자음강화탕(滋陰降火湯)		
윤4월 25일	복령보심탕(茯苓補心湯)		
윤4월 26일	귀용지황탕(歸茸地黃湯)		
윤4월 27일	귀용지황탕(歸茸地黃湯)	김조순, 조만영, 조병귀	
	청심소요산(淸心逍遙散)	약원 윤번을 직숙케 하다	
윤4월 28일	청심소요산(淸心逍遙散)	강태익을 의약동참[5] 임명	
윤4월 29일	가미사화탕(加味瀉火湯)		
	죽여등심다(竹茹燈心茶) + 용뇌안신환(龍腦安神丸)	박제안을 의약 동참케 함	
5월 1일	가감이사탕(加減二四湯)		
5월 2일	청화음(淸火飮)	제신 및 시·원임 대신과 각신을 희정당에서 소견	
5월 3일	청화음(淸火飮)	약원을 직숙케 함	
5월 4일	인삼과죽음(人蔘瓜竹飮) 자음화담탕(滋陰化痰湯)	김현근 별도 입직 시·원임 대신과 각신 입직	
5월 5일	자음화담탕(滋陰化痰湯)	시·원임 대신과 각신 입직 정약용과 강이문 의약 동참	
5월 6일	홍서(薨逝)	창덕궁 희정당	묘시(卯時) 오전 5~7시
	목욕[6]과 습(襲)[7]		신시~유시 오후3~7시
	찬실(攢室)[8]을 정함	창경궁 환경전	
5월 6일	소렴(小殮)[9]	〃	사시(巳時) 오전 9~11시
5월 7일	대렴(大殮)[10]	〃	오시(午時) 오전 11~1시
5월 9일	성복(成服)[11]		

5) 의약 동참(議藥 同參) : 약을 조제하는 일에 함께 하도록 함.

효명세자가 각혈을 한지 5일째가 되는 윤4월 27일에는 효명세자의 외할아버지인 김조순과 장인인 조만영, 그 아들인 조병귀가 궁에 들어와 효명세자를 급하게 문병하였고, 상태가 더 나빠지기 시작했는지 내의원 의관들로 하여금 번갈아 가며 숙직을 하게 하였다. 의관들이 몸에 열을 내리게 하는 귀용지황탕과, 화기를 빼는 청심소요탕을 계속 올렸지만 효과가 없자 수차례 처방을 바꾸었지만 효명세자의 증세는 나아지지 않았다. 의학에 조예가 깊었던 강태익과 박세인을 불러들여 그들이 처방한 탕약을 복용했지만 소용이 없었다.

달이 바뀌어 5월 4일, 자신이 일어나지 못할 것을 예감한 것일까? 효명세자는 자신이 가장 사랑하는 한 살 아래의 여동생 명온공주의 남편인 동녕위 김현근을 불러서 곁에 있도록 하고, 시임 대신·원임 대신과 각신들을 희정당에서 만났다.

5월 5일, 효명세자는 스스로 처방을 내려 "자음화담탕(滋陰化痰湯)"을 들이도록 했는데, 이는 꼬리뼈의 통증에 효험이 있는 약인데, 아마도 병상에 오래 누워 있어 움직이지 못한데서 오는 통증에 고통스러웠을 것이다. 이 날 고향에 은둔생활을 하고 있던 정약용이 급히 올라와 입궐하여 효명세자의 증세를 살폈지만 이미 죽음의 그림자가 드리운 효명세자를 살릴 수는 없었다. 결국 다음날인 5월 6일 묘시(오전 5~7시)에 각혈을 한지 15일 만에 궁궐의 이극(貳極)[12], 또 하나의 북극성은 그렇게 떨어지고 말았다.

효명세자에게 올린 탕약의 종류는 모두 12종으로 매번 달리 올렸는데, 모두 현대 의학에서 말하는 폐결핵의 증세에 따라 달리 올린 것으로 보이고, 귀용지황탕, 청심소요산, 청화음, 자음화담탕 등 4가지는 두 번씩 올린 것은 약효가 있어서인지 약재를 추가하거나 덜어내어 처방한 것들이다.

효명세자의 갑작스런 증세가 어떤 원인인지는 알 수 없지만 그의 처방약을 보면 각혈, 화기,

---

6) 목욕(沐浴) : 농경문화 민족의 주식인 쌀, 쌀뜨물로 목욕시킨다.
7) 습(襲) : 시신을 목욕시킨 후 수의를 입히는데, 왕은 9벌의 옷을 입힌다.
8) 찬실(攢室) : 왕세자의 관(棺)을 두는 곳.
9) 소렴(小殮) : 습한 뒤 시신의 몸을 옷과 이불로 싸서 묶는 절차.
　　　　　　　왕의 시신은 19벌의 옷을 입히는데, 땅의 마지막 수 10 + 하늘의 마지막 수 9를 더한 숫자이다.
10) 대렴(大殮) : 대렴 이불로 시신을 마지막으로 묶는 절차. 입관 전에 왕의 시신은 90벌의 옷으로 감싼다.
11) 성복(成服) : 초상이 났을 때 처음으로 상복을 입는 일.
12) 이극(貳極) : 두 번째 북극성, 곧 왕세자를 말함. 세자궁의 출입문이 이극문(貳極門)이다.

발열, 호흡기 등 모두 폐결핵 증상에 처방하는 약임을 알 수 있다.

[표 4] 효명세자의 처방 탕약

탕약(湯藥)	
가미육울탕(加味六鬱湯)	갑상선 종기 치료. 심울증으로 불안, 우울 스트레스 해소에 처방
자음강화탕(滋陰降火湯)	폐결핵 치료, 발열 및 기침할 때마다 피를 토할 때 처방
복령보심탕(茯苓補心湯)	마음고생으로 인해 토혈이 멈추지 않을 때 처방
귀용지황탕(歸茸地黃湯)	각혈과 함께 몸에 열이 날 때 처방. 해열제
청심소요산(淸心逍遙散)	화가 위로 솟을 때와 만성 호흡기 질환에도 처방
가미사화탕(加味瀉火湯)	화기를 가라앉히기 위해 처방
죽여등심다(竹茹燈心茶)	화기를 가라앉히기 위해 처방
용뇌안신환(龍腦安神丸)	담(痰)으로 인해 경기(驚氣)를 일으키거나 두창(痘瘡)으로 인해 정신이 혼미하고 헛소리를 하는 등의 증상을 치료하는 처방
가감이사탕(加減二四湯)	알 수 없음
청화음(淸火飮)	화기로 인해 발열해 혈이 막힌 것을 해소. 편도선염 및 인후염 치료
인삼과죽음(人蔘瓜竹飮)	화를 달래 줌.
자음화담탕(滋陰化痰湯)	척추 꼬리뼈 통증을 치료할 때 처방.

효명세자가 훙서하자 내의원의 의원과 약원의 여러 신하가 대죄(待罪)하니, 하교하기를,

"오늘의 변고(變故)는 과궁(寡躬)13)이 하늘에 죄를 얻어서인데, 어찌 경(卿)들에게 잘못이 있겠는가? 이렇게 대죄(待罪)하는 일을 하여 나의 한없는 심회(心懷)를 서글프게 하지 말도록 하라."

하였다.

성복 후인 5월 9일에 사간원, 사헌부, 홍문관, 세자시강원등 각 처에서 의관들들 처벌하는 상소가 빗발쳤으나 순조(純祖)는 윤허하지 않았다.

5월 16일 빈청(賓廳)14)에서 세자의 시호(諡號)15)를 "효명(孝明)", 묘호(廟號)16)를 "문호(文祜)",

---

13) 과궁(寡躬): 순조 자신을 말함. 과인(寡人)과 같음.

묘호(墓號)를 "연경(延慶)이라 지었다. 이 때 청나라에서 내린 시호는 강목왕(康穆王)이었다.
　아들인 헌종(憲宗)이 8세에 보위에 오르자 수렴청정 하던 왕대비 순원왕후에 의해 익종(翼宗)으로 추존되었고, 고종(高宗)이 대한제국을 선포하고 황제가 된 후에 문조익황제(文祖翼皇帝)로 추숭되었다.
　효명세자의 능은 두 번의 이장을 거쳐 경기도 구리의 동구릉에 안장되었는데, 동구릉 중 마지막으로 조성되었고, 능의 이름은 수릉(綏陵)이다. 남편과 달리 82세까지 장수한 세자빈 조씨는 조대비가 되어 헌종(憲宗) 때 수렴청정을 하였고, 철종(哲宗)이 후사 없이 사망하자, 홍선군과 밀약하여 둘째 아들 이명복을 효명세자의 양자로 입적하여 왕위를 계승하니 그가 조선의 마지막 왕이자 대한제국의 황제였던 고종(高宗)이다.

2. 효명세자의 애책문(哀册文)

『순조실록 31권』, 순조 30년(1830) 7월 15일 경오 2번째 기사 애책문(哀册文)에 이르기를,

　"경인년 5월 정사삭(丁巳朔) 초6일(임술)에 왕세자(王世子)가 창덕궁(昌德宮)의 희정당(熙政堂)에서 훙서(薨逝)하여 환경전(歡慶殿)에 이빈(移殯)하였다가 이 해 가을인 8월 병술삭(丙戌朔) 초4일에 연경묘(延慶墓)로 영천(永遷)하였는데, 예(禮)였습니다.
　신위(蜃衛)는 밤새 경계를 하였고 그림이 그려진 빈소는 새벽에 열렸습니다.
　찬려(攢臚)는 평상시 같고 의채(儀采)는 오래 되지 않았습니다. 학금(鶴禁)[17]의 조용하고 화평함을 어기고 오강(烏岡)의 깊고 먼 곳으로 나아갑니다. 1백 영혼은 빠르게 경계를 하며 호위하고, 1천 관원은 부르짖으며 영(令)을 따릅니다. 우리 주상 전하의 독실한 인정과 자애(慈愛)로 슬픔이 가슴에 얽혔으며 승화(承華)[18]에 향기가 멎음을 슬퍼하며 전성(前星)[19]의 빛이 가라앉음을 서글퍼합니다. 그윽한 회포를 씻을 수 없음을 답

---

14) 빈청(賓廳) : 궁궐내에 있는 대신들의 회의실 겸 대기실.
15) 시호(諡號) : 왕이나 대신들의 사후에 공덕을 칭송하여 추증하는 칭호.
16) 묘호(廟號) : 신주를 모시는 사당의 이름.
17) 학금(鶴禁) : 세자궁.
18) 승화(承華) : 세자궁.

답하게 여기며 아름다운 명성이 영원토록 막힘을 슬퍼합니다. 이에 하신(下臣)에게 현책(顯冊)을 드날리게 합니다."

하고, 그 사(辭)에 이르기를

(전략) "아! 슬픕니다. 물은 흘러가고 구름도 떠가 만상(萬象)이 찼다가는 이지러짐이 진실로 성인이나 범인이나 그 자취가 같으니, 마침내 길고 짧음을 누가 주장합니까? 그러나 지덕(至德)은 사람에게 달려 있으니 영원토록 그를 잊을 수 있겠으며, 사책(史冊)에 가득하여 없어지지 않고 푸른 하늘에 우뚝이 다함이 없을 것입니다. 아! 슬픕니다." (호조 판서 박종훈 지음)

3. 순조(純祖)가 친히 지은 제문(祭文)

효명세자를 잃은 순조(純祖)가 친히 지은 제문을 보면 그가 얼마나 비통하고 절망해 하는지 잘 나타나고 있다. 효명세자의 죽음은 순조에게는 아들과 후계자와 정치적 동반자를 동시에 잃는 엄청난 일로서 10세의 어린 나이에 아버지 정조(正祖)의 죽음과는 차원이 다른 문제였다.
순조 자신은 물론, 안동김씨의 세도정치에서 벗어날 수 있을 것을 기대했던 백성과 뜻있는 선비들의 희망이 무너지는 그야말로 청천벽력이었던 것이다
『순조실록 31권』순조 30년 7월 12일 정묘 1번째 기사로 빈궁(殯宮)에 나아가 별전(別奠)을 행하였으며 그 친제 제문에 이르기를,

"아! 하늘에서 너를 빼앗아감이 어찌 그렇게도 빠른가? 앞으로 네가 상제(上帝)를 잘 섬길 것이라고 여겨서 그런 것인가, 장차 우리나라를 두드려서 망하게 하려고 그러는 것인가?
아니면 착하지 못하고 어질지 못하며 덕스럽지 못하여 신명(神明)에게 죄를 얻어 혹독한 처벌이 먼저 윤사(胤嗣)에게 미쳐서 그런 것인가? 내가 장차 누구를 원망하고 누구를 허물하며 어디에 의지하고 어디에 호소할까? 말을 하려고 하면 기운이 먼저 맺히고 생각을 하려고 하면 마음이 먼저 막히며 곡(哭)을 하려고 하면 소리가 먼저 목이 메니, 천하(天下)와 고금(古今)에 혹시라도 국가를 소유하고서 나의 정경(情景)과 같은 자가 있겠는가?

---

19) 전성 : 세자의 별칭.

슬프고 슬프다. 내가 눈으로 네 얼굴을 보지 못하고 귀로 네 음성을 듣지 못한 지 이미 60일이 지나고 두 절서(節序)가 바뀌었다. 그런데 너는 아직까지 잠이 들어 아침도 없고 저녁도 없이 명명(冥冥)하고 막막(漠漠)하기만 한 것인가?(중략) 천하의 슬픔 가운데 어버이와 떨어져 있는 것보다 더 큰 것이 없는데, 네가 성효(誠孝)하면서 3년 동안 어버이 품에서 사랑받은 것을 생각지 아니하고 어찌 이와 같이 근심이 없을 수 있겠으며, 천하의 슬픔 가운데 자식이 없는 것보다 더 심한 것이 없는데, 나의 기구하고 험한 운명으로 갑자기 네 가지 곤궁한 것에서 첫 번째 입장이 되었으니, 어찌 이와 같이 독(毒)하게 하는가? 슬프고 슬프다."(후략)

4. 효명세자 지문(誌文)[20]

『순조실록 31권』 순조 30년 7월 15일 경오 3번째 기사의 지문(誌文)을 보면,

"우리 연덕 현도 경인 순희 주상 전하(淵德顯道景仁純禧主上殿下)께서 왕위에 오르신 30년 경인(庚寅) 5월 6일 임술(壬戌)에 왕세자(王世子)가 병으로 희정당(熙政堂)의 서협실(西夾室)에서 훙서(薨逝)하였으니, 춘추(春秋)가 22세였다. 성상(聖上) 및 왕비(王妃)가 호통(號慟)하고 운절(賈絶)하면서 하늘에 호소하였으나 어쩔 길이 없었으며, 경사대부(卿士大夫)와 진신장보(搢紳章甫)가 가슴을 어루만지며 통곡하지 않은 이가 없었고, 울먹이며 서로 조상(弔喪)하기를, '하늘이 우리 국가를 망하게 하려고 하는가? 저성(儲聖)이 돌아갔으니, 국가를 어떻게 해야 하겠는가?'라고 하였으며 … 도성에 가득한 군민(軍民)과 여대(輿儓)와 부유(婦孺)들도 모두 머리를 들고 애처롭게 울기를, '우리 양성(兩聖)의 지인(至仁)과 성덕(盛德)으로도 이런 일이 있는가? 하늘이 어찌 차마 이렇게 하는가?'(중략) 염습(殮襲)을 해서는 환경전으로 옮겨 빈소(殯所)를 조성하였으며, 4일 만에 성복(成服)하고 3일을 지난 무진(戊辰)에 시호(諡號)를 효명(孝明), 묘(墓)를 연경(延慶), 묘(廟)를 문호(文祜)라 하였으며, 추(秋) 8월 4일 기축(己丑)에 양주(楊州) 천장산(天藏山) 좌측 유좌(酉坐)로 향한 언덕에 장사지냈다." (영돈녕 김조순 지음)

---

[20] 지문(誌文) : 죽은 사람의 성명, 나고 죽은 날, 행적, 무덤의 소재, 좌향(坐向) 등을 적은 글로 옥이나 돌에 새김.

제 4장 효명세자의 대리청정(代理聽政)[1]

1. 안동 김씨 견제

2. 새로운 인재등용과 측근 중용

3. 위민정책 실시

---

1) 대리청정 : 왕이 병이 들거나 고령으로 정사를 제대로 돌볼 수 없게 되었을 때에 세자나 세제가 왕을 대신하여 정사를 돌보는 일.

"내가 신미년2) 이후부터는 정섭(靜攝)3)하는 중에 있던 때가 많았고, 비록 혹 약간 편안하다고는 하나 때로는 항상 기무(機務)에 정체됨이 많았으니, 국인(國人)이 근심하는 것은 곧 내가 스스로 근심하는 바이다. 세자는 총명하고 영리하며 나이가 점차 장성하여 가니 요즘 시좌(侍坐)하거나 섭향(攝享)4)하게 하는 것은 뜻이 있어서이다. 멀리는 당(唐)나라를 상고하고 가까이는 열성조(列聖祖)의 대리청정(代理廳政)하는 일을 본받아 내 마음이 이미 정하여졌다. 한편으로는 노고(勞苦)를 분담하여 조양(調養)을 편하게 하는 것을 돕게 하고, 한편으로는 밝게 익혀서 치도(治道)를 통달하게 하는 것이니, 이는 종사(宗社)와 생민(生民)의 복이다. 조정에 나와 있는 여러 사람들에게 이에 대계(大計)를 고하니, 왕세자의 청정(廳政)은 한결같이 을미5)의 절목(節目)에 의하여 거행하게 하라."6)

하였다.

1827년 2월 9일 순조(純祖)는 비망기(備忘記)7)를 내려 아들 효명세자에게 대리청정을 명하였는데, 이 때 순조(純祖)는 38세 효명세자는 19세였다. 순조(純祖)의 나이 불과 38세의 한창의 나이였으나, 11세의 어린 나이에 개혁군주 정조(正祖)의 뒤를 이어 왕위의 오른 순조(純祖)는 재위 초반에는 영조(英祖)의 계비인 정순왕후의 수렴청정(垂簾聽政)8)을 받았고, 친정(親政) 이후에는 아버지 정조(正祖)가 자신의 후견인으로 내세워 준 장인인 김조순의 비호를 받았다. 그러나 정순왕후는 정조(正祖)와 정치적 적대관계로서 정조(正祖)가 죽자 그간에 이루었던 정조(正祖)의 개혁을 무위로 돌렸고, 순조(純祖) 재위 초년에는 천주교 탄압을 빌미로 신유박해를 통해 노론의 적대 세력이며 정조(正祖)의 친위세력인 소론과 남인을 대거 숙청하니, 그 수가 무려 500여 명에 달한다고 기록 하고 있다.

어린 나이에 등극 하자마자 그런 피바람을 목격했으니 순조(純祖)의 정신적인 충격은 상당했을 거라고 생각되고, 그러한 탓인지 순조(純祖)는 기를 펴지 못한 채 정순왕후가 사망한 후에도 김조순이 안동 김씨 세도정치 시대를 여는 것을 막아내지 못하였다.

---

2) 신미년 : 순조 11년(1811).
3) 정섭 : 몸과 마음을 안정하여 휴식함.
4) 섭향 : 임금을 대신하여 제향을 지냄.
5) 을미년 : 영조 51년. 1775년. 영조가 사도세자에게 대리청정을 맡긴 해.
6) 『순조실록 28권』〈순조 27년 2월 9일 을묘 3번째 기사. 1827〉
7) 비망기 : 임금이 명령을 내리는 유형의 하나로, 중요한 정치적 국면 때에 비망기를 내려 국왕의 정치적 의도를 보여주는 문서. 내시가 담당하는 승전색(承傳色)이 주로 작성하여 승정원을 통하여 전달한다.
8) 수렴청정: 어린 왕이 즉위했을 때 성인이 될 때까지 일정기간 동안 대비나 왕대비가 국정을 대신 처리하던 일.

그런 순조(純祖)에게 영명한 효명세자가 유일한 희망이었는데, 순조(純祖)는 일찍부터 군주로서의 자질을 보여 온 아들 효명세자에게 정치의 실무를 맡게 하는 이른바 대리청정을 통하여 일찍 감치 정치를 배우게 하고, 세도정치에서 파생되는 정치적 위기를 타개하고자 하였다.

순조 27년((1901) 2월 9일 대리청정의 명을 받은 효명세자는 당일과 2월 11일, 2월 15일 등 세 차례 고사했으나 2월 18일 창덕궁 인정전에서 하례식을 마친 후 정무를 시작하였다.

1. 안동 김씨 견제

"왕세자가 태묘(太廟)와 경모궁(景慕宮)·영희전(永禧殿)·저경궁(儲慶宮)에 나아가 전배(展拜)하였는데, 상례(相禮)9) 가 착오를 일으키고, 노창(臚唱)10) 모양을 갖추지 못했다 하여, 전 이조 판서 이희갑·김재창과 이조 판서 김이교를 모두 월봉 2등(越俸二等)11) 하라고 하령하였다."12)

대리청정 4일째 되는 날 효명세자는 태묘13)(太廟)와 경희궁의 영희전, 저경궁 등에 전배(展拜)하는 절차를 가졌는데 이 때 전례 담당자의 실수를 문제삼아 안동 김씨 일족인 김재창, 김이교 등을 감봉 조치하였는데, 이는 정조(正祖) 20년 12월 24일, 동지 후 세 번째 미일에 지내는 납향제의 영신례 절차에서 음악의 길이와 시간이 맞지 않은 것을 문제 삼아 장악원 제조 민종현을 문책하고 협률랑 윤우열을 파직시킨 사건과 닮아 있다

4개월 후에는 외조부인 김조순의 아들 김유근과 조카 김교근 등을 유배 보내고, 사간원을 통해 김씨 일족의 비리를 탄핵하는 등 세도세력을 약화시키는 성과를 이루어 내고, 아울러 몰락했던 남인과 소론을 정계로 복귀시켰다.

미래의 군주답게 젊은 세자는 의욕적으로 대리청정을 시작했다. 우선 일련의 인사를 단행해 안

---

9) 상례 : 국가 의례를 담당하는 관청인 통례원의 정3품관.
10) 노창 : 의식 절차를 소리 높여 창도하는 일.
11) 월봉 2등 : 녹봉을 2등 감함.
12) 『순조실록 28권』, 순조 27년 2월 21일 정묘 2번째 기사.
13) 태묘 : 종묘의 정전.

동 김씨 계열을 배제하고 새로운 인물을 널리 등용했다.

홍기섭(예조판서 역임)·김노경(이조판서 역임) 등이 측근에서 보좌했고, 장인 조만영을 비롯한 조인영(영의정 역임)·조종영(우참찬 역임)·조병현(이조판서 역임) 등 풍양 조씨 출신들을 비중있게 기용했다. 김정희·권돈인(영의정 역임)은 조인영과 친구 사이였고, 이지연(우의정 역임)·이기연(형조판서 역임) 형제는 조만영과 사돈이었다.

2. 새로운 인재등용과 측근 중용

대리청정을 시작한 10일 후 창덕궁 춘당대에서 "춘도기유생(春到記儒生)[14]"의 시험을 친히 관장한 이래 수시로 춘당대에서 치러 자신을 보좌할 선비들을 가려서 뽑았고, 대리청정 3년 동안 인재 등용에는 지역 차별이 없어야 한다는 원칙을 표방하며 무려 50여 회의 과거제를 시행 하는 등 인적 쇄신에 힘을 쏟았다.

민생에 관심이 많아 자주 잠행을 하게 되면서 북학파 창시자이자 실학의 거두인 박지원(朴趾源)의 손자인 박규수(朴珪壽)와 사귀게 되었고, 효명세자와 박규수는 북학과 실학을 함께 연구하며 개혁의 방법을 모색하기도 하였다.

3. 위민정책 실시

대리청정을 시작하기 1년 전부터 순조(純祖)로부터 대리청정을 언질 받고 준비를 해왔던 효명세자는 세종(世宗)과 정조(正祖)를 본받아 성리학적 이상 정치를 펴서 자연재해와 세도정치에 신음

---

14) 춘도기유생 : 아침·저녁 두 끼를 1도(到)로 하여 성균관(成均館) 유생(儒生)들이 출근하여 식당에 출입한 횟수가 50도가 되면 과거볼 자격을 얻게 되며 50도가 찬 유생들에게 봄철에 보이는 시험. 가을엔 추도기유생을 함.

하는 백성을 구제하겠다는 야심찬 포부를 가졌고, 이를 실행하기 위해서는 무엇보다 백성의 소리를 직접 들을 수 있는 기회를 많이 가져야 한다는 사실을 잘 알고 있었다.

효명세자는 정조(正祖)와 마찬가지로 경기 일원에 위치한 역대 왕들의 능을 자주 참배하였으며 이를 민심 파악과 군사훈련의 기회로 삼았다. 효명세자는 능행 시에 융복(군복)을 입고 행차하였으며 야간 훈련도 실시하며 군권을 강화하고자 하는 노력을 기울였다. 그리고 백성들이 국왕에게 청원하는 방식이던 상언(上言)과 격쟁(擊錚) 등의 소원제도를 적극 활용하였다. 대리청정 기간 473건이나 되는 상언을 접수했는데, 그 중 절반 이상이 대리청정 첫 해에 이루어졌다. 그만큼 효명세자의 대리청정에 거는 백성들의 기대가 컸음을 말해주고 있다.

아무리 많은 상언이 올라와도 직접 읽은 후 해당관서에 처리하도록 지시하였고, 격쟁하는 사람들은 직접 접하여 민원을 듣고 해결하고자 하였으며, 호적법을 정비하고 형옥(刑獄 - 형벌과 옥사)을 신중하게 하였다.

1830년 대리청정 말년에는 효명세자가 국정을 완전히 장악한 것으로 보이는데, 이 때는 국왕을 대신해 대부분의 국가 전례도 주관한다. 그리고 형벌의 시행을 공정하게 하라고 명령을 내릴 때, "지금 이 자리에서 명령한 이후에 한 사람의 당상관이라도 어김이 있으면 내가 용서하지 않겠다." 며 강력한 자신감과 통치력을 보인 이 때가 효명세자가 각혈로 쓰러지기 불과 열흘 전이었다.

제 5장 왕실 전용 연회장을 짓다

1. 연경당(演慶堂)의 위치

2. 동궐도의 연경당

3. 연경당의 구조

4. 연경당의 기능

5. 현재의 연경당

1. 연경당(演慶堂)의 위치

『창덕궁지』에는 연경당에 대해 "개금재(開錦齋)의 서쪽에 있고, 남쪽이 장락문(長樂門)인데 바로 진장각(珍藏閣)의 옛 터이다. 순조(純祖) 27년(1827) 효명세자가 춘저(春邸 : 세자)로 있을 때에 개건하여 지금은 익종(翼宗:효명세자)의 영진(초상)을 모시고 있다."고 기록하고 있다.

『한경지략(漢京誌略)』에서는 "연경당은 어수당의 서북쪽에 있는데, 순조 27년에 세자가 진장각 옛터에 창건하고 그 때에 왕의 존호를 올리는 경사스러운 예를 행하고 이에 이름 붙이기를 연경이라고 하였다"고 기록되어 있다.

그런데 『창덕궁지』의 설명과 『한경지략(漢京誌略)』의 설명에서 연경당의 위치가 다르게 설명되어 있다. 『한경지략(漢京誌略)』의 설명은 현재의 연경당의 위치를 설명하고 있고, 『창덕궁지』의 설명은 아래 [그림 7]의 『동궐도(東闕圖)』에서 확인해 보면 현재의 연경당 보다 훨씬 서쪽에 위치한 것을 알 수 있다.

창덕궁과 창경궁 두 궁궐을 그린 『동궐도(東闕圖)』는 32만 평의 동궐을 60,000:1로 축소하여 16권의 화첩 안에 담은 그림인데, 헬기나 드론(Drone)도 없던 시대에 구중궁궐의 500여 채나 되는 건물들과 주변 풍경을 하늘에서 찍은 것처럼 정교하게 그렸다. 원근법과 평행사선부감도법 등의 서양화법으로 그려졌는데, 이 16화첩을 다 펼치면 가로 6m, 세로 3m의 크기로 조선 최고의 궁중 회화걸작으로 인정받고 있다.

한편, 『동궐도(東闕圖)』의 연경당과 『무자진작의궤』의 연경당도는 건물의 구조와 주변 건물들이 일치하지만, 현재의 연경당과는 건물의 구조와 주변 건물들도 완전히 다르다.

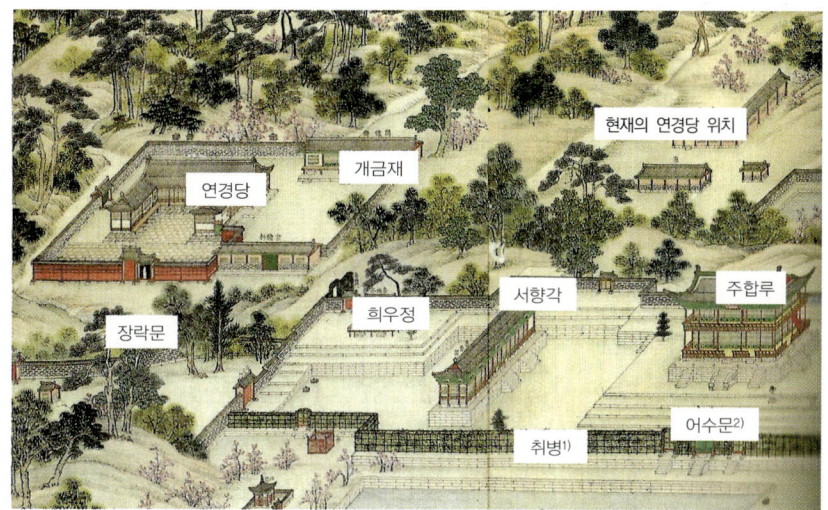

[그림 7] 동궐도 중 연경당과 주합루 부분

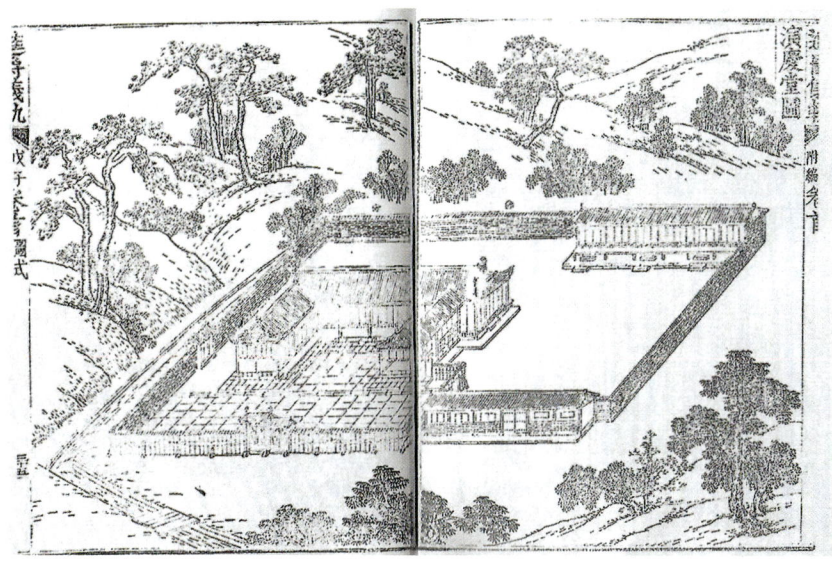

[그림 8] 『순조무자진작의궤』의 연경당도

---

1) 취병(翠屛) : 꽃나무가지를 이리저리 비틀어서 병풍처럼 만든 울타리.
2) 어수문(魚水門) : 임금과 신하는 물과 물고기의 관계라는 수어지교(水魚之交)를 말함.
　"물고기가 변하여 용이 된다"는 어변성룡(魚變成龍)의 뜻이니, 여기서 임금이 물고기요 신하가 물이다. 삼국지에서 유비가 자신과 제갈공명과의 관계를 수어지교라고 하였음.

2. 동궐도의 연경당

[그림 9]에서 보면 연경당은 정면 7칸 반, 측면 3칸의 팔작지붕의 본채에, 동익랑(東翼廊)과 서익랑(西翼廊)이 각각 3칸으로 앞으로 나와 있어 전체적으로 'ㄷ'자형 건물을 이루고 있다. 연경당의 동북쪽에는 개금재가 있고, 동남쪽에는 운회헌이 있으며 남쪽으로는 장락문과 휘장이 달린 협문이 있고 서쪽으로도 솟을대문이 있다.

마당에는 박석이 깔려 있고 한 벌의 기단을 쌓고 건물을 지은 것으로 보인다.

연경당의 동·서·북의 3면은 돌담으로 되어 있고, 남쪽만이 붉은색 판장담3)으로 되어 있어, 필요에 따라 설치와 철거가 용이하도록 하였다.

연경당에서 궁중연회가 연행되었을 때 개금재와 운회헌은 잔치음식의 준비와 시설물들의 보관 창고로 쓰였을 것이다.

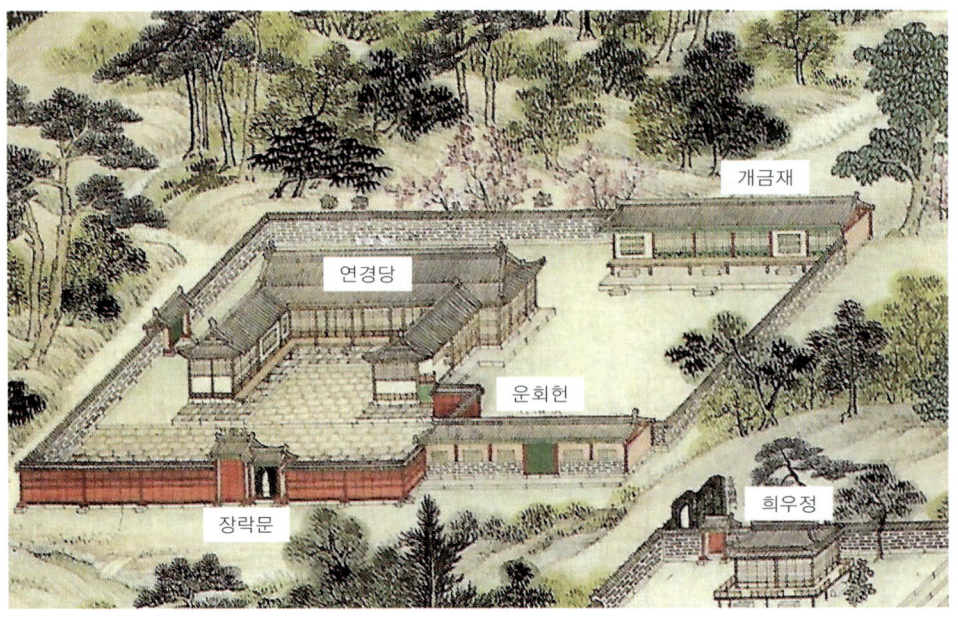

[그림 9] 동궐도중 연경당 부분

3) 판장담 : 나무널판으로 만든 울타리로 이동이 가능하여 설치와 조립이 용이한 가림막.

판장담의 모양과 기능은 세자의 거처였던 성정각 주변에 설치된 판장담과 판장을 통해 쉽게 알 수 있는데, 판장담에 설치된 출입문은 붉은 색 판장문과 푸른색 휘장으로 된 휘장문 등 두 종류가 있다. 판장담의 안전을 위해서 건물의 석벽이나 월대의 기단 등에 구멍을 내어 고정하였다.

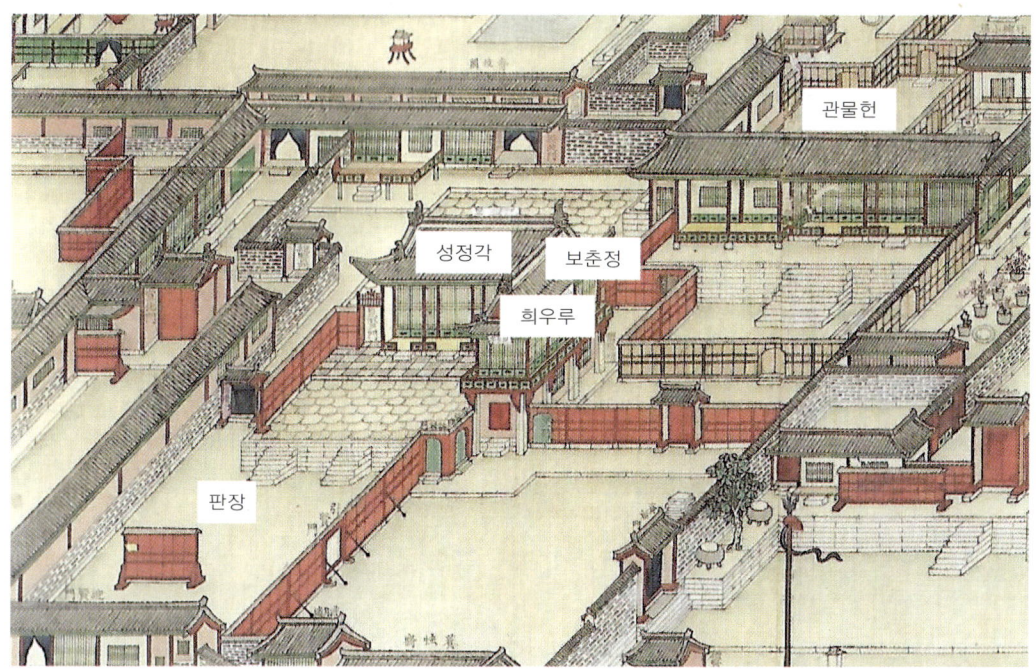

[그림 10] 동궐도중 성정각 부분

3. 연경당의 구조

연경당의 구조는 ㄷ자형인데 평면도를 보면 대청마루를 중심으로 좌우 익랑(翼廊)있는데, 좌익랑은 전체가 온돌이지만 우익랑은 온돌과 반침(半寢)[4], 동퇴(東退), 축화관 등의 4개 구조로 나뉘어 있다. 축화관은 반침에서 연결된 누마루이다.

---
4) 반침(半寢) : 큰 방에 딸린 작은 방으로 여러 가지 물건을 넣어 두는 용도로 쓰인다.

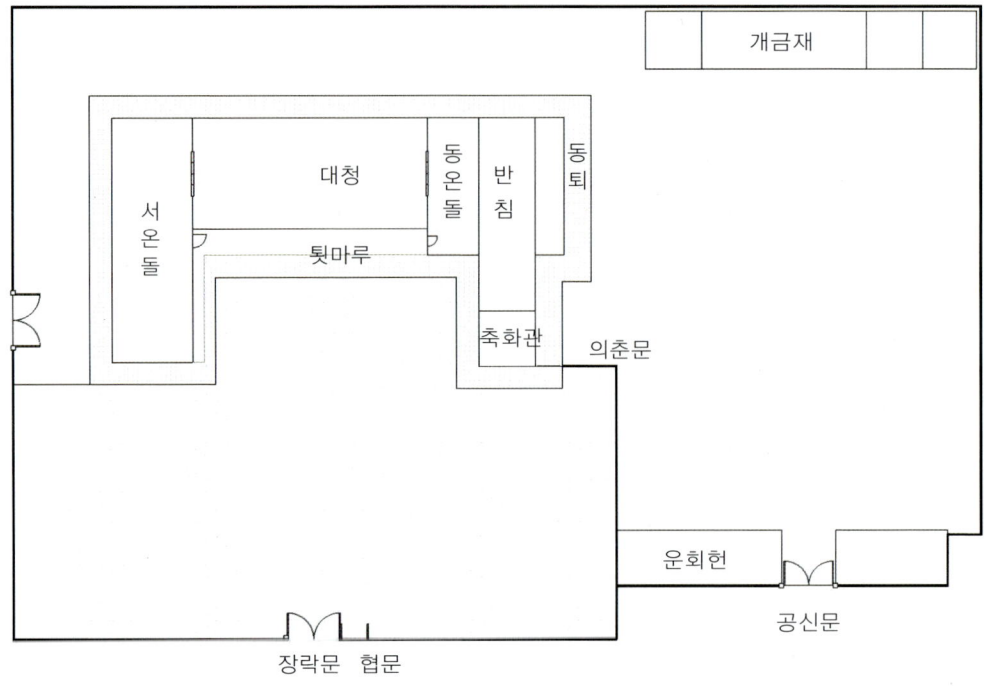

[그림 11] 연경당의 평면도

4. 연경당의 기능

연경당은 순조 27년 9월 9일 순조(純祖)에게 존호를 올리는 의식을 거행함으로서 국가의례를 거행하는 새로운 공간으로 등장하였고, 이듬해 순조 28년(1828) 6월 1일에 효명세자가 모후인 순원왕후의 보령 40세를 축하하는 〈연경당 진작례〉를 성대하게 거행하면서 왕실전용 연회장으로 자리매김하게 된다.

연경당의 본채 구조가 ㄷ자 형태여서 일반적인 궁궐의 건축 구조나 사대부가의 99칸 집 구조에서는 볼 수 없는 특징을 보이는 것은 애초에 설계할 때부터 살림집이 아닌 궁중연회시 관람의 편리성을 두고 설계한 것으로 보인다. 특히 마당의 남쪽을 설치와 해체, 쉽게 이동이 가능한 조립식 판장담으로 설치한 것은 의례공간의 확장성을 고려한 것이 분명하다.

연경당 마당에 보계(補階, 덧마루)를 깔았을 경우 ㄷ자형 본채는 객석이 되고, 3면에서 감싸는 마당 공간은 정재의 공간이 되며, 남쪽 끝이 악공의 연주하는 자리가 된다. 따라서 왕실 가족을 위한 연회시 최적의 공연장이 되는 것이다.

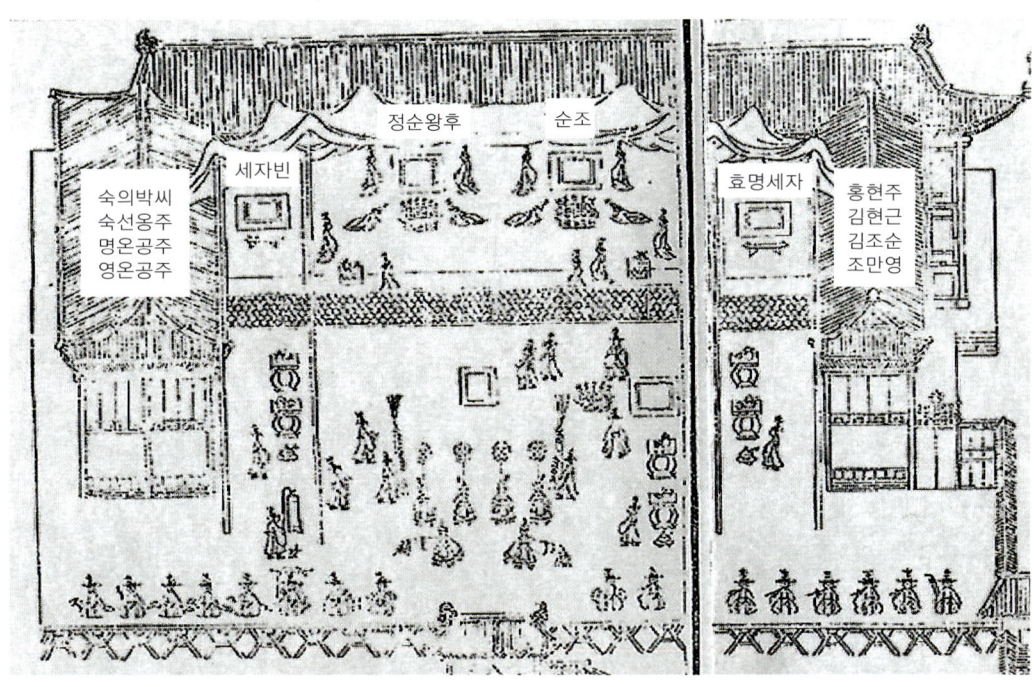

[그림 12] 연경당 진작 참연자 배차도

연경당 진작시 참여한 인원은 왕실과 외척 등 모두 12명인데, 중앙과 좌우에 각 4명씩 배치되어 최적의 관람공간과 시야가 확보되었다. 동쪽은 외빈(外賓)이 서쪽은 내빈(內賓)이 자리하는데 북쪽을 상위로 하여 앉는다.

5. 현재의 연경당

　고종대(高宗代)에 편찬된 『동국여지비고(東國輿地備考)』의 경도(京都)에는 "연경당은 어수당 서북쪽에 있다. 순조 28년(1828) 익종(효명세자)이 동궁에 있을 때에 진장각 옛터에 창건하였는데, 그때 대조(순조)에게 존호를 올리는 경사스런 예(禮)를 만났고 마침 연경당을 낙성하였으므로 그렇게 이름하였다."고 하여 연경당의 이름이 순조(純祖)에게 존호를 올리는 경사에서 나왔음을 기록하고 있다.

　한편, 고종대(高宗代)의 또 다른 기록인 『궁궐지』에는 "연경당은 14칸으로 서쪽에 내당이 10칸 반이고, 동남쪽 담장에 일각문으로 통벽문이 있고, 북쪽 담장에 우신문이 있다. 또 동쪽에 선향재 11칸이 있고, 그 북쪽에 농수정 1칸이 있다."라고 기록되어 있다. 이 기록은 현재의 연경당의 모습을 설명하고 있다.

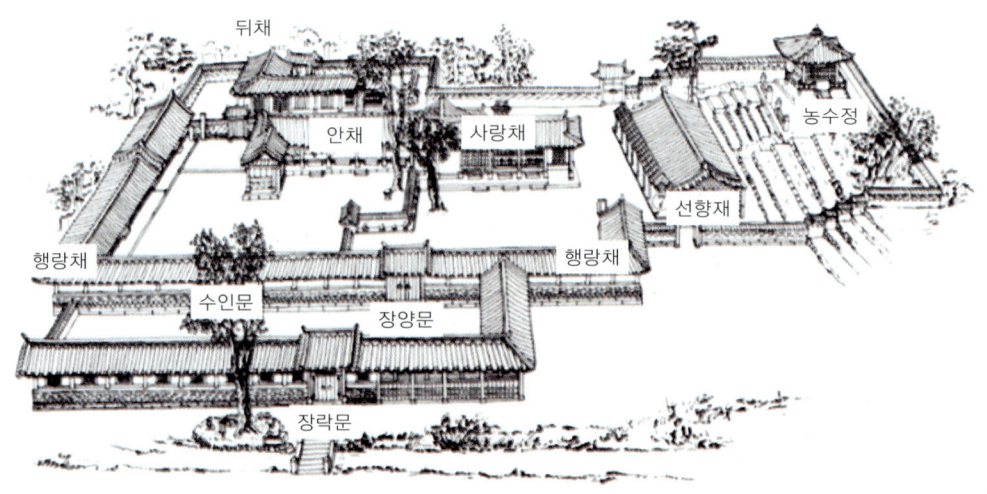

[그림 13] 현재의 연경당 전경　　출처 : 『서울 600년』, 김영상 지음

[그림 13]의 현재의 연경당도를 보면 연경당은 남향을 하였고, 집의 서쪽에서 발원하여 앞으로 흐르는 작은 개울을 건너 솟을대문인 장락문을 통해 행랑마당으로 들어간다. 행랑마당 북쪽에 동서로 두 중문(中門)이 있는데, 동쪽의 장양문(長陽門)은 솟을대문으로 사랑채로 통하고, 서쪽의 수인문(修仁門)은 지붕의 높이와 문의 높이가 같은 평대문으로 안채로 통하는 문이다.

사랑마당과 안마당은 사이를 담으로 구분하였으나, 그 뒤의 사랑채·안채 건물은 하나로 이어져 있다. 사랑채 동쪽으로 서고(書庫)인 선향재(善香齋)가 있고, 선향재 동북쪽 높은 곳에 정자를 지어 농수정(濃水亭)이라 하였다. 안채에는 서쪽으로도 행랑이 이어지고 부엌은 안채 건물에 붙어있지 않고 안채 북쪽에 독립된 건물로 짓고 담으로 구획하여, 일상적인 사대부 주택과 차이를 보이고 있다.

궁궐의 후원(後苑) 안에 지어졌으면서도 사랑채·안채·안행랑채·바깥행랑채·반빗간·서재·후원·정자 및 연못을 완벽하게 갖춘 주택건축물인데, 이른바 99칸 집이라 불리고 있으나 현재 건물의 실제규모는 120칸으로 연경당은 사랑채의 당호(堂號)이자 집 전체를 가리키는 이름이다.

헌종(憲宗) 때에 『궁궐지』를 간행하던 당시에는 연경당에 익종의 초상화를 모셔놓았다고 하므로, 이때까지만 해도 지금과 같은 모습의 주택은 아니었던 것 같다. 한편, 『비변사등록』·『일성록』·『승정원일기』 등에는 헌종(憲宗) 12년(1846) 초에 연경당이 신건(新建)되었다는 기록과 고종(高宗) 2년(1865)에 수리공사했다는 기록이 전하고 있어, 현재와 같은 주택으로 완성된 시기는 고종(高宗) 연간으로 볼 수 있다. 이밖에도 현존하는 연경당에 대한 사료로는 1890년대 이후에 제작된 『궁궐지』와 「동궐도형(東闕圖型)」 및 건물의 기둥에 걸어놓은 주련(柱聯) 등이 남아 있어서, 원래의 연경당이 언제, 왜 주택건축으로 바뀌게 되었는지를 해명하는 데 기초자료의 역할을 하고 있다.

제6장 춤을 사랑한 조선의 왕세자

1. 예악정치를 계획하다

2. 악장과 정재를 만들다

3. 신작 정재의 주역 무동(舞童)

4. 효명세자의 복심이 담긴 정재

5. 연경당 진작의 의미

효명세자는 대리청정 초기에 국가적인 제향의 배행(陪行)[1]과 섭행(攝行)[2]을 하면서 현직 관료들이 예악에 무지함을 알았고, 조선의 예악을 정립하는 것이 왕실의 권위와 위엄을 세울 수 있는 동시에 왕권을 강화할 수 있는 방법임을 간파하였다.

1827년 7월 18일 원자(헌종)의 탄생을 기념하여 7월 22일에 부왕(父王)과 모후(母后)에게 존호를 올리는 의식을 하게 해 달라는 상소를 올리고, 9월 9일에 〈자경전 진작례〉를 시작으로 3년 3개월의 대리청정 기간 동안 무려 11차례의 궁중연회를 열었다.

이는 83세까지 장수한 영조(英祖)의 재위 52년간에 있었던 소규모 진연 11회와 같으며 자신이 닮고자 했던 조부 정조(正祖)의 재위 24년 동안 단 5차례의 연회가 있었던 것과 비교한다면 효명세자의 잦은 궁중연회는 정치적 의도를 담은 계획적인 연회이다.

효명세자가 대규모의 궁중연회를 거행하는 까닭은 효심의 발로와 정치적 포석으로 해석할 수 있는데, 자신이 유교의 근본인 예악(禮樂)을 중시하는 덕망 있는 군주로서의 자격을 갖추고 있음을 널리 알려 세도정치를 억제하고 왕실의 위엄을 회복하려고 시도했던 것으로 생각할 수 있다.

특히 17종의 정재와 악곡, 그리고 여러 악장을 친히 지은 것은 조선왕조 역사상 초유의 일로 세종(世宗)과 정조(正祖)도 하지 못했던 일이나.

춤과 노래를 만들 수 있는 것은 공(功)과 덕(德)을 쌓은 군주(君主)만이 할 수 있는데, 공자(孔子)가 예악에 밝음에도 불구하고 『논어(論語)』 《술이편》에서 스스로 "술이부작(述而不作)" 즉 "저술할 뿐 창작하지 않는다"고 한 것은 그가 정치가로서 덕(德)은 갖추었으되 군주로서의 공(功)이 없기 때문이라고 한다.

효명세자는 새로운 악장과 정재를 창작하여 보여줌으로써 자신이 준비된 군주임을 천명하여 세도정치 세력에게 왕이 중심이 되는 정치 질서와 왕실의 위엄과 존왕의식을 경고하는 고도의 정치적 행위였다.

---

[1] 배행 : 임금을 대신하여 왕래함.
[2] 섭행 : 임금을 대신하여 일을 처리함.

1. 예악정치를 계획하다

"왕세자가 윤대(輪對)를 하였다. 사성(司成) 이해청(李海淸)의 품의에 따라 사도(私屠)의 금령을 엄하게 하도록 하령하고, 장악 정(掌樂正) 남진화(南進和)의 품의에 따라 일무(佾舞)가 착란(錯亂)된 폐단을 바로잡게 하였다. 뒤에 장악원의 진달에 따라 대년악생(待年樂生)3) 72명에게 봉급을 주어 춤을 연습하도록 하령하였다."4)

효명세자가 19살의 어린 나이로 대리청정이라는 막중한 책임을 맡았을 때 그는 자신이 차기 군주(君主)로서 충분한 자격이 있으며 준비된 예비 군왕임을 증명하는 방법으로 선택한 것이 "예악정치(禮樂政治)5)"였다.

유교 성리학이 국시(國是)인 조선에서 예악으로 다스리는 군주야말로 이상적인 군주이며 성군으로 칭송 받을 수 있고, 그 예악정치를 가장 잘 보여줄 수 있는 것은 궁중연향이었다. 부모에게 존호를 올리고 생신을 축하하며, 장수를 기원하는 효(孝)를 몸소 보여 줌으로써 신하들에게는 충(忠)을 강요하는 효과를 얻을 수 있기 때문이다. 조선에서 충(忠)과 효(孝)는 둘이 아닌 하나이다. 자식이 마땅히 부모에게 효도해야 하는 것처럼 신하는 군주에게 반드시 충성해야 한다.

궁중연향은 악(樂)·가(歌)·무(舞)·식(食)이 엄정한 의례와 함께 올리는 국가의식으로 왕권(王權)과 신권(臣權)이 극명하게 드러난다. 신하들은 치사문을 지어 왕의 공과 덕을 칭송해야 하고 술잔을 올릴 때 마다 무릎을 꿇어야 하고, 머리를 조아려 이마가 땅에 닿도록 절하여 충성을 맹세해야 하며, 왕을 위하여 두 손을 맞잡고 천세(산호 : 山呼)를 외쳐야 한다. 조선의 실질적인 권력을 휘두르고 있는 안동 김씨의 세도가들이라 해도 연향이 베풀어지는 한 이를 거부할 수 없었다. 그러면 왕은 신하를 내려다보며 하해와 같은 성은을 내리고, 신하들은 왕을 우러러 보며 은택에 감격해야 한다.

그리고 효명세자는 이제까지는 없었던 〈왕세자 익일회작〉이라는 '왕세자가 주인공'이 되는 연

---

3) 대년악생 : 악생은 장악원의 잡직으로 음악을 연주하는 사람. 대년은 결원을 보충하기 위하여 기다리는 것.
4) 『순조실록 28권』, 순조 27년 3월 11일 병술 4번째 기사.
5) 예악정치 : 예의를 알게 하여 사람들 사이에 질서와 존중심이 자리하게 하고, 음악을 진흥하여 사람들의 마음을 평화롭고 서로 화합하게 한다.

회를 베풀어 잔치를 위해 수고한 자신의 측근들을 치하하며 관계를 공고히 하는 치밀함도 보인다. 이는 그가 궁중연향이라는 수단을 통하여 예악정치를 어떻게 하는지 또 앞으로도 어떻게 할지를 잘 알고 있었다는 뜻이다.

2. 악장과 정재를 만들다

『예기(禮記)』 ≪악기(樂記)≫에 이르기를 "옛날 성인은 음악을 만들어 내어 하늘의 덕을 나타내고 예의를 제정해서 땅의 덕을 나타냈는데, 이렇게 해서 예악의 설비를 분명하게 해서 천지의 기능을 표시했던 것이다. 즉 하늘은 높고 땅은 낮으며 그것이 '군신(君臣)의 분별'을 정하였고, 산은 높고 계곡은 낮아 그것이 귀천의 지위를 나타냈다."라고 하였고, 또 "악은 천지의 조화고, 예는 천지의 질서이니 악은 하늘을 말미암아 지어지고 예는 땅을 본받아 만들어지니 옛날에 정치가 안정되면 예를 만들고 공이 이루어지면 악을 지었다."라고 하였으며, 더 이르기를 "음악이 부자(父子)나 군신을 화합케 하고 만민을 군주와 더불어 친하고 복종케 하는 것으로 이것이 곧 선왕이 음악을 만든 목적이다"라고 하였다.

어렸을 적부터 유교의 기본 경전인 사서오경(四書五經)[6]을 공부한 효명세자는 위와 같은 내용에 의거하여 새로운 악장과 정재를 만들고자 생각하였을 것이다.

한편, "오음(五音) 중 궁(宮)은 임금에 해당하고, 상(商)은 신(臣), 각(角)은 민(民)을 치(徵)는 사(事), 우(羽)는 물(物)에 해당한다. 오음이 바르게 발출되면 음악 전체가 잘 조화된다. 만약에 궁(宮)의 음이 바르게 발생하지 않으면 음악 전체가 거친 감정이 되는데, 이는 실제 국가에 비유하면 임금이 교만하고 정치가 난폭하기 때문이다. 상(商)의 음이 바르지 않으면 평형을 잃는 것은 말하자면 신하가 소임을 다하지 못하여 민정이 안정을 잃고 있기 때문이다. 각(角)이 바르지 않으면 음악에 근심이 생기는 것은 세상이 문란해지고 백성이 원망하고 있기 때문이다. 치(徵)가 바르

---

[6] 사서오경 : 4서는 『대학(大學)』・『논어(論語)』・『맹자(孟子)』・『중용(中庸)』을 말하며, 5경은 일반적으로 『시경(詩經)』・『서경(書經)』・『주역(周易)』・『예기(禮記)』・『춘추(春秋)』를 말함.

지 못하면 음악에 슬픔이 생기는 것은 노역이 많아 백성이 고통을 받고 있기 때문이다. 우(羽)가 바르지 못하면 음악에 위급한 느낌이 강하게 나타나는 것은 나라에 재정이 궁핍하여 곤란이 절박해 있기 때문이다."라는 내용에 더하여 "예악을 마련함에 있어서는 그에 의해 입이나 눈이나 귀 등의 욕망을 만족시키려는 것이 아니라 장차 백성에게 호오(好惡)를 공평하게 하는 일을 가르쳐 인도(人道)의 바른 데로 돌아오게 하려는 것이다."라는 것을 알고 있는 효명세자로서는 자신이 어떻게 해야 나라를 바로 세우고 백성을 편안하게 할 것인가를 잘 알고 있었다.

1828년은 효명세자의 모후인 순원왕후의 보령 40세가 되는 해로서 5월 15일이 생일이지만, 할아버지 정조(正祖)가 어머니 혜경궁 홍씨의 생일잔치를 화성에서 2월에 거행하였던 〈봉수당 진찬〉의 전례에 따라 2월에 자경전에서 성대한 잔치를 벌이고, 6월에는 연경당에서 잔치를 벌였는데 이때 조선 역사상 전무후무한 일이 벌어진다.

국가적 차원의 대규모로 진행된 2월의 자경전 진작에서는 그동안 연행되었던 광수무(廣袖舞), 아박무(牙拍舞), 향발무(響鈸舞), 수연장지무(壽延長之舞), 첨수무(尖袖舞), 무고(舞鼓), 포구락(抛毬樂), 처용무(處容舞) 등 8종의 정재가 연희되었는데, 불과 4개월 뒤에 있었던 연경당 진작에서는 망선문(望仙門), 경풍도(慶豊圖), 만수무(萬壽舞), 헌천화(獻天花), 춘대옥촉(春臺玉燭), 보상무(寶相舞), 영지무(影池舞), 박접무(撲蝶舞), 침향춘(沈香春), 연화무(蓮花舞), 춘앵전(春鶯囀), 춘광호(春光好), 첩승무(疊勝舞), 최화무(催花舞), 가인전목단(佳人剪牧丹), 무산향(舞山香), 향령무(響鈴舞) 등 17종의 정재를 새로이 창제하고, 그 반주음악의 악곡에는 제천악(霽天樂), 옥촉신(玉燭新), 다려(多麗), 경춘궁(慶春宮), 보살만(菩薩慢), 기라향(綺羅香), 옥련환(玉聯環), 성성만(聲聲慢), 만정방(滿庭芳), 청평악(清平樂), 천향(天香), 춘앵전무(春鶯囀舞), 자고천(鷓鴣天), 목란화만(木蘭花慢), 염노교(念奴嬌), 탐춘령(貪春令), 춘효요(春曉謠) 라는 17종의 악곡명을 작명하였는데, 특이한 것은 몇 개를 제외하고는 대부분의 정재의 명칭과 악곡의 명칭이 당(唐)과 송(宋)에서 유행하던 사패(詞牌)의 명칭이라는 것이다.

사(詞)는 당唐) 말기에서 오대(五代)7)시기를 지나면서 민간에서 유행하던 노래 가사로 송대(宋

---

7) 오대시기 : 당 왕조가 멸망한 뒤에, 양(梁), 당(唐), 진(晋), 한(漢), 주(周)의 다섯 왕조가 황하 유역을 계속해서 통치했다. 역사에서는 양(梁), 후당(後唐), 후진(後晋), 후한(後漢), 후주(後周)라로 부르며, 통칭하여 오대(五代)라고 한다.

代)에 성행하였는데, 형식은 시와 유사한 운문으로 그 시대의 민간 가요중 가사만 남은 것을 말한다. 이미 유행하고 있는 곡조에 맞춰 가사를 지은 것이라 하여 사(詞)를 짓는 것을 "전사(塡詞)"라고 한다.

사패(詞牌)란 원래 노래의 가사에 해당되는 노랫말인데 처음에는 멜로디 즉 곡(曲)을 가지고 있어 곡자사(曲子詞)라 하였고, 사(詞)와 배합된 음악을 연악(燕樂)이라고 하는데, 화려한 곡조에 변화가 복잡하여 5언 또는 7언의 시구로는 가사를 맞추기 어려워서 가사를 채워 넣는 사람들이 가사를 늘이거나 줄여서 음악의 박자에 맞추어야 했다. 이런 이유로 사를 장단구(長短句)라고도 불렀다고 한다. 후에는 곡이 사라지고 가사만 남게 되어 사(詞)가 되었다.

『고려사』 권71호 ≪악지(樂誌)≫에 의하면 "당악곡(唐樂曲)은 모두 송사(宋詞)인데, 송사는 크게 두 갈래로 구분된다. 첫째는 노래와 춤, 곧 가무희(歌舞戲)가 포함된 대곡(大曲)이고, 둘째는 노래 가사만으로 구성된 산사(散詞)이다."라고 하였다.

현대 음악에서 같은 악조에 가사만 바꾸어 부르는 음악을 콘트라팍툼(contrafactum)이라고 한다. 요즘 표현대로라면 "노래 가사 바꾸어 부르기"이다.

조선의 왕세자가 병약한 부왕을 대신하여 대리청정을 시작하면서, 궁중연향이라는 예악정치의 칼을 빼어 그 칼끝으로 겨눈 곳은 안동김씨의 세력이었다. 어머니 순원왕후의 생일잔치를 1828년 2월에 자경전에서 미리하고, 불과 4개월 만에 17종의 궁중정재를 만들고 단 6명의 무동(舞童)에게 익히게 하여 왕실전용연회장인 연경당에서 공연하였다는 것은 전무후무한 일이며 불가사의한 일이기도 하다.

현대의 창작무용의 공연에도 춤 하나를 만들고 안무를 짜서 연습을 거쳐 완성하려면 수십 일이 걸리고, 거기에 음악을 맞추고, 무대의상을 디자인하고 제작하려면 수개월을 걸리는 것이 보통인데 무려 17종의 정재와 악장을 4개월 만에 만들었다는 것은 지금도 누구도 믿기 어려운 사실이다.

효명세자가 예악정치를 통하여 왕실의 권위를 보여주고 실추된 왕권을 회복하기 위하여 그 수단과 도구로 선택한 것이 궁중연향이다. 하지만 막대한 재정이 소모되는 연향을 마음대로 할 수는 없었다. 더구나 당시는 가뭄과 기근, 수해 등 자연재해와 탐관오리들의 "삼정의 문란[8]"으로 백

---

8) 삼정의 문란 : 조선 재정의 주류를 이루던 전정(田政)·군정(軍政)·환정(還政)의 세가지 조세제도를 탐관오리들이 제 마음대로 수탈하여 농민반란의 원인이 됨.

성의 삶이 말로 형언하기 어려운 상태였다. 그러니 아무리 어머니 순원왕후의 40세, 아버지 순조(純祖)의 보령 40세와 즉위 30주년을 경축하는 잔치라지만 명분 없이 여러 차례 열 수는 없는 것이었다. 하지만 세도정치에 밀려 무기력해진 왕권을 회복하기 위해서는 군왕과 신하간의 위계질서를 분명히 드러내는 연향만한 무기가 없었다. 그래서 찾아낸 전례(前例)이자 전례(典禮)인 것이 할아버지 정조(正祖)의 〈봉수당진찬〉인 것이다.

어머니 순원왕후의 40세 축하잔치는 그렇게 시작되었고, 예상대로 신하들의 반발은 크지 않았다. 30년 전만 해도 태평성대를 이루었던 조선의 백성과 신하들은 자신의 할아버지 정조(正祖)를 아직도 기억하고 그리워하고 있을 것이다. 성군으로 칭송받던 정조(正祖)를 따라 하겠다는데 누가 반대할 것인가?

효명세자는 할아버지 정조(正祖)의 〈봉수당 진찬〉의 전례(前例)를 따라간다. 사도세자(思悼世子)와 혜경궁 홍씨는 동갑(同甲)으로 1895년이 회갑이 되는 해였다. 따라서 정조(正祖)는 아버지 사도세자의 생일인 2월과 어머니의 생일인 6월 사이인 윤 2월(3월)에 어머니 혜경궁 홍씨를 모시고 수원 화성으로 행차하여 아버지의 능(陵)을 참배하고 봉수당에서 어머니를 위한 회갑연을 하였다.

〈봉수당 진찬〉은 조선왕조 역사상 궁궐 밖에서 베풀어진 최초의 궁중연회로, 겉으로는 어머니를 위한 회갑연이었으나 속으로는 아버지 사도세자를 위한 구갑연(舊甲宴 : 사갑연死甲宴)이었다. 정조(正祖)는 어머니 혜경궁을 북쪽의 주빈석에 앉혀드리고, 동궁이었던 아버지 사도세자의 자리인 동쪽은 비워 놓고 자신은 서쪽의 자리에 앉았다.

숙종 45년(1719) 4월 18일 숙종(肅宗)이 59세에 기로소에 들어가는 것을 기념해 열린 경희궁 〈경현당 석연〉에서는 초무·아박무·향발무·무고·광수무·처용무 등 6종이 연희되었고, 영조 20년(1744) 10월 7일에 영조(英祖)가 51세 기로소에 입소하는 것을 축하하기 위한 경희궁 〈숭정전 진연〉에서는 초무·아박무·향발무·무고·광수무 등 5종의 정재가 연희되었다. 그리고 정조 20년(1795) 윤 2월 13일에 사도세자와 혜경궁을 위한 회갑연인 〈화성 봉수당 진찬〉에서는 헌선도·몽금척·하황은·포구락·무고·아박·향발·학무·연화대·수연장·처용무·첨수무·검무·선유락 등 정재의 수가 급격히 늘어나 14종을 33인의 여기(女技)가 춤추었고 44인의 악인(樂人)이 음악을 연주하였다. 특이한 것은 정재의 수가 많아진 것뿐만 아니라 쌍무고, 쌍포구락으로 규모가 확대되고, ≪선유락≫이 궁중정재로서 처음 등장한다는 사실이다.

정조(正祖)조차 민간에서 유행하던 ≪선유락≫ 한 가지만을 궁중정재로 유입했을 뿐인데, 효명세자는 아예 17종의 정재를 새로이 만들어 어머니를 위한 생일잔치에 춤추게 하였다.

3. 신작 정재의 주역 무동(舞童)

조선시대 궁중정재의 무동은 외연과 내연 때 정재 공연에서 춤과 노래를 담당했던 사내아이다. 궁중정재의 무동을 여악(女樂)에 대칭하여 남악(男樂)이라고도 한다. 주로 왕을 중심으로 베풀어지는 잔치인 외연에서는 백성의 모범이 되어야 하는 군주가 여악으로 인해 마음과 행실이 방탕해지는 것을 막기 위해 무동을 사용했다.

무동 제도는 세종 14년(1432)에 군신예연(君臣禮宴)인 회례연에서 여악 대신 무동이 춤과 노래를 담당하게 하기 위해, 8~10살 사이의 어린 관노 60명을 뽑은 것이 시초이다. 이듬해인 세종 15년(1433) 정월 초하루 군신간의 회례연에서 처음으로 무동이 몽금척·오양선·아박·무고 정재를 연행했다. 무동은 외연의 회례연이나 양로연 등과 〈인국사객연(隣國使客宴)〉에서 공연했으며, 세종(世宗)은 정조(正朝)9)의 나례(儺禮)10)에서도 남악을 쓰도록 했다. 그러나 세종 29년(1447) 무동이 재주가 익숙해질 만하면 곧 성년이 되어 계속 무동을 조달하기 어렵다는 이유로 이를 혁파하여 악공(樂工)에 부속시키고, 무동이 필요한 잔치에 악공을 쓰는 것으로 대신하였다.

조선 초기 궁중 잔치 때 출연하던 무동은 한때 사라졌다가 1450년(세종 32) 복원되었고 조선 후기까지 지속되었다. 조선 후기 궁중의 진찬과 진작 때 무동이 향악정재 및 당악정재 공연에 출연했다는 사실을 순조 28년(1828)의 『무자진작의궤(戊子進爵儀軌)』와 1829년의 『기축진찬의궤(己丑進饌儀軌)』 등을 통해 확인할 수 있다.

무동은 일반적으로 11~13세 소년으로 각사(各司)의 관비와 양인에게 출가한 자의 소생에서 선발하였으며, 장성하면 악공으로 이속(移屬)시켰다고 한다.

---

9) 정조(正朝) : 정월 초하루.
10) 나례(儺禮) : 12월 그믐날에 궁중에서 행해지던 벽사의식.

무동이 사용된 경우는 60여 년이 지난 고종 29년(1892)의 『임진진찬의궤(壬辰進饌儀軌)』에 다시 보이는데, 이것은 왕세자인 순종(純宗)이 부왕인 고종(高宗)의 망오(望五 : 41세)를 축하하기 위해 경복궁에서 9월 24~26일에 베푼 5차례의 진찬에서 나타난다.

『임진진찬의궤(壬辰進饌儀軌)』의 〈택일(擇日)〉조에 의하면 9월 24일에 묘시(卯時 : 오전 7~9시)에 근정전에서 〈대전외진찬〉을 거행하였고, 이튿날 진시(辰時 오전 7~9시)에는 강녕전에서 〈대전·중궁전내진찬〉을, 같은날 이경(二更 오후 10~12시)에 강녕전에서 〈야진찬〉을 거행 하였고, 마지막 날 진시(辰時)에 〈왕세자회작〉, 이경(二更)에 〈야진연〉을 모두 강녕전에서 거행하였다.

이는 순조 29년(1829)에 효명세자가 부왕인 순조(純祖)의 즉위 30년과 보령 40세를 축하하기 위해 베풀었던 〈기축년진찬〉과 동일하다고 할 수 있다.

효명세자의 부인인 신정왕후 조씨가 고종(高宗)을 효명세자의 양자로 입적하여 왕위에 올렸으므로 순종에게 효명세자(익종)는 할아버지가 된다. 효명세자가 할아버지 정조(正祖)를 따라 했듯이 순종(純宗)은 할아버지 효명세자(익종)를 따라 한 것이다.

정재에 참가하는 무동의 경우 개인의 기량에 따라 정재에 참여하는 정도가 다를 것으로 생각되는데, 순조 28년(1828) 『무자진작의궤(戊子進爵儀軌)』의 ≪부편(附編)≫에 기록된 연경당 진작의 〈공령조(工伶條)〉와 〈연경당진작반차도〉에 보면, 총 23종의 정재가 준비되었으나 의주(儀註)에는 17종만이 나타나는데, 이는 모두 효명세자에 의하여 새롭게 창제된 정재이고, 연희되지 않은 7종은 전해지던 것이다.

1828년 2월 자경전의 진작에는 29명의 무동이 참가했으나 6월의 연경당 진작에는 10명이 참가하여 6명(신광협·신삼손·진대길·김형식·김명풍·진계업)만이 정재를 추었고, 이 6인이 17종의 새로운 정재를 모두 추었다는 것은 이들의 기량이 다른 무동에 비해 뛰어나다는 것을 방증하는 것이며, 아울러 효명세자와 김창하가 소수정예를 선발하여 새로 창제한 정재를 4개월이라는 단기간에 집중화 하여 특별연습을 시켰다는 의미일 것이다. 특히 독무(獨舞)인 춘앵전과 무산향을 김형식이라는 무동이 혼자했다는 것은 그가 독보적인 무동이었다는 것을 짐작케 할 수 있는 대목이다.

한편, 김형식이 독무를 맡을 수 있었던 이유를 가늠해 볼 수 있는 기록이 하나 있는데, 그것은 『자경전진작정례의궤(慈慶殿進爵整禮儀軌)』이다. 효명세자가 대리청정을 맡았던 1827년 7월 18일에 훗날에 헌종(憲宗)이 되는 원손(元孫)이 탄생하여, 이를 기념하기 위하여 9월 9일에 창경궁 자경전에서 순조(純祖)와 순원왕후에게 존호를 올리는 의식을 거행하였고 이튿날인 9월 10일에 자경전에서 왕과 왕비를 위한 진작례를 행하였는데, 이때 김형식이 대금차비로 참여했다는 것이다[11]. 김형식이 악공으로 참여한 것이 단 한 번의 기록이라 그가 전문 악공이었는지 예단하기 어렵지만 11~13세의 어린 나이에 대금차비로 참여할 수 있었다는 그가 악기를 다룰 줄 알았고, 음률에 뛰어나다는 것 짐작할 수 있다. 그렇다면 그는 훨씬 어린나이 때부터 악기를 배웠을 것이고, 그의 부모가 장악원의 악사 또는 악공일 가능성이 크다고 볼 수 있으며, 음률에 능하기에 독무인 춘앵전과 무산향을 익히는 데는 최고의 무동이었을 것이다.

4. 효명세자의 복심이 담긴 정재

효명세자의 새로운 궁중정재의 창작에 있어 아직도 당시 장악원 전악이었던 김창하에 의해 주도적으로 이루어졌을 것이라는 견해가 일반적인 것은 선조(宣祖) 이후 순종(純宗)까지의 장악원 문서로 가전악(假典樂)과 전악(典樂)에 임명된 204명의 성명과 본관 그리고 출사 연월일을 기록한 문서인 『전악선생안(典樂先生案)』에 "익종(翼宗)을 보필하여 가인전목단, 보상무, 춘앵전, 장생보연지무 등 많은 정재를 창작한 바 있는 김창하를 전악으로 낙점하다"는 것과 또 다른 하나는 일제 강점기에 음악행정가이자 악학자(樂學者)인 함화진 선생이 쓴 『악인열전(樂人列傳)』에 근거한다.

『악인열전(樂人列傳)』에 "김창하 선생은 순조조 악사로 김종남의 숙부이며, 김영제의 종중조이다. 선생은 특별히 무용에 천재가 비상하였다. 효명세자 대리청정 시에 총애를 받아 악인 중 우량자로 악단을 조직하고, 궁중에 주야로 입직케 하여 때때로 임금 앞에서 음악을 연주하게 했으니 이 악단을 '구후관'이라 하고 선생을 '구후감관'이라 칭하였다. 순조(純祖) 등극 30년과 망오순(41세) 축하진연을 설행하실 때, 가인전목단, 보상무, 춘앵전, 장생보연지무 외에 다수의 정재를 창작하였다."는 기록이다.

---

11) 김형식 : 『자경전진작정례의궤』〈공령〉대금차비 10명 중 10번째 기록됨.

김창하가 장악원의 전악이기는 하나 그가 궁중 음악과 무용, 복식, 무구 등을 마음대로 창작한다는 것은 불가능한 일이다. 이유는 고래(古來)로 음악과 춤은 제왕만이 만들 수 있기 때문이다. 하물며 공자(孔子)도 "재상으로서의 덕(德)은 있으나 제후로서의 공(功)이 없어 음악과 춤을 을 만들지 못한다"고 하였다. 물론 김창하가 효명세자가 새로이 창제한 정재와 음악에 공이 없다고는 볼 수 없다. 일반적으로 전악이 악공과 무동, 여령들에게 음악과 춤을 가르치기 때문에 효명세자를 도와 효명세자가 지은 악장에 악곡을 붙이고, 효명세자가 창작한 정재의 안무를 지도했을 가능성이 있다.

　　하지만 김창하가 『악인열전(樂人列傳)』에 전하는 대로 새로운 정재를 창작하지 않았다는 것을 반증하는 자료로는 〈연경단 진작〉 후 관계자들을 노고를 시상하는 상전에(賞典)에 전악 유건무와 함께 단순히 체가(帖加)만을 하였다는 기록이다.

　　체가(帖加)란 요즘의 관보라 할 수 있는 조보(朝報)에는 내지 않고 교지나 첩지만을 주는 것인데, 이는 그의 공로가 조정 관리들에게 알릴 정도가 아니었으며, 단지 〈연경단 진작〉에 참여하였다는 것만을 인정하는 증명서인 것이다. 물론 국왕의 교지나 첩지를 받는 것이 작은 일은 아니나 새로운 정재를 창작한 공을 치하한 것으로 보기에는 너무 미미하다고 볼 수밖에 없다. 이유는 국가적 규모로 치렀던 2월 12일 〈자경전 진작〉에서도 이미 성시문, 유건무와 함께 체가(帖加)를 받았기 때문이다. 동일한 상을 받는다는 것은 새로운 특별한 공이 없었기 때문이라고 생각된다.

　　〈연경당 진작〉이 왕실 가족들만의 조촐한 연회이긴 하였지만 행사에 관여한 문관들은 품계를 올려주는 가자(加資)를 하였고, 무관들은 직위를 올려 주는 승차(乘車)를 시켰고, 음식을 담당한 숙수(熟手)와 호위를 담당한 군사, 물품을 만든 장인(匠人)들에게는 무명과 베 등 실물을 시상하였다.

　　조선의 사대부나 유학자는 모두 공자(孔子)의 제자임을 자처한다. 공자(孔子)는 『논어(論語)』에서 스스로 말하기를 "술이부작(述而不作)"이라고 하였다. 자신이 말하는 모든 것은 새로운 것이 아니고 단지 과거에 있던 것을 새롭게 서술하였을 뿐이라는 말이다. 특히 공자(孔子)가 주창하는 예악의 정치에서 "악은 천지의 조화고, 예는 천지의 질서이니 악은 하늘을 말미암아 지어지고 예는 땅을 본받아 만들어지니 옛날에 정치가 안정되면 예를 만들고 공이 이루어지면 악을 지었다."라고 하였으나 정작 자신은 악(樂)을 만들 수 없었다. 그것은 그가 덕(德)은 있으나 군왕이 아니므로 공(功)을 이룰 수 없었기 때문이다.

> "악은 공(功)을 위주로 한다. 그러므로 선왕(先王)은 공을 이루고 나서 악을 지었다. 요임금과 순임금은 읍양하여 공을 이루었으므로 악을 「대장(大章)」, 「대소(大韶)」라 이름 짓고 탕왕(湯王)과 무왕(武王)은 정벌하여 공을 이루었으므로 악을 「대호(大濩)」「대무(大武)」라 이름 지었으니 악의 명칭이 어찌 공적에 맞지 않겠는가."12)

『예기(禮記)』 ≪악기(樂記)≫에 이르기를 "군왕(君王)이 음악을 만든 것은 천지의 이치에 따라 백성을 다스리려고 했기 때문이며 만일 그 정치가 좋으면 백성이 모두 명군의 덕을 모범으로 하여 선행에 힘쓰는 것이다. 음악이 부자(父子)나 군신(君臣)을 화합케 하고 만민을 군주와 더불어 친하고 복종케 하는 것으로 이것이 곧 음악을 만든 목적이다."라는 유서(儒書)의 가르침에 따라 효명세자는 새로운 정재를 창작한 자신이 미래의 성군(聖君)으로서 자질이 충분함을 강변하고 있다고 볼 수 있다.

공자(孔子)의 "술이부작(述而不作)"은 겸양의 의미로 사용하였겠지만 이후 유학자들은 이런 기조를 유지한 채 성인의 말을 그에 가장 가깝게 표현하거나 옛것에 대하여 가장 근접하게 모방하는 것을 절대 가치로 생각하였다. 조선의 유학자들은 명나라 멸망이후 조선이 중화라는 소중화 의식에 젖어 더욱 완고하게 옛것에 대한 무조건적인 태도를 보인다.

이런 인식은 서예나 회화, 음악 등 예술 분야에서도 나타나는데 예를 들면 중국 명필의 서첩이나 유명 화가의 화첩 등을 구하여 그것을 흉내를 내는 데 정성을 들였다. 조선의 화가가 그린 그림인데 거기에 그려진 자연과 풍경은 조선에 없는 것이었다. 그리하여 진짜 조선의 산수(山水)를 그리기 시작한 것이 정선(鄭敾)의 진경산수화(眞景山水畫)인 것이다.

효명세자가 연경당 진작에서 새로 선 보인 17종의 정재와 악곡은 이전에는 없던 것들이고, 정재 복식과 무구(舞具), 그리고 윤대(輪臺)와 영지(影池), 대모반(玳瑁盤) 등 정재를 위한 무대 소품 등도 이전에 없던 것들을 만들어 낼 수 있었던 것은 정조(正祖)가 규장각에 집대성해 놓는 방대한 자료를 섭렵한 천재였던 효명세자만이 가능한 일이다.

---

12) 『역주 악서』 ≪권 12≫ 〈예기훈의〉.

5. 연경당 진작의 의미

순원왕후의 생일은 5월 15일 인데 효명세자는 할아버지 정조(正祖)가 어머니 혜경궁 홍씨의 회갑이 6월 18일인데, 2월 13일에 수원 화성에 가서 행했던 〈봉수당 진찬〉을 전례로 삼아 순원왕후의 40세 생신을 축하하는 연회를 2월 12일에 창경궁 자경전에서 국가적 규모의 궁중연회를 하였고, 6월 1일에는 왕실의 주요 인원 참석하는 〈연경당 진작〉을 창덕궁에 새로 지은 연경당에서 거행하였다.

〈연경당 진작〉은 〈자경전 진작〉후 불과 4개월 만에 열린 왕실 가족의 조촐한 잔치였지만 효명세자는 자신이 직접 창작한 17종의 새로운 정재와 악장가사를 통해 아버지 순조(純祖)와 어머니 순원왕후에게 자신의 효(孝)를 보여주는 것은 물론, 안동 김씨 세력의 수장인 외할아버지 김조순과 새로운 실세인 조씨 일가의 수장인 장인 조만영에게 자신이 차기 군주로서의 자질이 충분하다는 것을 보여 주는 동시에 대리청정의 불안을 불식시키는 자리로 마련한 정치적 의도가 깔린 연회였다.

순조(純祖)와 순원왕후에게 각각 술 한 잔만을 올려 의식 절차를 간소화 하였고, 대신 새로이 선보일 17종의 정재와 악장에 집중할 수 있게 하였다. 왕실 전용 연회장을 염두에 두고 건축한 연경당에서 왕실 가족만의 잔치이므로 분위기는 화기애애하였을 것이며, 왕실의 화합을 도모하는 데는 안성맞춤이었다.

〈연경당 진작〉은 참석한 왕실 가족이나 연희된 정재에 있어서 조선왕조 역사상 처음 있는 일이자 마지막이었다.

제7장 규장각, 효명세자의 보고寶庫

1. 고금도서집성(古今圖書集成)

2. 연감유함(淵鑑類函)

3. 패문운부(佩文韻府)

4. 법원주림(法苑珠林)

5. 구간시화(龜磵詩話)

정조(正祖) 즉위년인 1776년에 세워진 규장각은 도서관으로 출발했다. 정조(正祖)는 이곳에 왕실에 전해져 오던 책을 모으고 또 새로운 서책을 구입해 비치했다. 세손 시절부터 많은 책을 읽었던 정조(正祖)가 책에 대해 쏟는 관심은 상상을 초월했다. 즉위 후, 『내각방서록(內閣訪書錄)』이란 책을 만들어 중국에서 구해올 책의 목록을 만들 정도였다.

영조(英祖) 때인 1713년 북경에 사은사(謝恩使) 일행 김창업이 형인 김창집을 따라 갔을 때 청나라 강희제(康熙帝)로부터 『연감유함(淵鑑類函)』, 『전당시(全唐詩)』, 『패문운부(佩文韻府)』, 『고문연감(古文淵鑑)』 등 모두 370권을 하사받아 가지고 돌아왔다.

규장각에는 책의 국적으로 본다면 조선에서 간행한 조선본, 중국·일본 등에서 간행한 외래본이 있었고, 편찬과 간행 시기로 본다면 15~16세기의 오래된 책과 근래에 나온 책이 뒤섞여 있었다. 이리하여 규장각은 거대한 지식의 보고(寶庫)가 되었다.

옛날의 지혜[古]를 열어 살핀대[閱]는 열고관(閱古觀)이란 건물 이름 그대로, 조선의 관료들은 이곳에서 이전 시기 조선에서는 구해볼 수 없었던 지식과 정보를 광범위하게 접할 수 있었다. 정조대(正祖代)에 규장각에서 보유하고 있던 외국 책은 1781년에 편찬한 『규장총목(奎章總目)』에 따르면 약 600여 종 3만여 권이었다.

정조(正祖)가 중국에서 구입한 대표적인 자료는 『고금도서집성』이다. 이 책은 청나라 강희제(康熙帝) 때 편찬이 시작되어 1723년 옹정제(雍正帝) 때 완성되었다. 여기에는 18세기 초반까지 중국에 알려져 있던 자연과 사회, 인간에 관한 지식이 집대성되어 있다. 중국의 전통적인 저술은 물론이고 서양에서 들어온 과학기술 서적도 포괄했는데, 모두 6개 분야의 주제를 5,020책 10,000권 분량에 실었다.

조선에서 『고금도서집성』을 구입해온 때는 정조 1년(1777)이었다. 중국에 사신으로 갔던 이은(李溵), 서호수(徐浩修) 등이 정조(正祖)의 명령에 따라 구해온 것이다. 구입가는 은(銀) 2천 1백 50냥인데 은과 상평통보의 당시 교환 비율이 대체로 1 : 4였고 상평통보 1냥의 현재 가치는 대략 5만원이니, 약 4억 3천만 원이나 되는 엄청난 재정이 들었던 것이다. 유득공의 숙부로 사행에 참가했던 유금(柳琴)이 한림원의 지인에게 부탁하여 힘들게 구했다고 한다.

『고금도서집성』을 구입한 정조(正祖)는 너무 기뻐서 책의 장정을 새로 잘 고쳐서 창덕궁 규장각의 개유와에 소장케 하였다. '개유와(皆有窩)'란 '모든 것이 다 있는 집'이라는 뜻이니 그 명칭 또

한 감탄할 만하다.

정약용은 1790년 무렵에 가서야 『고금도서집성』을 보았다. 화성을 건설하던 정조(正祖)가 『기기도설(奇器圖說)』을 주면서 건설비용을 절감할 방안을 마련하라고 했는데, 이는 『고금도서집성』에 포함된 책이었다. 정약용은 『기기도설』에 나온 도르래의 원리를 이용하여 무거운 물건을 쉽게 들어 올릴 수 있는 기계를 제작했는데, 유명한 거중기가 그것이다.

정조(正祖)가 규장각을 세우고 많은 책들을 수집한 것은 새로운 변화를 만들기 위한 지적 공간을 마련하기 위해서였다. 정조(正祖)는 중국에서의 새로운 책들이 고루한 식견을 깨고 좁은 세계를 벗어나는 사고를 키우는데 크게 도움이 된다고 생각했다. 그가 많은 서적을 구입한 중요한 이유는 여기에 있었다. 정조(正祖)는 그 스스로 구입한 책들을 부지런히 읽었고 신하들도 많이 공부하기를 바랐다. 그리하여 규장각은 조선 관료들이 자신들의 사고를 세계로 넓혀가는 중요한 창구가 되었으며, 조선에서 학술과 문예를 일으키는 중심지가 되었다. 물론 규장각이 품었던 지식 세계가 조선의 획기적인 변화로 직접 귀결되지는 못했으나 19세기 조선의 현실에서 외국에서 유입된 새로운 사상과 문물은 천천히 뿌리 내리며 조선의 문화 속으로 용해되었다고 볼 수 있다.

효명세자는 할아버지 정조(正祖)가 마련해 놓은 방대한 지식의 보고를 마음대로 드나들며 자신이 꿈꾸던 예악의 정치를 실현하기 위한 준비를 할 수 있었다.

『무자진작의궤』에 수록된 효명세자가 직접 지은 악장과 정재명, 악곡명을 주석해 놓은 글에 인용하는 내용들이 아래의 서책류에 나온다.

1. 고금도서집성(古今圖書集成)

『고금도서집성』은 청나라 강희제(康熙帝)의 명에 의해 진몽뢰 등이 편찬하기 시작하였으나 완성하지 못한 채 중단되었다가 장정석 등이 이어받아 근 50년 만인 옹정제(雍正帝) 4년 1726년에야 완성하였다. 총 권수 1만 권으로 현존하는 중국 최대 규모의 백과전서이다. 목록만 해도 40권에다가 경사자집의 문헌 3,523종이 포괄되어 있다. 역사, 정치, 문화예술, 과학기술, 제자백가 등 상고시대로부터 청나라 초까지 동양문화 전반에 걸친 다양한 내용을 수록하였는데, 천문을 기록한 역상휘편(曆象彙篇), 지리·풍속의 방여휘편(方輿彙篇), 제왕·백관의 명륜휘편(明倫彙篇), 의학·종교 등의 박물휘편(博物彙篇), 문학 등의 이학휘편(理學彙篇), 과거·음악·군사 등이 들어있는 경제휘편(經濟彙篇) 6휘편으로 크게 나뉜다.

정조(正祖)는 즉위한 직후에 사절단을 북경에 파견했다. 서호수(徐浩修)는 부사의 자격으로 사절단에 포함되었는데, 정조(正祖)는 특별히 그에게 『사고전서(四庫全書)』를 구입하라는 임무를 부여했다. 청나라 정부가 『사고전서』를 편찬 중이라는 소식을 들었기 때문이다. 현지에 도착한 사절단이 관련 정보를 수합해 본 결과 『사고전서』는 아직 인쇄가 완료되지 않았고 인쇄한 수량도 4건에 불과하여 구입하기가 어려웠다. 그러자 사절단은 『고금도서집성』을 구입하는 것으로 방향을 바꿨다. 『사고전서』가 『고금도서집성』을 바탕으로 그 규모를 확대한 것이므로 이번에 『고금도서집성』을 구입하고 『사고전서』는 후일의 형편을 보면서 구입하면 된다고 판단했기 때문이다.

『고금도서집성』이 조선에 들어오자 정조(正祖)는 책을 정리하는 사업에 착수했다. 우선 책을 조선식으로 다시 장정을 하고, 규장각 검서관이던 이덕무(李德懋), 유득공(柳得恭), 박제가(朴齊家), 서이수(徐理修)에게 책의 목차를 베끼게 했다. 『고금도서집성』은 6휘편, 32전, 6,109부로 구성되었는데, 네 사람이 목차를 쓰는 데만 40일이 걸렸다. 목차가 완성되자 정조(正祖)는 책의 표지에 제목을 쓰게 했는데 당대의 명필이던 조윤형(曺允亨)에게는 책명을 쓰게 하고, 사자관들에게는 부의 제목을 쓰게 했다. 이 때문에 조윤형의 '도서집성(圖書集成)' 네 글자는 유명해졌는데, 원래 명필이던 그가 5천 번 이상이나 쓴 글씨였기 때문이다.

조선에 들어온 『고금도서집성』은 학계에 큰 영향을 주었다. 우선 책의 분량이 5천권을 넘어 방대한 정보가 수록되어 있었다. 1781년에 규장각에는 총 3만권의 서적이 소장되어 있었는데 이는 『고금도서집성』 5천권을 포함한 숫자였다. 또한 『고금도서집성』에는 지도, 산수, 금수, 초목, 기기의 모습을 자세하게 그린 그림이 있어 청의 지리와 문물을 이해하는 데 큰 도움을 주었다.

2. 연감유함(淵鑑類函)

『연감유함』은 청나라 강희제(康熙帝)의 명에 따라 편찬된 유서(類書)로, 450권의 분량으로 내용을 사항에 따라 분류해서 편집한 백과사전과 같은 것으로, 장영(張英) 등 4명이 총재가 되어 132명이 분담하고 편수(編修)하여 1710년에 완성하였다. 명(明)나라 『당유함(唐類函)』의 체재를 본떴으나, 『당유함』이 당나라의 유서(類書)만을 그 자료로 한 것에 비해서 이 책에는 송(宋)나라 이래 명나라 말까지의 유서(儒書)·사서(史書)·시문집(詩文集)을 수록하고, 또 당나라 이전의 것도 빠져 있는 것을 더 보탰다. 자연(自然)·인사(人事) 등 모든 항목을 ≪천부(天部)≫에서 ≪충치부(蟲豸部)≫까지 45부문으로 나누고, 각 부문을 다시 세목(細目)으로 갈라서, 먼저 정의적(定義的) 설명을 하고, 다음에 관련 있는 용어 등을 이름난 저서에서 인용하였다. 시문을 쓰는 데 도움을 주기 위해 편찬된 것이나, 고사전고(故事典故)를 찾는 데에도 편리하다.

『연감유함(淵鑑類函)』의 ≪구(龜)≫ 항목에

"述異記曰 龜一千年生毛 壽五千歲謂之神龜 壽萬年曰靈龜"
" 1000살 먹은 거북은 사람과 이야기를 할 수 있고 털이 나며, 5000살 먹은 거북은 신귀(神龜)라 하고, 1만 살 먹은 거북은 영귀(靈龜)라고 한다."

는 대목도 있다.

3. 패문운부(佩文韻府)

『패문운부』는 운(韻)에 따라 분류하여 편찬한 중국의 어휘집(語彙集)으로 청(淸)나라 강희제(康熙帝)의 명에 따라 장옥서, 이광지 등 76명이 편집하여 1711년에 간행하였고, 습유는 1716년에 완성하였다.

2자(字)에서부터 4자(字)짜리 숙어의 용례를 경사자집(經史子集)의 고전(古典)에서 널리 채록하여 맨 아래 글자의 운에 따라 106운으로 나누어 배열하고, 매 운자를 1권으로 묶었다.

약 45만의 어휘를 수록하고 있는 이 책은 원래 시(詩)를 지을 때의 편의를 위하여 편집한 것이었고, 지금도 고전의 어휘 용례를 알아보기 위하여 널리 이용되고 있다.

4. 법원주림(法苑珠林)

『법원주림』은 당(唐) 고종(高宗) 연간(666~668년경)에 승려 도세(道世)에 의해 편찬된 불교 유서(類書)다. 유서란 오늘날의 백과전서에 해당하는 것이다. 총 100권 100편으로 구성된 이 책은 불교의 경론과 함께 400여 종에 달하는 외전(外典)과 속서(俗書)들을 두루 포괄하여, 그 안에 담긴 불교 고사와 사료·사상·용어 등을 분류하여 수록하고 있다. 이 책은 불교의 여러 종파를 초월하여 대승·소승불교의 공통되는 불교 이론과 원리를 시술하는 데 중점을 두었다. 이러한 관점으로 이 책에서는 먼저 불교의 역사와 불교의 세계관, 사물관에 대해 서술했고, 이어서 불법(佛法)의 창시자인 불타와 보살들, 그리고 불교의 신도들과 교화의 방식, 여러 가지 업보(業報)와 인과응보(因果應報), 재가(在家)·출가(出家) 시에 지켜야 할 덕행(德行) 등의 순서로 서술하고 있다

『법원주림』은 그 안에 담겨 있는 풍부한 서사와 상상력으로 인해 중국 서사문학의 발전에 큰 영향을 미친 것으로 평가받고 있으며, 『법원주림』 정문(正文) 속에 인용되어 있는 불경 고사들은 많은 부분이 불교의 발상지인 인도의 민간 고사에서 기원한 것들이다.

5. 구간시화(龜磵詩話)

『구간시화』는 조선 후기에 남희채(南羲采)가 엮은 시화집으로 우리나라 시화 가운데에 양적으로 가장 방대하다. 그리고 수록 방법에 있어서도 분문·휘편식으로 매우 특이하다.

권 21에 복식기용(服飾器用) 상, 권22에 복식기용 하, 권23에 악부가무(樂府歌舞)편이 있다.

『구간시화』의 저술과정은 "한적한 가운데에 드디어 당(唐)·송(宋) 사람이 시를 말한 것을 취하여 아름다운 것들을 뽑아 가리고 그 번거로운 것을 깎으며, 겸하여 『서경(書經)』·『시경(詩經)』, 역사서와 패관(稗官), 야승(野乘)에 실려 있는 총화(叢話)를 거둬 모아 고인의 시구로 윤식(潤飾)하였다."라고 하였다. 이를 통하여 이 시화가 당송 시기의 시화에 규범을 두고 그 밖의 기본적 문헌을 두루 섭렵하여 만든 것임을 알 수 있다.

제8장 순조무자진작의궤 純祖戊子進爵儀軌
≪부편附編≫

1. 연경당 진작

2. 연경당 진작시 의주(儀註)

3. 연경당 진작 정재와 악곡의 모티브(Motive)

『순조무자진작의궤』의 ≪부편≫ 〈택일(擇日)〉에 의하면 "대전(大殿)과 중궁전(中宮殿)께 진작하는 정일(正日)은 6월 1일 진시(辰時)에 연경당에서 설행하라"고 되었고, 효명세자가 무자년(1828, 순조 28) 5월 1일에 영(令)을 내리기를,

> "금년은 다른 해와 다르기 때문에, 정월 초하룻날 이미 칭경하였다. 그러나 지금 탄신일을 당하여 나의 만수를 기원하는 마음이 응당 어떠하겠는가. 15일에 전의 뜰에서 삼가 백관을 거느리고 치사와 표리를 직접 올릴 것이니, 해방[1](該房)은 그리 알라."

하였다.

효명세자는 〈연경당 진작〉에서 쓰일 악장을 직접 지었는데, 정재악장(呈才樂章)이란 절제된 춤사위와 의식절차를 통해 일정한 메시지를 전달하고자 한 예술형태가 정재이고 언어로 구체화된 것이 악장이다.

○ 예제 연경당 진작시 치어(致語)

得壽[2] 大德 至隆難名 (득수 대덕 지융난명)	수를 얻으신 큰덕은, 지극히 융성하여 말로 다하기 어렵고,
春日慈慶 今辰祝華[3] (춘일자경 금진축화)	봄에 자전께 경하드렸는데, 다시금 화축을 드리나이다
來歲如今 吉慶川臻 (래세여금 길경천진)	내년에도 지금과 같이, 경사가 물밀 듯 모이고
北斗添酌 南山有光 (북두첨작 남산유광)	북두자루로 술을 따라 올리니, 남산과 같이 빛나소서
慈慶餘祝 華觀盛事 (자경여축 화관성사)	자전께 축하올린 뒤, 성대한 일을 찬란히 보았고,
長樂壽酒 蓬萊[4]祥雲 (장락수주 봉래 상운)	수주를 길이 즐기시니, 봉래산의 상서로운 구름이옵니다.
萬年韶光 千秋吉辰 (만년소광 천추길진)	만년토록 아름답게 빛나고, 천년토록 길한 날만 되소서
寶籌添海[5] 箕福[6]永康 (보주첨해 기복 영강)	보주첨해 하시고, 수명은 길이 강령하소서

---

1) 해방(該房) : 진표리 의식을 담당할 각 관청.
2) 수(壽) : 오복(五福) 중의 첫 번째로 나머지는 복(福), 강녕(康寧), 유호덕(攸好德), 고종명(考終命)임.
3) 축화(祝華) : 화봉삼축(華封三祝)이라고도 하며, 수(壽), 부(富), 다남자(多男子)를 말함.
4) 봉래산(蓬萊山) : 방장산(方丈山)·영주산(瀛洲山)과 함께 발해 해상에 있다는 전설의 산.
5) 보주첨해(寶籌添海) : 심신이 산다는 바다의 집(해옥)에 해마다 산가지를 가져다 놓는다는 말로 장수를 기원함.

○ 예제 연경당 진작시 치사(致詞)

昇平成歲 祝華又稱觴 승 평 성 세 축 화 우 칭 상	태평성대한 세상, 화봉인의 축하를 드리고 술잔을 올리옵니다
天中老人朗[7] 太平有象 천 중 노 인 랑 태 평 유 상	하늘 가운데 노인성은 밝게 빛나니, 태평의 기상이 있나이다
玉觴壽酒 金盤王母桃[8] 옥 상 수 주 금 반 왕 모 도	옥 술잔에 장수의 술을 담고, 금쟁반에 서왕모의 반도를 담았나이다
華觀祥雲開 神山靈鼇[9] 화 관 상 운 개 신 산 영 오	상서로운 구름이 열리는 것을 보니, 신령스러운 자라가 받치고 있는 삼신산이옵니다

1. 연경당 진작

『순조무자진작의궤』에 나타난 순원왕후 보령 40세를 축하하는 연회는 2월 12일 자경전에서, 6월 1일은 연경당에서 거행되었는데, 왕실가족과 외척 등 12명만이 참석한 조촐한 연회였다. 하지만 ≪상전(賞典)≫조에 음식을 만드는 숙수(熟手) 48명에게 베 2필씩 하사 했다는 기록을 보면 잔치상은 매우 호화로웠을 것으로 짐작할 수 있다.

〈자경전 진작〉이 왕과 왕비에게 그리고 왕세자와 왕세자빈에게 수차례의 술잔을 올리는 복잡하게 진행되면서 8종의 정재가 전통적 의식절차에 따라 거행되었던 것에 비하여 〈연경당 진작〉은 왕과 왕비에게 각 단 한 번의 술을 올렸음에도 정재는 17종이나 연희되었다.

새로이 창작된 17종의 정재와 음악이 올려질 때마다 효명세자를 제외한 11명의 사람들은 처음 보는 광경에 놀라움을 금치 못했을 것이다. 효명세자는 과연 자신도 가만히 관람만 하였을까? 필자는 여기서 만약에 효명세자가 해설과 함께 잔치를 진행하지는 않았을까 상상해 본다.

---

6) 기복(箕福) : 남극성의 복. 곧 장수를 뜻함.
7) 노인랑((老人朗) : 인간의 수명을 관장한다는 남극성을 말함.
8) 왕모도(王母桃) : 인간의 수명을 관장한다는 여신선으로 곤륜산에 살며 반도(蟠桃) 과수원과 요지(瑤池)가 있음.
9) 신산영오(神山靈鼇) : 신선들이 산다는 봉래, 방장, 영주를 말하며 커다란 거북이 떠받치고 있다고 함.

[표 5] 연경당 진작 참석자와 연희된 정재

구분(區分)		내용(內容)
진작(進爵)		왕과 왕비에게 각 1작 올림
참연자 (12)	왕실(8)	순조, 순원왕후, 효명세자, 세자빈 조씨, 숙의 박씨(순조 생모), 숙선옹주(순조 여동생), 명온공주, 영온옹주,
	내빈(4)	영명위 홍현주(숙선옹주의 남편), 동녕위 김현근(명온공주의 남편) 영안부원군 김조순(순원왕후의 부), 지돈녕 조만영(세자빈의 부)
정재(呈才) (17종)		망선문, 경풍도, 만수무, 헌천화, 춘대옥촉, 보상무, 향령무, 영지무, 박접무, 침향춘, 연화무, 춘앵전무, 춘광호, 첩승무, 최화무, 가인전목단, 무산향

1) 연경당 진작시 찬품(饌品)

연경당 진작시 왕과 왕비 그리고 참석자들에게 음식을 올리는데 신분에 따라 음식의 수(數), 음식의 고임 높이, 그릇의 격(格), 상(床)의 색과 크기, 음식에 꽂는 상화(床花)의 숫자로 쉽게 구별할 수 있다.

[표 6] 연경당 진작 참석자의 찬품

구분(區分)		찬안	고임	그릇(器)	상(床)	비고
대전/ 중궁전	진어찬안	각 25	1자 3치~8치	당화기	흑칠홍심 조각대원반	상화(床花) 각 18개
	소반과	각 17	1자~7치	〃	홍칠고족왜반	상화(床花) 각 10개
	별미(別味)	각 1	9치	갑번·자기	흑칠소원반	
	탕(湯)	각 1		〃	〃	
세자궁/ 세자빈궁	찬안(饌案)	각 16	7치~5치	갑번·자기	흑칠대원반	상화(床花) 7개
	탕(湯)	각 1		당사기	흑칠소원반	
명온공주		15	7치~5치	〃	흑칠대원반	상화(床花) 7개
숙선옹주/숙의박씨/ 영온공주		각 15기	〃	〃	〃	〃

내입(內入) 7상	각 14	6치~4치	〃	〃	상화(床花) 5개
척신반사연상 (戚臣頒賜宴床)	상상 각 15	7치~5치	당사기	〃	〃
내시각감이하사찬 (內侍閣監以下賜饌)	9			반기 21, 모판 1	
숙설소패장 및 전악 이하 궤찬(饋饌)	중상			중상2, 반기 27 모판기 18	
궐내입직/별감(別監)				쟁반기/소반기 모판기	
원역군병/ 악공/공장(工匠)				쟁반기/소반기 모판기(중·소)	

2) 연경당 진작시 공령(工令)

　연경당 진작시 의례를 진행하는 관원과 내시, 상궁과 나인, 그리고 정재를 추었던 무동과 음악을 연주했던 악공들이 배치된 반차도를 보면, 무동들은 23개의 정재를 배치하였지만 실제 연희된 것은 새롭게 창작된 17종뿐이었다.

　고구려무(高句麗舞), 공막무(公莫舞), 무고(舞鼓), 향발(響鈸), 아박(牙拍), 포구락(抛毬樂) 등 6종은 배설되었으나 실행하지는 않았다.

[표 7] 악공과 무동 복식

구분(區分)	두식(頭飾)	복식(服飾)	화(靴)
전악(典樂)	당건(唐巾)	자라포/황질흑선중단의, 은야대	흑화(黑靴)
악공(樂工)	족화복두(簇花幞頭)	녹라포/남질흑선중단의, 금동야대	흑화(黑靴)
망선문(望仙門) 봉작선(奉雀扇) 경풍도(慶豊圖) 만수무(萬壽舞)	주취금관(珠翠金冠)	화금포/백질흑선중단의 남질흑선중단의, 남질흑선상, 자사대, 백우호령, 백우엄요, 보대(寶帶)	무우리(無憂履)
집당(執幢)		자라포/백질흑선중단의 남질흑선상, 남사대, 백우호령, 백우엄요, 학정대(鶴頂帶)	
봉선도반(奉仙桃盤) 봉족자(奉簇子)		자라포/백질흑선중단의 남질흑선중단의, 남질홍선상, 남사대, 백우호령, 백우엄요, 보대(寶帶)	
헌천화(獻天花) 춘대옥촉(春臺玉燭)		자라포/백질흑선중단의 남질흑선중담익, 남질홍선상, 남시대, 백우호령, 백우엄요, 학정대	
보상무(寶相舞) 영지무(影池舞)	아광모(砑光帽)	벽라포/백질흑선중단의 홍질남선상, 학정대	
향령무(響鈴舞)		녹라포/백질흑선중단의 홍질남선상, 홍한삼, 학정대	
박접무(撲蝶舞)		녹라화접포/백질흑선중단의 홍질남선상, 주전대(珠鈿帶)	
침향춘(沈香春)		녹라포/백질흑선중단의 홍질남선상, 주전대(珠鈿帶)	흑화(黑靴)
연화무(蓮舞花)	연화합립금주모(蓮花蛤笠金珠帽)	녹라포/백질흑선중단의 홍질남선상, 학정대	비두리(飛頭履)
춘앵전(春鶯囀)	아견모(砑絹帽)	녹라포/백질흑선천수의 옥색질흑선상, 녹사쾌자 홍한삼, 오사대	호화(胡靴)

춘광호(春光好) 첩승무(疊勝舞) 최화무(催花舞)	아광모 (砑光帽)	홍라포/백질흑선중단의 남질흑선상, 주전대	흑화(黑靴)
가인전목단 (佳人剪牧丹)		홍라포/백질흑선중단의 남질흑선상, 녹한삼, 주전대	무우리 (無憂履)
무산향(舞山香)		남사내공홍라천수의/금가자 백질흑선상, 녹라쾌자, 계록사한삼 학정야대	능파리 (凌波履)
고구려무(高句麗舞)	금화첨립 (金花添笠)	회색쾌자, 남철릭, 홍광대	오혜(烏鞋)
공막무(公莫舞)	고운계(高雲髻)	석죽화전복, 은속대	호화(胡靴)
무고(舞鼓)/향발(響鈸) 아박(牙拍)/포구락	아광모 (砑光帽)	홍라포/백질남선중단의 남질흑선상, 녹한삼, 학정대	흑화(黑靴)

[표 8] 악기와 악사 / 악공

구분(區分)	인원	성명(姓名)
집박악사(執拍樂師)	1	김창하
전악(典樂)	1	유건무
필률차비(觱篥差備)	4	차종복, 안득준, 장효길, 이석득
대금차비(大笒差備)	2	김경득, 김원식
비파차비(琵琶差備)	1	강지수
해금차비(奚琴差備)	1	김효득
방향차비(方響差備)	1	서봉범
장고차비(杖鼓差備)	1	신인철
현금차비(玄琴差備)	1	차성은
가야금차비(伽倻琴鼓差備)	1	박영순
아쟁차비(牙箏差備)	1	박광번
당금차비(唐琴差備)	1	김창대
교방고차비(敎坊鼓差備)	1	이재근
갈고차비(羯鼓差備)	1	서학범
악기 12종	18	

[표 9] 자경전과 연경당 악공 비교표

구분(區分)	자경전(慈慶殿)	연경당(延慶堂)
집박전악(執拍典樂)	성시문, 류건무, 김창하	
집박악사(執拍樂師)		김창하
좌우대전악(左右隊典樂)	강재수, 문영담	
전악(典樂)		유건무
필률차비(觱篥差備)	장계순, 박화석, 김순길, 이석득, 서완규, 유은성	차종복, 안득준, 장효길, 이석득
대금차비(大笒差備)	김원식, 김관길, 장재량, 고천갑	김경득, 김원식
당적차비(唐笛差備)	신광희, 안광석, 강영준, 김영갑	
퉁소차비(洞蘇差備)	함윤옥, 장재홍	
비파차비(琵琶差備)	유관득, 정치룡, 허중석, 유완철	강지수
해금차비(奚琴差備)	주후득, 박광번, 김창대, 김상길,	김효득
방향차비(方響差備)	김효신, 유광수, 서인혁, 김태성	서봉범
장고차비(杖鼓差備)	서인범, 서학범	신인철
생차비(笙差備)	서봉범, 신광호, 박경완, 차성돌	
현금차비(玄琴差備)	유술무, 차성은	차성은
가야금차비(伽倻琴鼓差備)	김창록, 송인록	박영순
아쟁차비(牙箏差備)	김종식, 허인(정해,기축)	박광번
양금차비(洋琴差備)	박영순, 문명신	
당금차비(唐琴差備)	김종근, 박관철	김종근, 박관철
부구차비(浮漚差備)	김치덕	김치덕
교방고차비(敎坊鼓差備)	이재근, 이석진	이재근, 이석진
갈고차비(羯鼓差備)		서학범
운라차비(雲鑼差備)	오만철, 함흥국	
가차비(茄差備)	신경득, 유양득	
철적차비(鐵笛差備)	오대완, 안득준	
정차차비(鉦差備)	강연주	
요차비(鐃差備)	한치영	
악기 21(+1)종	60명	18명

[표 10] 정재와 무동

정재(呈才)		인원(人員)	무동(舞童)
망선문(望仙門)	봉작선(奉雀扇)	4	신삼손, 신광협, 김명풍, 진계업
	집당(執幢)	2	진대길, 김형식
경풍도(慶豊圖)	무(舞)	5	진대길, 신광협, 김명풍, 진계업, 김형식
	봉경풍도(奉慶豊圖)	1	신삼손
만수무(萬壽舞)	무(舞)	4	진대길, 김명풍, 진계업, 김형식
	봉선도반(奉仙桃盤)	1	신삼손
	봉족자(奉簇子)	1	신광협
헌천화(獻天花)	무(舞)	2	김형식, 진대길
	집당(執幢)	2	신광협, 김명풍
	봉화병(奉花瓶)	1	진계업
춘대옥촉(春臺玉燭)	집등(執燈)	4	진대길, 진대업, 신삼손, 김형식
	집당(執幢)	2	
보상무(寶相舞)	무(舞)	6	진대길, 신삼손, 신광협, 김명풍, 진계업, 김형식
향령무(響鈴舞)	무(舞)	6	진대길, 신삼손, 신광협, 김명풍, 진계업, 김형식
영지무(影池舞)	무(舞)	6	〃
박접무(撲蝶舞)	무(舞)	6	〃
침향춘(沈香春)	무(舞)	2	진대길, 김형식
연화무(蓮花舞)	무(舞)	6	진대길, 신삼손, 신광협, 김명풍, 진계업, 김형식
춘앵전(春鶯囀)	무(舞)	1	김형식
춘광호(春光好)	무(舞)	6	진대길, 신삼손, 신광협, 김명풍, 진계업, 김형식
첩승무(疊勝舞)	무(舞)	6	〃
최화무(催花舞)	무(舞)	6	〃
가인전목단(佳人剪牧丹)	무(舞)	4	진대길, 진계업, 김형식, 신삼손
무산향(舞山香)	무(舞)	1	김형식
고구려무(高句麗舞)	무(舞)	6	진대길, 신삼손, 신광협, 김명풍, 진계업, 김형식
공막무(公莫舞)	무(舞)	2	신광협, 김명풍
무고(舞鼓)	무(舞)	4	김형식, 진대길, 신광협, 진계업
	봉고(奉鼓)	2	안득준(피리), 김원식(대금)
향발(響鈸)	무(舞)	2	진대길, 김형식
아박(牙拍)	무(舞)	2	진대길, 김형식
포구락(抛毬樂)	무(舞)	6	진대길, 신삼손, 신광협, 김명풍, 진계업, 김형식
	봉구문(奉毬門)	2	서학범(갈고), 차종복(피리)

[표 11] 자경전과 연경당 진작 정재 비교표

절차(節次)		자경전 진작(1828. 2. 12)		연경당 진작(1828. 6. 1)	
		악곡(樂曲)	정재(呈才)	악곡(樂曲)	정재(呈才)
왕비 입장		천향봉소지곡	광수무(廣袖舞)		
전하 입장		오운가륙룡지곡			
진휘건			×	제천악(霽天樂)	망선문(望仙門)
진어찬			×	옥촉신(玉燭新)	경풍도(慶豊圖)
전하 진화/진작			×	다려(多麗)	만수무(萬壽舞)
거작			×	경춘궁(慶春宮)	헌천화(獻天花)
왕비 진작				보살만(菩薩慢)	춘대옥촉(春臺玉燭)
거작				기라향(綺羅香)	보상무(寶相舞)
제 1작 (세자)	전하	제수창지곡	아박(牙拍)		
	왕비	경신년지곡			
제 2작 (세자빈)	전하	만방령지곡	향발무(響鈸舞)		
	왕비	경태평지곡			
제 3작 (공주)	전하	만수장락지곡	수연장(壽延長)		
	왕비	수연장지곡			
수작 (酬酌)	세자	장생보연지악	첨수(尖袖舞)		
		수천추지곡			
	세자빈	요계락지곡	무고(舞鼓)		
		경방춘지곡			
진별행과	전하	영남산지곡	포구락(抛毬樂)		
	왕비				
퇴위	왕비	융화지곡	처용무(處容舞)		
	전하	봉추지곡			
진별미(進別味)				옥련환(玉聯環)	향령무(響鈴舞)
진탕(進湯)				성성만(聲聲慢)	영지무(影池舞)
진다(進茶)				만정방(滿庭芳)	박접무(撲蝶舞)
진휘건(進揮巾)				청평악(淸平樂)	침향춘(沈香春)
진찬반(進饌盤)				천향(天香)	연화무(蓮花舞)
진작(進爵)				춘앵전무(春鶯囀舞)	춘앵전(春鶯囀)
진탕(進湯)				자고천(鷓鴣天)	춘광호(春光好)
진다(進茶)				목란화만(木蘭花慢)	첩승무(疊勝舞)
철어찬(撤御饌)				염노교(念奴嬌)	최화무(催花舞)
철찬반(撤饌盤)				탐춘령(貪春令)	가인전목단 (佳人剪牧丹)
예필(禮畢)				춘효요(春曉謠)	무산향(舞山香)
			8종		17종

2. 연경당 진작시 의주(儀註)[10]

의례절차 (儀禮節次)		의례내용(儀禮內容)	악곡(樂曲)	정재 (呈才)
차비 差備	3각	- 희죽이 악대를 거느리고 들어와 자리로 나아간다.		
	2각 전	- 중사가 왕세자의 소차 앞에 나아가 무릎을 꿇고, 내엄을 찬청하고 조금 뒤에 또 외비를 아뢴다.		
취위 取位	1각 전	- 중사가 왕세자의 소차 앞에 나아가 무릎을 꿇고, 차소에서 나올 것을 찬청한다. - 왕세자가 익선관과 곤룡포를 입고 나오면 중사가 인도하여 중문을 경유하여 들어가 배위로 나아간다. - 세취가 《선인자》를 연주하고 악관이 무원을 이끌고 들어가 자리에 나아간다.	선인자 (先引子)	
	정시 定時	- 상궁이 대차 앞에 나아가 무릎을 꿇고 대차에서 나와 자리에 오를 것을 계청한다. - 전하가 연복(燕服)을 갖추어 입고 나가면 상궁이 전하를 인도하여 자리에 오른다. - 상의가 대차 앞에 나아가 무릎을 꿇고 대차에서 나와 자리에 오를 것을 청한다. - 왕비가 연복(燕服)을 입고 나가면 상의가 왕비를 인도하여 자리에 오른다.		
배례(拜禮)		- 중사가 "국궁·사배·흥·평신"을 창하면, 왕세자가 4배 후 일어나 몸을 편다.(악지!) - 중사가 "궤"를 찬청하면 왕세자가 무릎을 꿇는다.		
진휘건 (進揮巾)		세취가《제천악》을 연주하고 《망선문무》를 올린다. - 전하와 왕비에게 휘건을 올린다.(악지!)	제천악 (齊天樂)	망선문 (望仙門)
진찬(進饌)		세취가《옥촉신》을 연주하고 《경풍도무》를 올린다. - 어찬을 전하와 왕비 앞에 올린다.(악지!)	옥촉신 (玉燭新)	만수무 (萬壽舞)
치사낭독		- 악관이 치사를 아뢰기를 마친다.		
진화(進花)		세취가《다려》를 연주하고 《만수무》를 올린다. - 꽃을 전하와 왕비 앞에 올리고, 왕세자 앞에도 올린다. - "부복 흥 평신"을 찬청하면 왕세자가 부복흥평신 한다. 【참연 차비,시위,악공, 무동의 수공화를 나누어 준다】	다려(多麗)	경풍도 (慶豊圖)

10) 의주(儀註) : 의식의 절차를 주해하여 적은 글.

의례절차 (儀禮節次)	의례내용(儀禮內容)	악곡(樂曲)	정재(呈才)
진작(進爵) (전하殿下)	- 중사가 왕세자를 인도하여 동쪽의 수주정으로 나아가 북향하여 선다. - 내시가 수주를 술을 따라 국궁하고 왕세자에게 올린다. - 왕세자가 술잔을 받아 주렴 밖으로 나아가면, 여관이 이어받아 안도하여 전하 앞에 나아간다. - 무릎 꿇기를 찬청하면 왕세자가 무릎을 꿇는다. - 왕세자가 술잔을 상식에게 주면 상식이 나아가 술잔을 받아 무릎 꿇고 전하 앞에 올린다. - "부복 흥 평신"을 찬청하면 왕세자가 부복·흥·평신한다. - 여관이 왕세자를 인도하여 주렴 밖으로 나오면 중사가 이어받아 인도하여 다시 배위로 나아간다.(악지!) - 악관이 치어를 아뢰기를 마친다.		
거작(擧爵) (전하殿下)	세취가 ≪경춘궁≫을 연주하고 ≪헌천화무≫를 올린다. - 전하가 술잔을 든다. - 상식이 나아가 빈 술잔을 받아 내시에게 주면 내시가 받아 수주정에 되돌려 놓는다. - 악관이 치사를 아뢰기를 마친다.	경춘궁 (慶春宮)	헌천화 (獻天花)
진작(進爵) (왕비王妃)	세취가 ≪보살만≫을 연주하고 ≪춘대옥촉≫을 올린다. - 중사가 왕세자를 인도하여 서쪽의 수주정에 나아가 북향하고 선다. - 내시가 수주를 따라 국궁하고 왕세자에게 올린다. - 왕세자가 술잔을 받아 주렴 밖으로 나가면, 여관이 이어 받아 인도하여 왕비 앞에 나아간다. - 무릎 꿇기를 찬청하면 왕세자가 무릎을 꿇는다. - 왕세자가 술잔을 상식에게 주면, 상식이 나아가 받아 무릎 꿇고 왕비 앞에 올린다. - "부복·흥·평신!"을 찬청하면, 왕세자가 부복 후 일어나 몸을 편다. - 여관이 왕세자를 인도하여 주렴 밖으로 나오면, 중사가 이어받아 인도하여 다시 배위로 나아간다. - 악관이 치어를 아뢰기를 마친다.	보살만 (菩薩慢)	춘대 옥촉 (春臺 玉燭)
거작(擧爵) (왕비王妃)	세취가≪기라향≫을 연주하고 ≪보상무≫를 올린다 - 왕비가 술잔을 든다. - 상식이 나아가 빈 술잔을 받아 내시에게 주면, 내시가 받아 수주정에 되돌려 놓는다.(악지!) - 무릎 꿇기를 찬청하면 왕세자가 무릎을 꿇는다.	기라향 (綺羅香)	보상무 (寶相舞)
진별미 (進別味)	세취가≪옥련환≫을 연주하고 ≪향령무≫를 올린다. - 별미를 전하와 왕비 앞에 올린다.(악지!)	옥련환 (玉聯環)	향령무 (響鈴舞)

의례절차 (儀禮節次)	의례내용(儀禮內容)	악곡(樂曲)	정재 (呈才)
진탕(進湯)	세취가 《성성만》을 연주하고 《영지무》를 올린다. - 탕을 올린다.	성성만 (聲聲慢)	영지무 (影池舞)
진다(進茶)	세취가 《만정방》을 연주하고 《박접무》를 올린다. - 전하와 왕비에게 차를 올린다. - "부복·흥·평신!"을 찬청하면, 왕세자가 부복 후 일어나 몸을 편다. - 중사가 왕세자를 인도하여, 주렴밖 서향의 자리로 나아가 앉도록 한다.	만정방 (滿廷芳)	박접무 (撲蝶舞)
진휘건 (進揮巾)	세취가 《청평악》을 연주하고 《침향춘무》를 올린다. - 왕세자에게 휘건을 올린다.(악지!)	청평악 (淸平樂)	침향춘 (沈香春)
진찬반 (進饌盤)	세취가 《천향》을 연주하고 《연화무》를 올린다. - 왕세자에게 찬반/시접을 올린다.(악지!)	천향(天香)	연화무 (蓮花舞)
진주(進酒)	세취가 《춘앵전》을 연주하고 《춘앵전무》를 올린다. - 왕세자에게 술을 올린다.(악지!)	춘앵전 (春鶯囀)	춘앵전 (春鶯囀)
진탕(進湯)	세취가 《자고천》을 연주하고 《춘광호무》를 올린다. - 왕세자에게 술을 올린다.(악지!)	자고천 (鷓鴣天)	춘광호 (春光好)
진다(進茶)	세취가 《목란화만》을 연주하고 《첩승무》를 올린다. - 왕세자에게 차를 올린다.(악지!)	목란화만 (木蘭花慢)	첩승무 (疊勝舞)
철찬(撤饌) (전하/왕비)	세취가 《염노교》를 연주하고 《최화무》를 올린다. - 어찬(시접/휘건)을 물린다.(악지!)	염노교 (念努嬌)	최화무 (催花舞)
	세취가 《탐춘령》을 연주하고 《가인전목단》을 올린다. - 찬반(시접/휘건)을 물린다. - 중사가 왕세자를 인도하여 다시 배위로 나아간다.	탐춘령 (貪春令)	가인 전목단
예필(禮畢)	세취가 《춘효요》를 연주하고 《무산향무》를 올린다. - 중사가 "국궁·사배·흥·평신"을 창하면, 왕세자가 4배 후 일어나 몸을 편다.(악지!) - 중사가 연회가 끝났음을 아뢴다.	춘효요 (春曉謠)	무산향 (舞山香)
퇴위(退位)	세취가 《후인자》를 연주한다. - 상궁이 무릎을 꿇고 내려올 것을 계청하면, 전하가 자리에서 내려오고, 상궁이 전하를 인도하여 안으로 돌아간다. - 상의가 무릎을 꿇고 내려올 것을 계청하면, 왕비가 자리에서 내려오고, 상의가 왕비를 인도하여 안으로 돌아간다. - 중사가 왕세자를 인도하여 중문으로 나간다. - 악관이 무원을 이끌고 나가며, 희죽이 악대를 이끌고 나간다.	후인자 (後引子)	

3. 연경당 진작 정재와 악곡의 모티브(Motive)

효명세자가 명명한 정재명과 악곡명의 모티브(Motive) 중 절반 이상이 당(唐) 현종(玄宗)과 양귀비의 고사(古事)와 후대의 시인묵객들의 작품 속에서 차용되었다. 후대의 사가(史家)들에 의해 비록 당(唐) 현종(玄宗)이 비록 양귀비의 미모에 빠져 정치를 등한시하여 나라를 망하게 하였다고 하나 말년을 제외한 그의 치세 기간은 당(唐) 태종의 "정관의 치(貞觀治, 627~649)"와 함께 "개원의 치(開元治, 713~741)"로 중국 역사상 가장 빛나는 황금시대로 꼽힌다.

효명세자는 천재였다. 9세에 성균관에 입학하고 『대학』과 『통감』을 공부하였으며, 11세에 유교경전의 최고인 『논어』를 공부했으니 그의 천재적 학습능력을 알 수 있다. 따라서 정조(正祖代)가 청나라로부터 들여온 엄청난 분량의 다양한 백과사전류들은 효명세자의 지적욕구를 충족시켰을 것이며, 그를 통한 효명세자의 문학적 예술적 소양은 당대 최고였을 것이다.

효명세자는 시강원에서 경사(經史)를 읽다가 남은 여가에 시학(詩學)을 공부하였는데, 그는 시를 꽃에 비유하여 사람이 시를 쓰는 것은 마치 봄날씨에 꽃이 피는 것과 같아 성정(性情)이 발하면 시가 없을 수 없다고 시작(詩作)의 동기를 밝혔고, 학과 돌이 그 종류가 꽃과 근사하다 하여 스스로 학석(鶴石)이란 호를 짓기도 하였다. 효명세자의 시집인 「학석집」은 한문본과 언해본이 있는데, 원문을 한자음만 한글로 쓰고 토를 붙인 뒤 바로 그 밑에 우리말로 번역해 놓았다. 언해한 이는 밝혀지지 않았으나, 학계에서는 효명세자가 누이들에게 보이기 위해서 직접 언해했을 가능성이 높은 것으로 추정한다.

효명세자는 1년 아래 여동생인 명온공주가 혼인하여 사가로 나간 뒤에도 편지를 통해 소식과 함께 시를 주고받았다.

명온공주가 자신이 지은 시를 감상하고 좀 고쳐달라고 보낸 시이다.

九秋霜夜長   늦가을 서리에 밤은 깊은데
구 추 상 야 장
獨對玉燭明   홀로 등잔불 밝은 것을 봅니다
독 대 옥 촉 명

| 低頭遙想兄 | 머리 숙여 멀리 오라버니 생각하니 |
| 隔窓聞鴻鳴 | 창밖에는 기러기 울음소리만 들립니다. |

효명세자는 이에 공주의 시구절 일부를 고쳐준 뒤 다음과 같은 애틋한 내용을 적어 보냈다.

"(너의)글을 보고 든든하며 잘 지었는데, 두 어 곳 고쳐 보내니 보아라. 그리고 '머리 숙여 멀리 형을 생각한다'는 시구는 나를 생각한 것인가. 그윽이 감사하노라 … 이 글이 또 너를 생각함이로다."

山窓落木響	창가에 나뭇잎 지는 소리 나는데
幾疊詩人愁	너의 시름은 몇 겹이 되느냐
瘦月夢邊苦	수척한 달빛에 꿈속에서도 가슴아프다
殘燈爲誰留	희미한 등불은 누구를 위해 깜박이는가

효명세자는 명온공주뿐만 아니라 그 밑의 복온공주와 영온공주에게도 자상한 오라비였다.

정조(正祖)가 200여 편의 시를 남겼는데 효명세자는 400여 편의 시를 남겼고, 『경헌집』, 『학석집』과 『담여헌시집』 외에 많은 그의 저술이 『열성어제(列聖御製)』에 실렸다.

『열성어제』는 조선왕조 역대 임금들의 시문을 모은 책인데. 추존왕 중에 저술이 포함된 예는 효명세자가 유일하다. 그의 학문적, 문학적 성취를 『열성어제』가 인정하는 셈이다.

효명세자가 궁중연향을 통한 예악정치를 하겠다고 마음먹은 순간, 중국이 문화예술적으로 가장 융성했던 성당(盛唐)시대를 이끌었던 당(唐) 현종(玄宗)의 악무정책을 벤치마케팅(Benchmarketing)한 것으로 생각된다.

당 현종(玄宗)은 "개원의 치"라고 불리는 태평성대를 이룬 성군이자 음악에 대한 천부적인 자질을 타고나서 음율에 정통하였고, 작곡도 할 줄 알았으며, 호금·비파·피리·갈고 같은 각종 악기의 연주에도 뛰어났는데, 특히 갈고는 화노(花奴)라는 당대 최고의 갈고 연주가보다 오히려 나았다고 한다.

현종(玄宗)은 악무를 전문적으로 익히게 하기 위하여 세 곳에 이원(梨園)을 세우고, 좌부기(坐部伎)11) 제자 300명을 선발하여 이원(梨園)에서 가르쳤고 이들을 이원제자(梨園弟子)라고 불렀으며, 또한 수백 명의 궁녀를 선발하여 의춘원(宜春園)에서 살게 하며 가무를 가르쳤는데, 그녀들 역시 이원제자라고 불렀다.

한편, 작무(作舞)와 편무(編舞) 실력도 뛰어나서 수백 명의 궁녀가 춤추는 〈파진악(破陣樂)〉과 180명이 구름옷을 입고 춤추는 〈상원무(上元舞)〉를 만들었으며, 이외에도 〈광성악(光聖樂)〉〈용지악(龍池樂)〉 등 여러 악곡이 있는데 가장 유명한 것이 바로 〈예상우의곡(霓裳羽衣曲)〉이다.

한편 양귀비 역시 춤과 노래는 물론 악기의 연주에도 뛰어나 현종(玄宗)이 그녀의 미모뿐만 아니라 예술적 재능에도 흠뻑 빠져 있었기에 3,000명의 궁녀 중에서도 그녀만을 사랑할 수밖에 없었던 것이다.

효명세자가 비록 악장과 악곡의 명칭을 중국의 고사(古史)나 사패(詞牌)에 나오는 내용을 소재로 하였다고 하나 내용에 있어서는 모두 새로 만들었다고 보아야 한다. 특히 악곡명과 정재의 명칭을 창작 또는 차용함에 있어 그 안에 담겨있는 이야기와 상징들은 그가 안동김씨를 향하여 하고 싶은 말 즉, "조선의 권력은 왕에게 있고, 신하는 오직 충성 할 뿐이며, 그 권력은 백성을 위한 것이어야 한다."라는 왕의 준엄한 경계(警戒)라고 할 수 있다.

효명세자가 주관했던 11차례의 궁중연향은 안동 김씨 세력을 약화시키고 왕권을 강화하고 왕실의 위엄을 높이려고 선택한 수단이었으며, 그 안에서 추는 춤과 부르는 노래에는 그가 표현하고자 하는 주제의식과 정치적 목적을 담아내었다. 그뿐만 아니라 더 나아가 그가 지닌 문학적, 예술적 자질을 모두 발휘하여 궁중정재의 새로운 지평을 열었으며, 그것이 오늘날 까지 소중한 문화유산으로 전해지고 있다.

---

11) 좌부기(坐部伎 : 당 현종이 10부악을 연출 방식에 따라 좌부기(坐部伎)와 입부기(立部伎)로 나누었는데, 당상에서 앉아 연주하는 것을 좌부기라 하고, 당하에서 서서 연주하는 것을 입부기라 하였다.

[표 12] 악장에 나타나는 중국 문헌과 고사

	정재	악장 내용	인용 문헌	고사(古事)
1	망선문	대명궁의 서쪽 문	당회요 패문운부	당 태종의 궁궐 안수의 사(詞)
2	경풍도	厥禎維河 嘉禾九莖	송사 권142 도서집성	상서로운 징조 후한서(後漢書) 광무제기(光武帝紀)
3	만수무	瑤階蟠桃結	도서집성	서왕모의 요지와 복숭아
4	헌천화		패문운부 도서집성	유마힐과 천녀
5	춘대옥촉		도서집성	송 태종의 "등춘대(登春臺)"
6	보상무	半是濃粧半澹粧	법원주림 도서집성	소식(蘇軾)의 시 "서호(西(湖)"
7	향령무	악장 없음		
8	영지무	影娥池水涵涵碧	패문운부 도서집성	한 무제 : 영아지(影娥池) 명 황제 : 착아영(捉娥影)
9	박접무	隔珠簾美人	연감유함	화조일 침향정의 양귀비
10	침향춘	沈香亭北理腰肢 恰似楊妃睡起時	연감유함	당현종과 양귀비
11	연화무		도서집성	
12	춘앵전	俜停月下步 最愛花前態	연간유함	당 고종과 백명달
13	춘광호	曈曈日出大明宮	연감유함	당 현종
14	첩승무	春近昭陽殿裏人(3첩) 朝日曈曈興慶池(7첩) 梨園弟子奏新詞(7첩) 弟子部中奏新樂(8첩) 沈香亭上半捲箔(8첩) 妃子春遊臨玉塘(9첩) 梨園新奏荔芰香(9첩)		당 현종과 양귀비
15	최화무	興慶池南柳未開(3첩) 太眞先把一枝梅(3첩)	도서집성	송 태종 : 최화발
16	가인전목단	雲雨夢魂 時惱襄王	연감유함	초나라 회왕과 무산신녀
17	무산향	衆中偏得君王笑	도서집성	당 여남왕 당 현종과 양귀비

제9장 연경당 진작시 정재와 악곡
그리고 정재무도홀기

1. 예제 망선문(睿製 望仙門)/제천악(霽天樂)
2. 예제 경풍도(睿製 慶豊圖)/옥촉신(玉燭新)
3. 예제 만수무(睿製 萬壽舞)/다려(多麗)
4. 예제 헌천화(睿製 獻天花)/경춘궁(慶春宮)
5. 예제 춘대옥촉(睿製 春臺玉燭)/보살만(菩薩慢)
6. 예제 보상무(睿製 寶相舞)/기라향(綺羅香)
7. 향령무(響鈴舞)/옥련환(玉聯環)
8. 예제 영지무(睿製 影池舞)/성성만(聲聲慢)
9. 예제 박접무(睿製 撲蝶舞)/만정방(滿庭芳)
10. 침향춘(沈香春)/청평악(淸平樂)
11. 연화무(蓮花舞)/천향(天香)
12. 예제 춘앵전(睿製 春鶯囀)/춘앵전무(春鶯囀舞)
13. 춘광호(春光好)/자고천(鷓鴣天)
14. 예제 첩승무(睿製 疊勝舞)/목란화만(木蘭花慢)
15. 최화무(催花舞)/염노교(念奴嬌)
16. 가인전목단(佳人剪牧丹)/탐춘령(貪春令)
17. 예제 무산향(睿製 舞山香)

『순조무자진작의궤』≪부편≫〈악장〉에 기록된 연경당 진작시 초연된 정재 17종의 명칭과 악곡 명칭의 연원을 문헌과 고사(古事)를 통하여 해설하였고, 사패의 명칭과 같은 당송(唐宋)의 사를 부연하여 감상할 수 있게 하였다.

장서각 소장『정재무도홀기』에서 찾은 17종의 각 정재를 ≪무동홀기≫와 ≪여령홀기≫ 두 가지를 번역하였다. 17종의 정재 공연 사진은 국립국악원 무용단이셨던 안무자 하루미 선생님께서 제공해주셨다.

1. 예제 망선문(睿製 望仙門) / 제천악(霽天樂)

1) 주석(註釋)

○ 『당회요1)(唐會要)』에 "망선문2) 등은 날이 저물면 닫고 오경(五更, 새벽 3~5시)이 되면 연다"
○ 『패문운부3)(佩文韻府)』에 안수(晏殊)의 사(詞)에 "荷君恩齊唱望仙門(하군은제창망선문) 군왕의 은택을 입어 일제히 망선문을 노래하네"
○ 무동 4인이 작선을 받들고 앞에서 문을 만들어 서고, 무동 2인이 당을 들고 뒤에 있다가 문을 드나들며 춤춘다.

망선문(望仙門)

안수(晏殊), 북송(北宋)

玉池波浪碧如鱗 옥 지 파 랑 벽 여 린	아름다운 연못에 비늘 같은 물결 일렁이고
露蓮新 로 연 신	이슬 맞은 연꽃 싱그러운데
淸歌一曲翠眉顰 청 가 일 곡 취 미 빈	맑은 노래 한 곡조 수심 겨워 부르며

---

1) 당회요(唐會要) : 중국 당(唐)나라의 국정과 제반 제도에 대한 연혁을 항목별로 분류 편찬한 책.
2) 망선문(望仙門) : 당나라 장안의 황궁의 서문(西門)으로 정문은 단봉문, 동문은 건덕문임.
3) 패문운부(佩文韻府) : 시문(詩)를 지를 때 편하도록 운(韻)에 따라 분류하고 편집한 청나라 어휘집.

舞華茵 _{무화인}	꽃같은 자리에서 춤 추는구나
滿酌蘭英酒 _{만작난영주}	모란꽃 술 가득따라
須知獻壽千春 _{수지헌수천춘}	마땅히 천년을 헌수하나니
太平無事荷君恩 _{태평무사하군은}	태평무사한 군왕의 은덕을 입었도다
荷君恩 _{하군은}	군왕의 은덕을 입으니
齊唱望仙門 _{제창망선문}	일제히 망선문 곡을 노래하네

○ 무동 4인이 작선을 받들고 앞에서 문을 만들어 서고, 무동 2인이 당을 들고 뒤에 있다가 문을 만들면 출입하며 춤춘다.

2) 예제악장(睿製樂章)

丹霄九重閶闔通 _{단소구중창합통}	붉은 노을 속 구중궁궐은 창합[4]으로 통하고
寶殿雲端天香近 _{보전운단천향근}	구름 속의 보배로운 궁전은 하늘의 향기가 가까우니
這乘鶴仙子來 _{저승학선자래}	학을 탄 신선이 내려 올 것입니다

3) 의주(儀註)/차비(差備)/복식(服飾)

구분(區分)	내용(內容)
의주(儀註)	細吹作霽天樂呈望仙門舞進揮巾于 殿下 王妃前 樂止 세취가 제천악을 연주하고 망선문을 올릴 때 휘건을 전하와 왕비 앞에 올린다
정재차비 (呈才差備)	○ 작선(雀扇) : 신삼손, 신광협, 김명풍, 진계업 ○ 당(幢) : 진대길, 김형식
복식(服飾)	○ 작선 : 주취금관, 화금포, 백질흑선중단의, 백우호령, 남질흑선상, 백우엄요대, 자사대, 무우리 ○ 당(幢) : 주취금관, 자라포, 백질흑선중단의, 백우호령, 남질흑선상, 백우엄요, 학정대, 남사대, 비두리

---

4) 창합문(閶闔門) : 천상의 궁궐로 들어가는 입구에 있다는 문.

4) 춤 : 망선문(望仙門)

망선문의 무원(舞員)은 6인으로, 4인은 작선(雀扇)을 들고 2인은 당(幢)을 드는데, 작선을 든 무동이 앞으로 나가고, 이어 당을 든 무동이 뒤를 이어 나가며 춤이 시작되는데, 작선을 든 무동이 부채를 들어 하나 둘 짝을 이루어 문(門) 모양을 만든다. 그리고 당을 든 무동들은 대무(對舞)를 추기도 하고, 서로 등을 대고 상배(相背)하거나 좌우로 돌며 춤을 춘다.

여러 가지 춤사위를 반복해 추다가 작선으로 만들어 놓은 문에 들어가서 놀다가 물러나오면 봉작선도 이어 나오고 춤은 끝을 맺는다.

망선문은 중국 장안에 있는 당나라의 황궁인 대명궁의 정문인 단봉문의 서쪽에 있는 문을 말하나, 악장에서는 하늘 위의 옥황상제(玉皇上帝)가 사는 궁궐의 문으로 해석하는 것이 의미에 맞을 것이다.

옥황상제가 사는 하늘의 궁궐 문은 종류도, 크기도 다양하니 궁궐을 처음 들어가 보는 사람은 그 위용과 규모에 눈이 휘둥그레 해 질 것이다. 따라서 작선으로 만드는 궁궐문은 크거나 작게, 그리고 높거나 넓게 만드는 등 다양한 형태로 만들어야 하며, 당(幢)을 든 무용수도 작은 문과 큰 문, 높은 문과 낮은 문을 드나들 때는 각기 다른 형태와 다양한 동작으로 드나드는 상상력이 필요하다고 생각한다. 창덕궁의 동남쪽에 있는 문이 단봉문인데 낙선재로 드나들기 편해 주로 여인들이 은밀히 드나드는 문이다.

작선(雀扇)은 고대에 천자나 귀족들의 품위를 나타내는 휴대품으로 공작의 깃털로 만든 부채를 말한다. 공작은 지상에서 실존하는 새 중 가장 화려한 꽁지깃을 지니고 있으며, 수공작의 깃털로 만든 공작선은 권력을 상징했는데, 이는 세상을 교화시키는 바람을 일으킨다고 생각했기 때문이다. 부채는 바람을 일으킬 뿐만 아니라 먼지 같은 오물을 날려 깨끗하게 하므로, 재앙을 몰고 오는 액귀(厄鬼)나 돌림병을 몰고 오는 병귀(病鬼) 같은 사악한 것도 쫓는다고 믿었다.

옛날에는 단오에 부채를 선물하는 습속이 보편화되어 있었는데, 이 부채를 단오선이라고 하는 한편 염병(染病; 장티푸스)을 쫓는 부채라는 뜻으로 벽온선(僻瘟扇)이라고 일컬었다. 귀신을 쫓고 신명을 부르는 굿에서도 부채는 필수인데, 이때 부채는 삿된 것을 쫓고 신을 부르기 위한 상징적인 도구이다.

새의 깃털로 만드는 부채의 종류로는 공작의 깃털로 만든 공작선, 부채 자루의 조각이 학의 모양인 백우선, 꿩의 꼬리 깃털로 만든 치미선, 까마귀와 같은 검은 새의 깃털로 만든 오우선 등이 있다. 파초선은 파초 잎 모양으로 만들어진 부채로, 조선시대 종2품 이상의 고관이 외출할 때 남여(藍輿)[5]나 초헌(軺軒)[6]에 꽂아 햇빛을 가리었다.

『서유기(西遊記)』에 등장하는 인물인 손오공에게 '여의봉'이 있다면 우마왕의 마누라인 철선공주에겐 '파초선'이 있었는데, 여의봉처럼 크기 조절이 가능한 부채로 한 번 부치면 강풍이 일어나고, 두 번 부치면 비가 내리고, 세 번 부치면 태풍이 일어난다. 제아무리 강력한 화염을 내뿜는 화염산이라도 마흔 아홉 번을 부치면 불길을 잡아버리는데, 손오공이 이 파초선을 빌려 화염산의 불길을 잡았다는 이야기가 나온다.

[사진 23] 망선문, 2012년

〈망선문〉은 1994년 11월 23~24일에 이흥구 안무로 "전통무용발표회" 초연되었으며, 2012년 6월 28~29일 국립국악원 무용단 정기공연 "정재, 조선의 역사를 품다"에서 하루미 안무자의 재구성·안무로 공연되었다.

---

5) 남여(藍輿) : 의자 모양으로 만들고 지붕이 없는 작은 가마.
6) 초헌(軺軒) : 종2품 이상의 관원이 타던 외바퀴 수레.

【그리스 신화 이야기 1】

　아르고스(Argos)는 백 개의 눈을 가진 거인이다. 제우스는 강의 신 이나코스(Inachus)의 아름다운 딸 이오(Io)가 강에서 돌아오는 모습을 보고 첫 눈에 반해 도망가는 이오를 붙잡아 그녀의 순결을 빼앗는다. 제우스는 아내 헤라의 눈을 피하기 위해 온통 먹구름으로 주위를 덮고 이오와 사랑을 나누고는 그래도 혹시나 헤라가 눈치 챌까 이오를 하얀 암송아지로 변하게 한다.

　암소로 변해도 여전히 아름다운 이오! 헤라가 모든 상황을 눈치 채고는 암송아지를 선물로 달라고 하자 제우스는 헤라의 요구를 거절하면 더 의심을 받을 것 같아 암소를 넘겨주었다. 헤라는 100개의 눈을 가진 거인 아르고스에게 암소를 감시하도록 맡겼다. 아르고스는 잠을 잘 때도 2개의 눈만 감고 나머지 눈은 뜨고 있었으므로 아무도 그의 눈을 속일 수는 없었다. 암소가 된 이오의 모든 행동은 아르고스의 눈에서 벗어날 수가 없다.

　제우스는 이오를 되찾아오기 위해서 전령의 신 헤르메스를 보냈다. 헤르메스는 피리를 불어서 아르고스로 하여금 100개의 눈을 모두 감고 잠들게 한 뒤 단칼에 목을 베어 버렸다. 헤라는 자신에게 충성한 아르고스를 영원히 잊지 않기 위해 아르고스의 100개의 눈들을 자신의 상징인 공작의 깃털에 붙였다고 한다.

　헤라에게 쫓기던 이오는 제우스에 의해 바위산에 묶인 채 독수리에게 간을 쪼아 먹히던 프로메테우스를 만나 미래의 운명에 대한 예언을 듣기도 하였다. 그리고 암소가 건넌 바다는 이오의 이름을 따서 이오니아해라고 부르게 되었는데, 발칸반도 남부의 서해안과 이탈리아반도 남해안 및 시칠리아섬 동해안에 둘러싸인 해역이다.

　제우스의 사랑과 이오의 고난으로 맺은 결실이 바로 에파포스인데, 이후 에파포스의 후손들은 그리스뿐만 아니라 페르시아, 아프리카에 있는 많은 왕가의 시조들을 낳았고 뛰어난 영웅들도 배출한다. 메두사의 목을 벤 페르세우스와 불세출의 뛰어난 영웅 헤라클레스도 이오의 자손들이다. 이렇게 해서 이오의 고난으로 태어난 후손들은 그리스뿐 아니라 그 밖에 여러 지역을 아우르는 명문가의 조상들이 된다.

　한편 천문학에서는 태양계의 가장 큰 행성인 목성을 주피터(제우스의 로마식 명칭)인데, 목성의 제1위성의 이름이 바로 이오이다.

5) 음악(音樂) : 제천악(霽天樂)

제천악은 "맑은 하늘의 음악"이라는 뜻으로 망선문무(望仙門舞)의 반주음악으로 연주되었다. 송나라 휘종(徽宗)[7] 때 대성부(大晟府:궁중음악 담당)의 제거(提擧)였던 주방언(周邦彦)은 음악에 정통하여 고전음악의 정비와 신곡(新曲)을 많이 만들었던 대표적인 사인(詞人)으로 꼽혔는데, 주방언은 "제천악"이라는 사패 곡조에 '소년유(少年游)'라는 가사를 얹어서 송(宋) 휘종(徽宗)과 기녀 이사사(李師師)의 사랑을 그려 내었다.

少年游(소년유)

주방언(周邦彦), 북송(北宋)

并刀如水, 吴盐胜雪, 纤手破新橙
병도여수 오염성설 섬수파신등

　　　병주의 칼은 날카롭고, 오의 소금은 눈보다 희고,
　　　섬세한 손으로 새로 나온 밀감을 까네.

锦幄初温, 兽烟不断, 相对坐调笙
금악초온 수연불단 상대좌조생

　　　비단막은 따뜻하고, 짐승모양의 연기는 끊이지 않고,
　　　서로 마주 앉아 생황을 분다.

低声问, 向谁行宿, 城上已三更
저성문 향수행숙 성상이삼경

　　　낮은 목소리로 묻는다,
　　　어디에서 머물 것인지, 성내는 이미 삼경인데.

马滑霜浓, 不如休去, 直是少人行
마활상농 불여휴거 직시소인행

　　　서리가 쌓여 말이 미끄러질 수 있으니,
　　　쉬었다 가는 게 나을 거예요, 길에 사람마저 없는데.

송(宋)의 황제 휘종(徽宗)이 당대의 최고의 명기 이사사(李師師) 좋아하고 있었는데, 주방언 역시 이사사를 마음에 두어 기루를 드나들고 있었다. 하루는 주방언이 이사사와 함께 술을 마시며 정담을 나누면서 밤을 지내는데, 느닷없이 휘종(徽宗)이 찾아왔다는 전갈이 온다. 임금과 신하의 신분이었기에 몹씨 놀란 주방언은 얼떨결에 침대 밑에 몸을 숨기고 숨죽이는 밤을 보내게 되면서, 그는 밤새 황제와 이사사가 나누었던 웃음과 대화를 듣고, 얼마 후에 그 밀회를 윤색하여 〈소년유(少年遊)〉라는 작품을 지어 노래하였던 것인데, 후에 이사사가 황제 앞에서 〈소년유〉를 노래부르

---

7) 송 휘종 : 고려 예종 9년(1114) 사신 안직숭(安稷崇)이 송나라에 갔다 돌아오는 길에 송나라의 휘종(徽宗)이 준 신악기(新樂器)와 곡보(曲譜)를 가지고 왔고, 예종이 이를 고맙게 여겨 1116년 왕자지(王字之)와 문공미(文公美)를 다시 하례사(賀禮使)로 보냈더니, 휘종이 또다시 송나라의 아악인 대성악과 그 음악을 연주하는 데 필요한 등가악기(登歌樂器)와 헌가악기(軒架樂器) 등의 아악기를 대량으로 보내 주었다.

자, 휘종(徽宗)은 이 노래를 누가 지었는지 캐물어 주방언이라는 사실을 알고는 자신의 밀회 장면을 노래로 만들어 유행시킨 주방언을 쫓아내었다고 한다.

6) 망선문 무도홀기(望仙門 舞圖笏記)

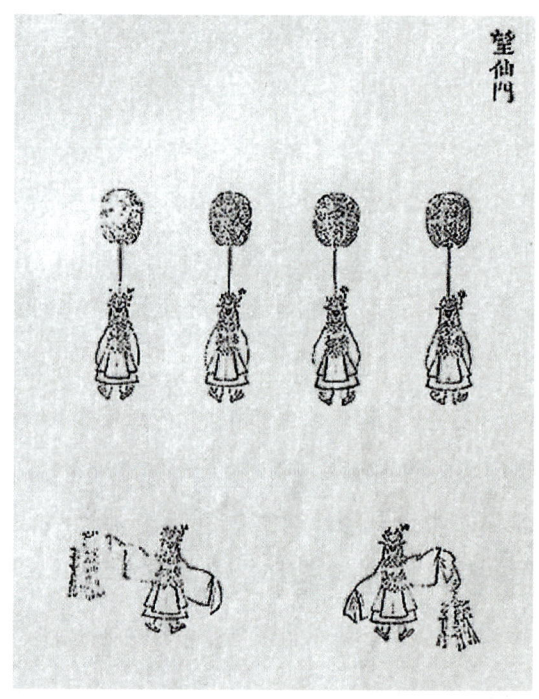

[그림 14] 〈망선문〉
『순조무자진작의궤』
≪부편≫ 〈정재도〉

① 『무동각정재무도홀기』

| 奉雀扇봉작선 | 奉雀扇봉작선 | 奉雀扇봉작선 | 奉雀扇봉작선 |
| 成有相성유상 | 鄭興綠정흥록 | 李應根이응근 | 李順童이순동 |

| 執幢舞집당무 | | 執幢舞집당무 |
| 韓奇福한기복 | | 吳水山오수산 |

[무동 초입 배열도]

◎ 樂奏彩雲駕鶴之曲[鄕唐交奏](악주채운가학지곡)[향당교주]
　　음악은 채운가학지곡(향당교주)을 연주한다.
○ 1拍 : 奉雀扇四人齊行小進而立(봉작선사인제행소진이립)
　　　　작선을 든 4인이 일렬로 조금 나아가 선다.
○ 2拍 : 執幢二人舞進入雀扇作門(집당이인무진입작선작문)
　　　　집당 2인은 작선이 문을 만들면 들어온다.
○ 3拍 : 相向而舞(상향이무)
　　　　서로 바라보고 춤춘다.
○ 4拍 : 相背而舞(상배이무)
　　　　서로 등지고 춤춘다.
○ 5박 : 一人左旋一人右旋還出作門而舞(일인좌선일인우선환출작문이무)
　　　　(집당)1인은 좌로 돌고, 1인은 우로 돌아 다시 작선문 안으로 들어가며 춤춘다.
○ 6拍 : 相向而舞(상향이무)
　　　　서로 바라보고 춤춘다.
○ 7拍 : 相背而舞(상배이무)
　　　　서로 등지고 춤춘다.
○ 8拍 : 回旋入作門或背或面旋轉而舞(회선입작문혹배혹면선전이무)
　　　　(봉작선)회선하여 문을 만들면 (집당)문으로 들어가 혹은 등지고, 혹은 마주보고 돌면서 춤춘다.
○ 9拍 : 還出作門而舞(환출작문이무)
　　　　문을 만들면 다시 돌아와 문으로 나가며 춤춘다.
○ 10拍 : 斂手足蹈(염수족도)
　　　　손을 모으고 족도한다.
○ 11拍 : 舞退[奉雀扇四人足蹈舞退]樂止(무퇴[봉작선사인족도무퇴]악지)
　　　　집당이 물러난다. (작선을 든 4인이 족도하며 물러난다) 음악이 그친다.

※ 장서각 소장『정재무도홀기』에서 처음 보이는 정재는 공막무, 광수무, 망선문, 연화대, 영지무, 춘광호, 춘대옥촉 등 7종인데 망선문 무도홀기는 ≪여령정재무도홀기≫가 없다.

2. 예제 경풍도(睿製 慶豊圖) / 옥촉신(玉燭新)

1) 주석(註釋)

○ 송나라 태종(太宗)이 대·소곡을 직접 지었는데, 남려궁의 십일곡(十一曲)안에 경풍년이 있다.
○ 『도서집성8)(圖書集成)』에 "명(明)나라의 악장에 《천명유덕지무(天命有德之舞)》가 있는데, 여섯 번째에 〈경풍년지곡(慶豊年之曲)〉을 연주한다"
○ 헌도탁을 설치하고, 무동 1인이 경풍도를 받들고 나아가고, 5인은 뒤에서 북향하여 춤춘다.
○ 각 대오가 함께 부르는 노랫말은 진서(眞書)와 언문(諺文)이 섞여 있어 기재하지 않았다.

2) 예제악장(睿製樂章)

於皇聖璧 丕彰鴻名	어황성벽 비창홍명	아, 위대하신 임금님, 넓은 이름 크게 빛나네
普隆一德 克享高明	보륭일덕 극향고명	널리 융성한 덕은 높은 이름을 누릴만하네
皇矣上帝 肇錫休禎	황의상제 조석휴정	거룩한 상제께서 아름다운 상서를 내려주셨네
厥禎維何 嘉禾九莖9)	궐정유하 가화구경	그 상서는 무엇인가 아홉 줄기의 가화라네
綏萬屢豊 慶本滋長	수만루풍 경본자장	만년토록 거듭 풍년들어 경사의 근본이 길어질 것입니다
景雲乘彩 瑞日曜光	경운승채 서일요광	밝은 구름이 아름다운 빛을 띠고 서기 띤 해도 빛납니다
赤圖10) 玄符11) 天福永昌	적도 현부 천복영창	적도와 현부가 천복이 길게 창성할 것을 징조하니
鳳闕開朝 以獻于王	봉궐개조 이헌우왕	봉궐에서 조회를 열어 군왕께 바칩니다

[慶豊圖唱詞]
경풍도창사

---

8) 도서집성 : 청나라 강희제~옹정제 연간에 만들어진 백과사전.
9) 가화(嘉禾) : 한 줄기에 9개의 이삭이 달린다는 벼로 상서로운 징조를 상징한다.
10) 적도(赤圖) : 천명을 받게 되리라는 표식을 말함.
11) 현부(玄符) : 하늘이 나타내는 징조.

3) 의주(儀註)/차비(差備)/복식(服飾)

구분(區分)	의례내용(儀禮內容)
의주(儀註)	細吹作玉燭新呈慶豊圖舞進御饌于 殿下 王妃前(各進匙楪) 樂止 세취가 옥촉신을 연주하고 경풍도를 올릴 때 어찬을 전하와 왕비 앞에 올린다(시접)
정재차비 (呈才差備)	○ 선모(仙母) : 신삼손 ○ 협무(挾舞) : 진대길, 신광협, 김명풍, 진계업, 김형식
복식(服飾)	무동(舞童) : 주취금관, 화금포, 백질흑선중단의, 백우호령, 남질흑선상, 백우엄요, 　　　　　　자사대, 무우리

4) 춤 : 경풍도무(慶豊圖舞)

경풍도는 풍년을 기원하는 가곡편에 창사를 부르고, 선모와 5인의 협무로 구성된 춤으로 먼저 악사가 탁자를 받든 무동 2인을 인솔하여 전내에 두고 나간다. 무동 1인이 경풍도를 받들고 나아가고 5인이 뒤에서 북향하여 춤춘다.

노랫말이 진서와 언문이 섞여있어 기재하지 않았다고 하는 창사(唱詞)가 『정재무도홀기』와 『가곡편』에 아래와 같이 기록되었다.

○ 『정재무도홀기(呈才舞圖笏記)』
올도 豊年이오 來年도 豊年이라
年年豊年이니 萬民이 長在豊年中이라
仙人이 奉玉函ᄒᆞ니 一幅 慶豊圖ㅣ 다
嘉禾ㅣ 九穗니 頌我王德이샸다

○ 『가곡편(歌曲編)』: 협무 창사
"올해도 풍년이요 내년도 풍년이라, 연년 풍년이니 만민이 장재풍년중이로다
　선인이 옥함을 받들었으니, 한 폭의 경풍도로다.
　가화에 아홉이삭 달렸으니, 우리 임금님의 덕을 칭송하도다"

〈경풍도〉는 1981년 11월 9일에 문예회관 대극장에서 "김천흥 무용생활 60주년 기념 궁중무용 발표회" 공연에서 김천흥의 재현 안무 및 지도로 국립국악원 무용단원에 의해 초연되었는데, 이 때, 박접무, 보상무, 첩승무, 무산향, 만수무, 경풍도 등도 초연되었다.

[사진 24] 〈경풍도〉, 1981년

5) 음악(音樂) : 옥촉신(玉燭新)

옥촉이란 사철 기후가 고르고 천하가 태평함을 말하는데, 옥촉신이란 결국 새로운 천하태평을 바라는 마음이 담긴 노래이다.

유교 경전 중 하나인 『이아爾雅』 ≪석천釋≫편에서 말하길

"春爲靑陽 夏爲朱明 秋爲白藏 冬爲玄英 四時和爲之玉燭"
춘위청양 하위주명 추위백장 동위현영 사시화위지옥촉

"봄은 청양이라 하고 여름은 주명이라 하고 가을은 백장이라 하고 겨울은 현영이라 하나니 사시의 화합을 옥촉이라 한다."라고 하였고,

두보(杜甫)는

"仰思調玉燭 誰定握靑萍"
앙사조옥촉 수정악청평

"옥촉의 조화로움을 우러러 생각하노니, 누가 청평검을 잡아 천하를 안정시키려뇨."라고 하였고, 조선 초기의 문신인 김흔(金訢)은

"天地淸寧調玉燭 國家治泰繫苞桑"
천 지 청 녕 조 옥 촉   국 가 치 태 계 포 상

"천지는 맑고 편안해 옥촉이 고르고 나라 다스림이 태평해 뽕나무 밑둥에 맨듯 든든하네"
라고 하였다.

6) 경풍도 무도홀기(慶豊圖 舞圖笏記)

[그림 15] 〈경풍도〉
『순조무자진작의궤』
≪부편≫〈정재도〉

① 『무동각정재무도홀기』

		奉卓봉탁	成仁東성인동
			朴昌俊박창준
		仙母선모	
		朴鳳南박봉남	
舞무	舞무	舞무	舞무	舞무
金斗喜김두희	金黃龍김황룡	金億萬김억만	金允成김윤성	吳水山오수산

[무동 초입 배열도]

◎ 樂奏慶豊年之曲[步虛子令](악주경풍년지곡)[보허자령]
　음악은 경풍년지곡(보허자령)을 연주한다.
◎ 樂師帥卓子奉擧舞童二人入置於殿中而出 (악사수탁자봉거무동이인입치어전중이출)
　악사는 탁자를 든 무동 2인을 인솔하여 전(殿) 가운데 설치하고 나간다
○ 1拍 : 仙母奉慶豊圖而進立 樂止 唱詞(선모봉경풍도이진립 악지 창)
　선모가 경풍도 족자를 들고 나아가서면 음악이 그치고 창사를 한다.

於皇聖辟 丕彰鴻名 어 황 성 벽　비 창 홍 명	아, 위대하신 우리 임금님 성대한 명성 크게 빛나네
普隆一德 克享高明 보 륭 일 덕　극 향 고 명	널리 융성한 덕은 높은 이름을 누릴만하네
皇矣上帝 肇錫休禎 황 의 상 제　조 석 휴 정	거룩한 상제께서 아름다운 상서를 내려주셨네
厥禎維何 嘉禾九莖12) 궐 정 유 하　가 화 구 경	그 상서는 무엇인가 아홉 줄기의 가화라네
維萬屢豊 慶本滋長 유 만 루 풍　경 본 자 장	만년이나 거듭 풍년들어 경사의 근본이 길게 불어나고
京雲乘彩 瑞日曜光 경 운 승 채　서 일 요 광	밝은 구름이 아름다운 빛을 띠고 서기 해는 찬란히 빛나네
赤圖玄符 天福永昌 적 도 현 부　천 복 영 창	적도와 현부가 하늘의 복을 길게 창성하게 하니
鳳闕開朝 以獻于王13) 봉 궐 개 조　이 헌 우 왕	봉궐에서 조회를 열어 군왕께 바치옵니다
訖 흘	마친다.

○ 2拍 : [鄕唐交奏]仙母以慶豊圖跪置於卓子上俛伏興舞作小退而立 樂止
　　[향당교주(선모이경풍도궤치어탁자상면복흥무작소퇴이립 악지)
　　선모가 경풍도를 무릎 꿇고 탁자에 두고 면복 후 일어나 춤추며 조금 물러나면 음악이 그친다.
○ 3拍 : 鄕唐交奏(향당교주)
　　향당교주를 연주한다

---

12) 가화구경(嘉禾九莖) : 한 줄기에 이삭이 아홉 개 달린다는 상서로운 벼.
13) 고종 광무 5(1901년) 홀기에는 "歌以擊壤 齊頌陶唐 격양가를 부르며 요임금을 칭송하네"로 되어 있음.

제 9장 연경당 진작시 정재와 악곡 그리고 정재무도홀기   133

○ 4拍 : 仙母舞作(선모무작)
　　　　선모가 춤춘다.
○ 5拍 : 後隊五人舞作薺行舞進而立(후대오인무작제행무진이립)
　　　　후대 5인이 춤추며 나란히 줄지어 나아가 선다.
○ 6拍 : 仙母與後隊五人相對而舞(선모여후대오인상대이무)
　　　　선모와 후대 5인이 마주보고 춤춘다.
○ 7拍 : 回旋而舞[仙母在中而舞](회선이무)[선모재중이무]
　　　　돌면서 춤춘다.(선모가 가운데서 춤춘다.)
○ 8拍 : 各各相對而舞(각각상대이무)
　　　　각각이 서로 마주보고 춤춘다.
○ 9박 : 還復初列而舞(환복초열이무)
　　　　처음 대열로 돌아가며 춤춘다.
○ 10拍 : 舞進而立(무진이립)
　　　　춤추며 나아가 선다.
○ 11拍 : 斂手足蹈(염수족도)
　　　　손을 모으고 족도한다.
○ 12拍 : 舞退 樂止(무퇴 악지)
　　　　춤추며 물러나면 음악이 그친다.

② 『여령각정재무도홀기』 고종(高宗) 광무 5년. 신축(辛丑) 1901년

	奉卓봉탁　醫女 : 梨花의녀:이화
	醫女 : 菊香의녀:국향

仙母선모
醫女 金朗 의녀 금낭

舞무	舞무	舞무	舞무	舞무
尙房[14] 花姸	醫女 山紅	醫女 月香	醫女 花仙	醫女 楚雲
상방 화연	의녀 산홍	의녀 월향	의녀 화선	의녀 초운

[여령 초입 배열도]

◎ 樂奏慶豊年之曲[步虛子令](악주경풍년지곡)[보허자령]
　　음악은 경풍년지곡(보허자령)을 연주한다.
◎ 樂師帥卓子奉擧妓二人入置於殿中而出(악사수탁자봉거기이인입치어전중이출)
　　악사는 탁자를 든 무기 2인을 인솔하여 전(殿) 가운데 설치하고 나간다
○ 1拍 : 仙母奉慶豊圖而進立 樂止 唱詞(선모봉경풍도이진립 악지 창사)
　　　　선모가 경풍도 족자를 들고 나아가서면, 음악이 그치고 창사를 한다.

於皇聖辟 어황성벽	丕彰鴻名 비창홍명	아, 위대하신 우리 임금님 성대한 명성 크게 빛나네
普隆一德 보륭일덕	克享高明 극향고명	널리 융성한 덕은 높은 이름을 누릴만하네
皇矣上帝 황의상제	肇錫休禎 조석휴정	거룩한 상제께서 아름다운 상서를 내려주셨네
厥禎維何 궐정유하	嘉禾九莖 가화구경	그 상서는 무엇인가 아홉 줄기의 가화라네
維萬屢豊 유만루풍	慶本滋長 경본자장	만년이나 거듭 풍년들어 경사의 근본이 길게 불어나고
京雲乘彩 경운승채	瑞日曜光 서일요광	밝은 구름은 고운 빛을 띠고 서기 띤 해는 밝게 빛나네
赤圖玄符 적도현부	天福永昌 천복영창	적도와 현부가 하늘의 복을 길게 창성하게 하니
歌以擊壤 가이격양	齊頌陶唐[15] 제송도당	격양가를 부르며 요임금을 칭송하네
訖 흘		마친다.

○ 2拍 : [鄕唐交奏]仙母以慶豊圖跪置於卓子上俛伏興舞作小退而立 樂止
　　　　[향당교주](선모이경풍도궤치어탁자상면복흥무작소퇴이립 악지)
　　　　[향당교주를 연주한다] 선모가 경풍도를 무릎 꿇고 탁자에 두고 면복 후
　　　　일어나 춤추며 조금 물러나 서면 음악이 그친다.

---

14) 상방(尙方) : 왕의 옷을 만드는 상의원에서 바느질하는 관비를 침선비라 한다. 상방(尙房) 기생은 내의원과 혜민서의 의녀인 약방(藥房) 기생과 함께 궁중 연회에서 정재를 담당하였음. 1895년에 상의사(尙衣司)로 1905년에 다시 상방사(尙房司)로 개칭되었다.

15) 고종 30년(1893년)에는 "鳳闕開朝 以獻于王 봉궐에서 조회를 열어 군왕께 바치옵니다"로 되어 있음.

○ 3拍 : [細吹作歌曲編挾舞唱詞](세취작가곡편)협무창사)
　　　세취가 가곡편을 연주하고 협무가 창사를 한다.

　올도 豊年이오 來年도 豊年이라　　　올해도 풍년이요 내년도 풍년이라
　年年豊年이니 萬民이 長在豊年中이라　해마다 풍년이니 만민이 오래도록 풍년이라
　仙人이 奉玉函ᄒᆞ니 一幅 慶豊圖 l 다　신선이 옥함을 받들었으니 한 폭 경풍도라
　嘉禾 l 九穗니 頌我王德이샷다　　　　아름다운 벼에 이삭이 아홉 달렸으니
　　　　　　　　　　　　　　　　　　　우리 임금의 덕을 칭송하는구나

訖樂止(흘악지) 창사를 마치면 음악이 그친다.
○ 4拍 : 鄕唐交奏(향당교주)
　　　향당교주를 연주한다.
○ 5拍 : 仙母舞作(선모무작)
　　　선모가 춤춘다.
○ 6拍 : 後隊五人舞作薺行舞進而立(후대오인무작제행무진이립)
　　　후대 5인이 춤추며 줄지어 나아가 선다.
○ 7拍 : 仙母與後隊五人各各相對進退而舞(선모여후대오인각각상대진퇴이무)
　　　선모와 후대 5인이 각각 마주보고 앞으로 나아갔다 뒤로 물러났다 하며 춤춘다.
○ 8拍 : 回旋而舞[仙母在中而舞](회선이무)[선모재중이무]
　　　돌면서 춤춘다.[선모가 가운데서 춤춘다.]
○ 9拍 : 各各相對而舞(각각상대이무)
　　　각각이 서로 마주보고 춤춘다.
○ 10박 : 還復初列而舞(환복초열이무)
　　　처음 대열로 돌아가며 춤춘다.
○ 11拍 : 舞進而立(무진이립)
　　　춤추며 나아가 선다.
○ 12拍 : 斂手足蹈(염수족도)
　　　손을 모으고 족도한다.
○ 13拍 : 舞退 樂止(무퇴 악지)
　　　춤추며 물러나면 음악이 그친다.

◇ 『외진연시무동각정재무도홀기』(한글본)

```
                    봉탁      셔ᄌㅣ봉
                            죠한구

                    즁무
                    리슈산

        무          무          무          무          무
      리귀룡      리용진      김슈업      리학돌      리슈명
```

[무동 초입 배열도]

◎ 악쥬경풍년지곡(보허ᄌ령) 악ᄉ슐탁ᄌ봉거무동이인입치어던ᄂㅣ이출
○ 1拍 : 즁무봉경풍도이진립악지챵ᄉ

  오황성벽 비챵홍명 아, 위대하신 우리 임금님 성대한 명성 크게 빛나네
  보륭일덕 극향고명 널리 융성한 덕은 높은 이름을 누릴만하네
  황의샹뎨 죠셕휴졍 거룩한 상제께서 아름다운 상서를 내려주셨네
  궐졍유하 가화구경 그 상서는 무엇인가 아홉줄기의 가화라네
  유만루풍 경본ᄌ쟝 만년이나 거듭 풍년들어 경사의 근본이 길게 불어나고
  경운승츠 셔일료광 밝은 구름이 아름다운 빛을 띠고 서기 해는 찬란히 빛나네
  젹됴현부 뎐복영챵 적도와 현부가 하늘의 복을 길게 창성하게 하니
  가이격양 졔숑도당 격양가를 부르며 요임금을 일제히 칭송하네
  훌   마친다

○ 2拍 : [향당교쥬] 즁무이경풍도궤치어탁ᄌ샹면복흥무작쇼퇴이립악지
○ 3拍 : 셰취작가곡편협무챵ᄉ

  올도 풍년이요 ᄅㅣ년도 풍년이라

년년풍년이니 만민이 장ᄌᆞㅣ풍년즁이로다
션인이 봉옥함ᄒᆞ 일복 경풍도ㅣ로다.
가화ㅣ 구슈ㅣ니, 숑아왕덕이샷다

흘악지 음악을 그친다

- ○ 4拍 : 향당교쥬
- ○ 5拍 : 즁무무작
- ○ 6拍 : 후득ㅣ오인무작계ᄒᆞㅣ무진이립
- ○ 7拍 : 즁무연후득ㅣ오인각각샹득ㅣ진퇴이무
- ○ 8拍 : 회션이무(즁무ᄌᆞㅣ즁이무)
- ○ 9拍 : 각각샹득ㅣ이무
- ○ 10拍 : 환복쵸렬이무
- ○ 11拍 : 무진이립
- ○ 12拍 : 렴슈족도
- ○ 13拍 : 무퇴악지

※ 한글본에는 가곡편 협무 창사가 하나 더 들어간다.

3. 예제 만수무(睿製萬壽舞) / 다려(多麗)

1) 주석(註釋)

- ○ 송대(宋代)에 주밀(周密)16)의 천악차(天樂次)에서 여러 부서가 〈만수무강(萬壽無疆)〉과 〈박미곡파(薄媚曲破)〉를 합주한다.
- ○ 『도서집성(圖書集成)』에 "명(明) 영락(永樂)의 ≪유식악장(侑食樂章)≫의 첫 번째로 〈상만수지곡(上萬壽之曲)〉을 연주한다"

---

16) 주밀(周密) : 남송 말기의 시인이자 화가. 조맹부와도 교류함.

○ 헌도탁을 설치하고, 무동 1인이 선도반을 받들고 나아가며, 1인은 족자를 받들고 뒤를 따른다. 4인이 두 줄로 나뉘어 북향하여 춤추기를 ≪헌선도≫의 의례처럼 한다.
○ 각 대오가 함께 창하는 말은 진서(眞書)와 언문(諺文)이 섞여 있는 까닭에 기재하지 않았다.

2) 예제 악장(睿製樂章)

禁苑和風拂翠箔 금원화풍불취박	궁궐 후원17)의 부드러운 바람 비취빛 발을 나부끼고
袞衣深控繡龍文 곤의심공수룡문	용무늬 곤룡포 입으신 임금님 두 손 맞잡고 있네
天門彩仗暎祥旭 천문채장영상욱	궁궐문의 화려한 의장에는 상서로운 아침 햇살 비추고
萊闕仙朝開霱雲 래궐선조개휼운	궁궐에서 신선들 조회하는 모양 상서로운 구름이 깔려 있네
金殿堯樽傾北斗 금전요준경북두	금빛 궁전에선 요임금의 술단지 북두 국자로 따르고
玉樓舜樂動南薰 옥루순악동남훈	옥루에서는 순임금의 음악인 남훈가18)가 울려 퍼지네
海東今日昇平世 해동금일승평세	해동의 오늘은 태평한 세상이니
萬世千秋奉聖君 만세천추봉성군	천년만년토록 성군을 받들겠나이다

[奉簇子 唱詞]
봉족자 창사

瑤階蟠桃結 요계반도결	요지19)의 섬돌가에 복숭아 열매 맺었기에
三千春色玉盤中 삼천춘색옥반중	삼천년의 봄빛을 옥 쟁반에 가득 담아 왔습니다
三千春僞君王壽 삼천춘위군왕수	삼천년이 일년의 봄이길 군왕께 축수하오니
瑞日紅 서일홍	붉게 떠오르는 상서로운 해 입니다

[奉仙桃盤 唱詞]
봉선도반 창사

---

17) 금원(禁苑) : 궁궐의 후원으로 사사로운 출입을 금한다는 의미에서 금원이라 함.
18) 남훈가(南薰歌) : 은나라 순 임금이 지었다는 노래. 훈훈한 남풍이 백성의 근심을 풀어주고 재물을 풍족하게 해 준다는 내용.
19) 요지(瑤池) : 서왕모가 산다는 곤륜산에 있으며, 반도(蟠桃)가 익을 때 신선들을 초청하여 요지연(瑤池宴) 연다고 함. 인간이 볼 수 없는 선계(仙界)의 풍경이 요지경(瑤池鏡)이다.

3) 의주/차비/복식

구분(區分)	내용(內容)
의주(儀註)	細吹作多麗呈萬壽舞進花于 殿下 王妃前進花于 세취가 다려를 연주하고 만수무를 올릴 때 꽃을 전하와 왕비 앞에 올린다
정재차비 (呈才差備)	○ 선도반 : 신삼손, ○ 족 자 : 신광협, ○ 협 무 : 진대길, 김명풍, 진계업, 김형식
복식(服飾)	주취금관, 화금포, 백질흑선중단의, 백우호령, 남질흑선상, 백우엄요, 자사대, 무우리 (※ 경풍도와 같음)

4) 춤 : 만수무(萬壽舞)

만수무는 헌선도를 모티브(motive)로 하여 효명세자가 재창작한 정재로 부왕(父王)인 순조(純祖)와 모후(母后)인 순원왕후의 만수무강과 나라의 무사태평을 기원하는 춤이다.

〈만수무〉는 1981년 11월 9일. 문예회관 대극장에서 "김천홍 무용생활 60주년 기념 궁중무용 발표회" 공연에 김천홍 선생님의 재현 안무 및 지도로 국립국악원 무용단원들에 의해 초연되었는데, 이 때, 선모 한승옥, 선도반 하루미, 봉족자 김영숙이었다. (아래 사진 : 하루미 증언)

[사진 25] 〈만수무〉, 1981년

5) 음악(音樂) : 다려(多麗)

다려(多麗)는 연경당 진작시 만수무(萬壽舞)의 반주곡인데, 원곡은 "보허자령"이나 "만년장환지곡"이라는 아명으로 더 잘 알려져 있으며, 세피리·대금·가야고·거문고·해금·장구 등 관현악 반주에 맞추어 부르는 시조 성악곡을 "만년장환지곡"이라고 한다.

다려(多麗)는 당대(唐代)에 악기의 이름이었고, 송대(宋代)에는 사패(詞牌)의 하나였는데, 사(詞)는 먼저 곡조가 있고, 그 후에 곡조에 따라 사구(詞句)를 채워 넣는 것이다.

말하자면, 모든 사는 악보가 먼저 나오고 그 다음에 곡에 맞추어 작사를 한다는 것이다. 당시에 모든 사에는 악보가 있었는데, 이 악보를 사패(詞牌)라고 부른다.

◇ 악곡명(樂曲名) : 다려(多麗)

詠白菊(영백국)

이청조(李淸照), 송(宋)

小樓寒 夜長簾幕低垂	작은 누각 추워지고 밤은 길어져 발 낮게 드리운다
소 루 한 야 장 렴 막 저 수	
恨瀟瀟 無情風雨	한은 쓸쓸하고 무정한 비바람
한 소 소 무 정 풍 우	
夜來揉損瓊肌 也不似	밤이 오니 옥같은 살결 거칠어져 같지도 않도다
야 래 유 손 경 기 야 불 사	
貴妃醉臉 也不似	양귀비의 취한 뺨과 비슷하지도 않네
귀 비 취 검 야 불 사	

송대(宋代) 최고의 여류사인이었던 이청조가 말년에 홀로되어 쓴 위 사(詞)에서 나이가 먹으니 밤이 되면 옥 같았던 살결이 거칠어져서 피부 같지 않고, 양귀비의 취한 뺨과 비슷하지도 않다는 자조적인 심정을 그려 내었다.

한편, 이 사를 통해서도 양귀비가 얼마나 술을 좋아했는지 늘 취해 있음을 알 수 있다.

6) 만수무 무도홀기(萬壽舞舞圖笏記)

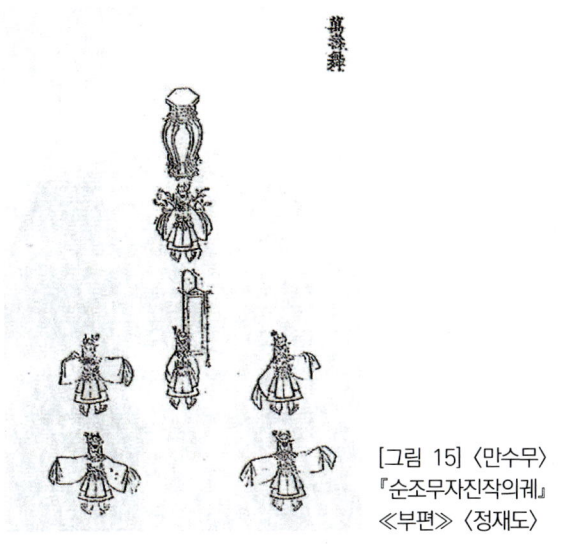

[그림 15] 〈만수무〉
『순조무자진작의궤』
≪부편≫ 〈정재도〉

① 『외진연시무동각정재무도홀기』

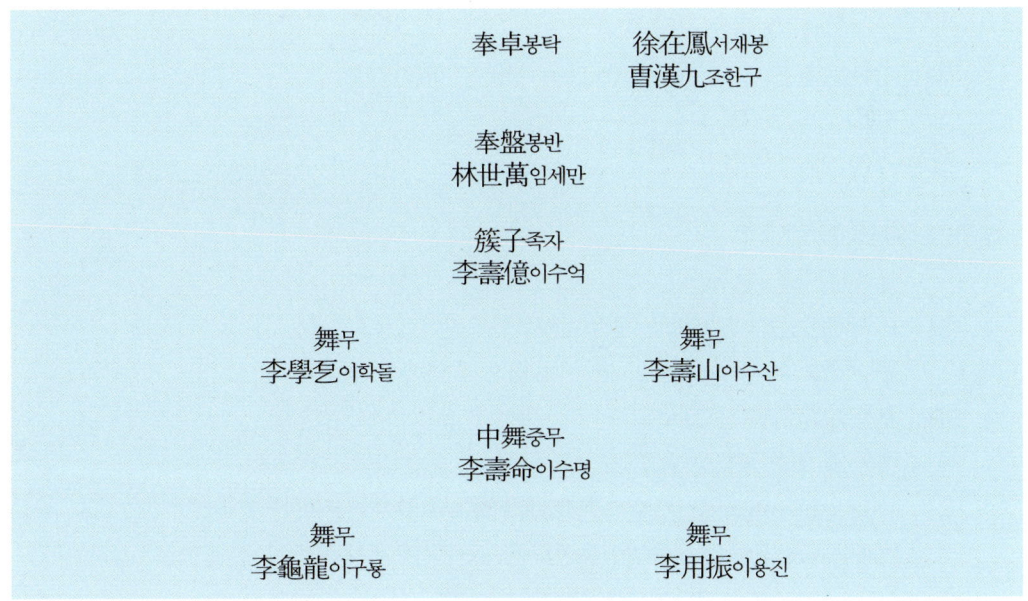

[무동 초입 배열도]

◎ 樂奏堯天舜日之曲(步虛子令)(악주요천순일지곡(보허자령))
　음악은 요천순일지곡(보허자령)을 연주한다.
◎ 樂師帥卓子奉擧舞童二人入置於殿中而出(악사수탁자봉거무동이인입치어전중이출)
　악사는 탁자를 든 무동 2인을 인솔하여 전(殿) 가운데 설치하고 나간다.
○ 1拍 : 簇子一人足蹈而進立 樂止 唱詞(족자일인족도이진립 악지 창사)
　족자를 든 1인이 족도하여 나아가 서면 음악이 그치고 창사를 한다

禁苑和風拂翠箔 금원화풍불취박	금원[20])의 온화한 바람 비취빛 발을 스치는데
袞衣深拱繡龍文 곤의심공수용문	용무늬 수놓인 곤룡포 입으신 임금님 두 손 모으시고 계시네
天門彩仗暎祥旭 천문채장영서욱	궁궐문의 화려한 의장에는 상서로운 아침 햇살 비추고
萊闕仙朝開靄雲 래궐선조개애운	궁궐에서 신선들 조회하는데 상서로운 구름이 떠 있네
金殿堯樽傾北斗 금전요준경북두	금빛 궁전에선 요임금의 술항아리 북두칠성 자루로 따르고
玉樓舜樂動南薰 옥루순악동남훈	화려한 누각에서는 순임금의 음악인 남훈가가 울려 퍼지네
海東今日昇平世 해동금일승평세	해동의 오늘은 태평한 세상일세
萬世千秋奉聖君 만세천추봉성군	만년 천년토록 성군을 받들리라
訖 흘	마친다

○ 2拍 : 奏前樂(주전악)
　　앞의 음악을 연주한다.
○ 3拍 : 中舞與左右挾舞進而立(중무여좌우협무진이립)
　　중무(선모)와 좌우 협무가 춤추며 앞으로 나아가 선다.
○ 4拍 : 斂手足蹈(염수족도)
　　손을 모으고 족도한다.
○ 5拍 : 中舞足蹈小進而立 舞童一人奉仙桃盤進中舞之右西向跪呈中舞奉盤 樂止 唱詞
　　(중무족도소진이립 무동일인봉선도반진중무지우서향궤정중무봉반 악지 창사)

---

20) 금원(禁苑) : 궁궐의 후원으로 사사로운 출입을 금한다는 의미에서 금원이라 함.

중무가 족도하여 조금 앞으로 나아가서고, 무동 1인이 선도반을 받들고 중무의 오른쪽으로 나아와 서향하여 꿇어 앉아 드린다. 중무가 선도반을 받들고 음악이 그치면 창사를 부른다.

瑤階蟠桃結   요지의 섬돌가에 복숭아 열매 맺었기에
요계반도결

三千春色玉盤中   삼천년의 봄빛을 옥쟁반에 가득 담아
삼천춘색옥반중

三千春爲君王壽   삼천년이 일 년의 봄이길 군왕께 축수하오니
삼천춘위군왕수

瑞日紅   붉게 떠오르는 상서로운 태양이옵니다
서일홍

訖   마친다
흘

○ 6拍 : 鄕唐交奏(향당교주)
     향당교주를 연주한다.
○ 7拍 : 中舞以仙桃盤跪置於卓子上俛伏興小退 樂止
     (중무이선도반궤치어탁자상면복흥소퇴 악지)
     중무가 꿇어앉아서 선도반을 탁자위에 올려놓고 머리를 숙이어 엎드렸다가 일어나 조금 뒤로 물러난다. 음악이 그친다
○ 8拍 : [細吹作歌曲編元舞唱詞](세취작가곡편원무창사)
     (세취가 가곡편을 연주하고) 원무가 창사를 한다.

어져 萬載이여   萬載에 樂萬載로다
萬載에 億萬載ᄒᆞ니 億萬載에 又億萬載로다
져 뿌리깁흔 나무ᄂᆞᆫ 柯枝(가지)가 만코
根源(근원) 먼 물은 흘음이 길도다.
文王의 孫子ㅣ 本支百世이니
聖祖璿源(성조선원)이 綿綿永昌(금수영창) 이샷다
오홉다 우리 后(后)여 寶錄(보록)이 無疆(무강)이샷다
訖 樂止 마치고 음악을 그친다.

〈해설〉
아! 만년이여 만년에 만년을 즐기리로다
만년에 억만년을 더하니 억만년에 또 억만년이로다
뿌리 깊은 나무는 가지가 많고
근원이 먼 물은 흐름이 길도다
문왕의 자손이 백세를 이었으니
성조의 아름다운 근원이 면면히 이어져 오래도록 창성하리라
오홉다 우리 임금이여! 보록이 끝이 없으리로다

- 9拍 : 鄕唐交奏(향당교주)
  향당교주를 연주한다.
- 10拍 : 中舞與左右挾舞作(중무여좌우협무작)
  중무와 좌우 협무가 춤동작을 한다.
- 11拍 : 相對而舞(상대이무)
  서로 마주보고 춤춘다.
- 12拍 : 相背而舞 (상배이무)
  서로 등지고 춤춘다.
- 13拍 : 並拂袖歡轉齊行而舞(병불수환전제행이무)
  모두 소매를 뿌리며 즐겁게 돌면서 줄지어 춤춘다.
- 14拍 : 左右挾各換其隊而舞(좌우협각환기대이무)
  좌우 협무가 각각 그 자리를 바꾸어 춤춘다
- 15拍 : 中舞與左右挾各各相對而舞(중무여좌우협각각상대이무)
  중무와 좌우 협무가 각각 바라보고 춤춘다.
- 16拍 : 並拂袖回旋齊行而舞(병불수회선제행이무)
  모두 소매를 뿌리치며 돌면서 줄지어 춤춘다.
- 17拍 : 中舞與左右挾以袖高低而舞(중무여좌우협이수고저이무)
  중무와 좌우 협무가 이수고저[21]의 춤을 춘다.
- 18拍 : 後隊小進前隊小退而舞(후대소진전대소퇴이무)
  후대가 조금 앞으로 나오고, 전대가 조금 물러나며 춤춘다.

---

21) 이수고저(以袖高低) : 소매를 높고 낮게 움직인다는 뜻으로 팔의 움직임을 사실적으로 표현하는 용어이다.

○ 19拍 : 相對而舞(상대이무)
　　　　서로 마주보고 춤춘다.
○ 20拍 : 還復其隊而舞(환복기대이무)
　　　　제자리로 돌아가며 춤춘다.
○ 21拍 : 後隊北向而舞(후대북향이무)
　　　　후대가 북쪽을 향하여 춤춘다.
○ 22拍 : 小進而立(소퇴이립)
　　　　조금 앞으로 나아가 선다.
○ 23拍 : 斂手足蹈(염수족도)
　　　　손을 모으고 족도한다.
○ 24拍 : 舞退簇子一人足蹈而退樂止(무퇴[족자일인족도이퇴]악지)
　　　　춤추며 물러난다(족자를 든 사람이 족도하며 물러나면) 음악이 그친다.

② 『여령각정재무도홀기』 고종(高宗) 광무 5년. 신축(辛丑) 1901년

　　　　　　　　　簇子족자
　　　　　　　醫女 蓮花 의녀 연화

　　　舞무　　　　　　　　　　舞무
　醫女 桃紅 의녀 도홍　　　　醫女 彩喜 의녀 채희
　　　　　　　　선모仙母
　　　　　　醫女 錦娘 의녀 금낭

　　　舞무　　　　　　　　　　舞무
　醫女 暎月 의녀 영월　　　　醫女 山月 의녀 산월

　　　　　　　奉盤봉반
　　　　　　醫女 綠珠 의녀 녹주

　　　　　　　奉卓봉탁
　　醫女 錦喜 의녀 금희　　醫女 梅花 의녀 매화

[여령 초입 배열도]

◎ 樂奏海屋添籌日之曲[步虛子令](악주해옥첨주일지곡[보허자령])
　　음악은 해옥첨주지곡(보허자령)을 연주한다.
◎ 樂師帥卓子奉擧舞妓二人入置於殿中而出(악사수탁자봉거무동이인입치어전중이출)
　　악사는 탁자를 든 여기(女妓) 2인을 인솔하여 전(殿) 가운데 설치하고 나간다.
○ 1拍 : 簇子一人足蹈而進立 樂止 唱詞(족자일인족도이진립 악지 창사)
　　　　족자를 든 1인이 족도하여 나아가 서면, 음악이 그치고 창사를 한다

　　　禁苑和風拂翠箔　　금원22)의 온화한 바람 비취빛 발을 스치는데
　　　곤의심공수용문
　　　袞衣深拱繡龍文　　용무늬 수놓인 곤룡포 입으신 임금님 두 손 모으시고 계시네
　　　곤의심공수용문
　　　天門彩仗暎祥旭　　궁궐문의 화려한 의장에는 상서로운 아침 햇살 비치고
　　　천문채장영서욱
　　　萊闕仙朝開靄雲　　궁궐에서 신선들 조회하는데 상서로운 구름이 떠 있네
　　　래궐선조개애운
　　　金殿堯樽傾北斗　　금빛 궁전에선 요임금의 술항아리 북두칠성 자루로 따르고
　　　금전요중경북두
　　　玉樓舜樂動南薰　　화려한 누각에서는 순임금의 음악인 남훈가가 울려 퍼지네
　　　옥루순악동남훈
　　　海東今日昇平世　　해동의 오늘은 태평한 세상일세
　　　해동금일승평세
　　　萬世千秋奉聖君　　만년 천년토록 성군을 받들리라
　　　만세천추봉성군
　　　訖　　　　　　　　마친다
　　　흘

○ 2拍 : 奏前樂(주전악)
　　　　앞의 음악을 연주한다
○ 3拍 : 中舞與左右挾舞進而立(중무여좌우협무진이립)
　　　　중무(선모)와 좌우 협무가 춤추며 앞으로 나아가 선다.
○ 4拍 : 斂手足蹈(염수족도)
　　　　손을 모으고 족도한다.
○ 5拍 : 仙母足蹈小進而立 妓一人奉仙桃盤進仙母之右西向跪呈仙母奉盤 樂止 唱詞
　　　　(선모족도소진이립 기일인봉선도반진선모지우서향궤정선모봉반 악지 창사)

22) 금원(禁苑) : 궁궐의 후원으로 사사로운 출입을 금한다는 의미에서 금원이라 함.

중무가 족도하여 조금 앞으로 나아가서고, 무동 1인이 선도반을 받들고 중무의 오른 쪽으로 나아와 서향하여 꿇어 앉아 드린다.

중무가 선도반을 받들고 음악이 그치면 창사를 부른다

瑤階蟠桃結　　　요지23)의 섬돌가에 복숭아 열매 맺었기에
요 계 반 도 결

三千春色玉盤中　　삼천년의 봄빛을 옥 쟁반에 가득 담아
삼 천 춘 색 옥 반 중

三千春爲君王壽　　삼천년이 일년의 봄이길 군왕께 축수하오니
삼 천 춘 위 군 왕 수

瑞日紅　　　　　　붉게 떠오르는 상서로운 태양이옵니다
서 일 홍

訖　　　　　　　　마친다
흘

○ 6拍 : 鄕唐交奏(향당교주)
　　　향당교주를 연주한다.
○ 7拍 : 仙母以仙桃盤跪置於卓子上俛伏興小退 樂止
　　　(선모이선도반궤치어탁자상면복흥소퇴 악지)
　　　선모가 꿇어앉아서 선도반을 탁자위에 올려놓고 머리를 숙이어 엎드렸다가
　　　일어나 조금 뒤로 물러난다. 음악이 그친다
○ 8拍 : [細吹作歌曲編元舞唱詞[세취작가곡편]원무창사
　　　(세취가 가곡편을 연주하고) 원무가 창사를 한다.

　　어져 萬載(만재)이여　萬載에 樂萬載로다
　　萬載에 億萬載ᄒᆞ니 億萬載에 又億萬載로다
　　져 뿌리깁흔 나무는 柯枝가 만코
　　根源(근원) 먼 물은 흘음이 길도다
　　文王의 孫子ㅣ 本支百世이니
　　聖祖璿源24)(성조선원)이 綿綿永昌(면면영창) 이샷다

---

23) 요지(瑤池) : 서왕모가 산다는 곤륜산에 있으며, 반도(蟠桃)가 익을 때 신선들을 초청하여 요지연(瑤池宴) 연다고 함. 인간이 볼 수 없는 선계(仙界)의 풍경이 요지경(瑤池鏡)이다.

오홉다 우리 后여 寶錄(보록)이 無疆(무강)이샸다.

訖 樂止(흘 악지)
마치고 음악을 그친다.

【해설】
아! 만년이여 만년에 만년을 즐기리로다
만년에 억만년을 더하니 억만년에 또 억만년이로다
뿌리 깊은 나무는 가지가 많고
근원이 먼 물은 흐름이 길도다
문왕의 자손이 백세를 이었으니
성조의 아름다운 근원이 면면히 이어져 오래도록 창성하리라
오홉다 우리 임금이여! 보록이 끝이 없으리로다

○ 9拍 : 鄕唐交奏(향당교주)
　　　　향당교주를 연주한다
○ 10拍 : 中舞與左右挾舞作(중무여좌우협무작)
　　　　중무와 좌우 협무가 춤동작을 한다.
○ 11拍 : 相對而舞(상대이무)
　　　　서로 마주보고 춤춘다.
○ 12拍 : 相背而舞 (상배이무)
　　　　서로 등지고 춤춘다.
○ 13拍 : 並拂袖歡轉齊行而舞(병불수환전제행이무)
　　　　모두 소매를 뿌리며 즐겁게 돌면서 줄지어 춤춘다.
○ 14拍 : 左右挾各換其隊而舞(좌우협각환기대이무)
　　　　좌우 협무가 각각 그 자리를 바꾸어 춤춘다
○ 15拍 : 中舞與左右挾各各相對而舞(중무여좌우협각각상대이무)
　　　　중무와 좌우 협무가 각각 바라보고 춤춘다.
○ 16拍 : 並拂袖回旋齊行而舞(병불수회선제행이무)

24) 선원(璿源) : 아름다운 옥의 근원이라는 뜻으로 왕실을 일컬으며 왕실의 족보가 선원보감이다.

모두 소매를 뿌리치며 돌면서 줄지어 춤춘다.
- 17拍 : 中舞與左右挾以袖高低而舞(중무여좌우협이수고저이무)
  중무와 좌우 협무가 이수고저25)의 춤을 춘다.
- 18拍 : 後隊小進前隊小退而舞(후대소진전대소퇴이무)
  후대가 조금 앞으로 나오고, 전대가 조금 물러나며 춤춘다
- 19拍 : 相對而舞(상대이무)
  서로 마주보고 춤춘다.
- 20拍 : 還復其隊而舞(환복기대이무)
  제자리로 돌아가며 춤춘다.
- 21拍 : 後隊北向而舞(후대북향이무)
  후대가 북쪽을 향하여 춤춘다.
- 22拍 : 小進而立(소퇴이립)
  조금 앞으로 나아가 선다.
- 23拍 : 斂手足蹈(염수족도)
  손을 모으고 족도한다.
- 24拍 : 舞退簇子一人足蹈而退樂止. 무퇴[족자일인족도이퇴]악지
  춤추며 물러난다(족자를 든 사람이 족도하며 물러나면) 악이 그친다.

선도반(仙桃盤)의 선도(仙桃)는 하늘에서 내린 신성한 매개체를 의미하며, 군왕의 장수를 기원하는 상징으로 만들어진 소품으로 시대별로 그 수(數)의 차이가 있다. 조선 초기에는 3개였다가 조선 말기로 가면서 5개로 더 많이 풍성하게 보이는데, 선도(仙桃)는 인간의 수명을 관장하는 서왕모(西王母)가 사는 곤륜산의 반도원(蟠桃園)26)에 자라는 복숭아나무에서 나는 것으로 "3천년 만에 꽃이 피고, 3천년 만에 열매가 열리며, 1개를 먹으면 3천년을 산다"고 하여 불로장생의 열매로 전해져 오고 있다.

---

25) 이수고저(以袖高低) : 소매를 높고 낮게 움직인다는 뜻으로 팔의 움직임을 사실적으로 표현하는 용어이다.
26) 반도원(蟠桃園) : 반도원의 복숭아는 3천 6백 그루다. 입구 쪽에 있는 1천 2백 그루는 3천 년에 한 번 열매가 열리는데, 크기는 작지만 먹으면 몸이 가벼워져 신선이 될 수 있다. 가운데 있는 1천 2백 그루는 여덟 겹으로 된 꽃이 피는데, 열매가 아주 달콤하고 6천 년에 한 번 열린다. 이것을 먹으면 산속에 생기는 아지랑이 같은 기운을 타고 날아다닐 수 있으며, 불로장생할 수 있다. 가장 안쪽에 있는 1천 2백 그루는 자줏빛 반점이 있는 것으로, 비록 씨는 작지만 9천 년에 한 번 열매를 맺는다. 인간이 이 복숭아를 먹으면 하늘과 땅, 태양, 달만큼이나 오래오래 살 수 있다고 한다.

선도를 올리는 것은 장수(長壽)를 기원하는 의미도 있지만, 서왕모를 만났다는 의미가 더 깊다고 본다. 고대 신화시대에 중국의 황제(黃帝)와 주나라의 목왕(木王)과 한나라의 무제(武帝)가 서왕모를 만났다는 의미를 되새겨 봐야한다. 이들은 서왕모가 있는 요지(瑤池)로 찾아가서 선도를 얻었지만, 정재에서는 서왕모가 군왕에게 선도를 바치는 내용인 것이다.

즉, 왕이 불로장생의 선도를 얻기 위하여 선모(仙母)를 찾아가는 것이 아니라 오히려 왕의 잔치에 선모가 찾아와 선도를 바침으로 왕의 존재를 신선의 우위에 설정하였다는 사실이다.

『삼국유사』≪가락국기≫에 인도의 아유타국 공주 허황옥이 바다에서 대추를 얻고, 하늘에서 반도를 얻어 많은 재물을 싣고 바다를 건너 가락국에 도착하여 김수로왕과 혼인하였다는 기록도 있다.

우리나라 최초의 국제 결혼한 커플인 허황옥이 경남 김해에 도착한 것이 서기 48년이고, 두 번째는 페르시아의 대서사시『쿠쉬나메』에 서기 500년경 신라 경주에 온 페르시아 왕자 아비틴과 신라 공주 프라랑27)이며, 세 번째가 서기 880년경 신라 헌강왕 때 개운포(울산)에 도착한 아라비아인인 처용과 그 부인이다.

4. 예제 헌천화(睿製 獻天花) / 춘궁(慶春宮)

1) 주석(註釋)

○ 『패문운부』에 "유마힐(維摩詰)28)의 방에 한 천녀(天女)가 천화(天花)를 뿌렸다"
○ 『도서집성(圖書集成)』에 "송(宋)의 악무(樂舞) 소아대(小兒隊)의 십팔대(十八隊)는 보살헌향화(菩薩獻香花)이다"
○ 헌화탁을 설치하고, 무동 2인이 집당하여 동서로 나뉘어 선다. 1인이 화병을 받들고 나아가고, 2인이 뒤에 있으며 북향하여 춤춘다.

---

27) 바실라 : 쿠쉬나메의 내용을 "바실라"라는 제목으로 2015년부터 경주에서 뮤지컬 공연하고 있다.
28) 유마힐 : 산스크리트어로 청정무구(淸淨無垢)를 뜻한다.

2) 악장(樂章)

祥雲繞金殿 _{상 운 요 금 전}	상서로운 구름이 금빛 궁전을 감싸고
天花奉玉瓶 _{천 화 봉 옥 병}	천화는 옥병에 꽂혀 있네
翠華29)聞仙樂 _{취 화 　 문 선 악}	임금께서 선계의 음악을 들으시는데
冠珮會如星 _{관 패 회 여 성}	백관들이 별처럼 모여 있네

[竝唱 : 함께 창함]
　병　창

3) 의주/차비/복식

구분(區分)	내용(內容)
의주(儀註)	細吹作慶春宮呈獻天花舞 殿下 擧爵 (王世子褥位 仆伏) 세취가 경춘궁을 연주하고 헌천화를 올릴 때 전하께서 작을 든다
정재차비 (呈才差備)	○ 화병(花瓶) : 진계업 ○ 당(幢) : 김명풍, 신광협 ○ 무(舞) : 김형식, 진대길
복식(服飾)	주취금관, 자라포, 백질흑선중단의, 백우호령, 남질홍선상, 백우엄요, 남사대, 학정대, 비두리　(※ 춘대옥촉과 같음)

4) 춤 : 헌천화(獻天花)

선모(仙母)가 천화(天花)를 군왕에게 드리고 임금의 만수무강을 위해 축복의 노래를 부르면서 송하(頌賀)하는 내용으로, 만수무와 함께 당악정재의 헌선도와 비슷한 춤이다.

선모(仙母) 1인, 협무(挾舞) 2인, 집당기(執幢妓) 2인 모두 5인으로 구성되었으며, 탁자(卓子) 위에 헌천화병(獻天花瓶)을 올려놓고 추는 춤이다.

"예제 헌천화" 주석에 『패문운부』에 '유마힐의 방에 한 천녀가 천화를 뿌렸다'는 내용과 『도서

---

29) 취화(翠華) : 새의 깃털로 만든 의물로 임금을 상징.

집성』에 '송나라 악무중 소아대의 십팔대는 보살헌향화이다'라고 한 것에 헌천화의 의미를 추론할 수 있는데, 유마힐은 유마경의 주인공으로 재가신도(在家信徒)이면서도 보살의 행을 닦고, 거사로서 학덕이 높아 사리불·가섭 등 석가모니의 큰 제자들을 능가했다고 하며, 천녀의 유혹에서 벗어나 오히려 그녀를 불법으로 교화시켰다는 내용이다.

보살헌향화란 보살 즉 깨달음을 구하는 사람이 부처님께 헌화하는 꽃이란 뜻으로 해석할 수 있으므로 천화(天花)나 보살헌향화(菩薩獻香花)란 지상에 없는 또는 지상에서 가장 귀한 꽃을 상징하므로 헌천화무란 그 꽃을 군왕께 올리는 것을 춤으로 표현한 것이다.

[사진 26] 〈헌천화〉, 1983년 / 1999년

헌천화는 1983년 6월 7일 국립국악원 주최 "궁중무용 발표회"로 국립극장 대극장에서 김천흥의 재현 안무로 초연되었고, 1999년 5월 13일 국립국악원 예악당에서 공연되었다.

5) 음악(音樂) : 경춘궁(慶春宮)

경춘궁은 헌천화의 반주곡으로 쓰였는데, 향당교주의 이명(異名)이고 아명(雅名)은 경만년지곡이다. 경춘궁이란 곡명이 송사(宋詞)에는 없어, 악곡명으로 쓴 이유는 기록이 없어 알 수 없지만 춘궁(春宮)이란 동궁(東宮)과 같은 의미로 왕세자의 거처를 말하는데, 춘궁(春宮) 자체가 왕세자를 지칭하는 말이기도 하다. 따라서 경춘궁이란 곡명은 "왕세자가 경사를 축하한다"라는 해석이 가능하다. 왕세자란 왕위 계승의 제 1순위에 있는 왕자를 일컫는 말이며, 부인은 왕세자빈(王世子嬪)이라 부른다. 왕세자의 자리는 대개 왕비가 낳은 적장자가 잇는 것이 원칙이며 흔히 저하(邸下)라 부른다. 왕세자의 거처가 정전의 동쪽에 있다하여 동궁(東宮)으로 부르기도 하는데, 이는 세자의 별칭으로 "동궁마마"라고 부르는 이유이다. 왕세자를 또 이극(貳極)이라고도 하는데 이는 왕이 북극(北極)이면 세자는 두 번째 북극이란 뜻이며, 왕의 즉위를 등극(登極)이라 하는 이유는 하늘의 중심인 북극성의 자리에 오른다는 뜻이다. 현재 경복궁에 복원된 세자의 침전인 자선당의 동쪽 출입문이 "이극문(貳極門)"이다.

한편, 경춘궁을 경춘전으로 바꾼다면 그 의미를 다르게 추론할 수 있는 소지도 있다. 경춘전의 편액을 설명하면서 "경(慶)은 큰 것이요, 춘(春)은 장수(長壽)"라 하였으니 궁(宮)이든 전(殿)이든 관계없이 거처하는 사람의 장수를 기원하는 의미이니, 어머니를 위한 정재의 반주곡명으로 적절하며, 아울러 효명세자의 정치적 멘토(mentor)로 생각하는 할아버지 정조(正祖)가 태어난 곳이자 자신의 아들인 원자(헌종)이 태어난 곳이기에 남다른 애정을 가질 수 있다고 생각된다. 그리고 증조할머니인 혜경궁 홍씨가 『한중록(閑中錄)』을 집필한 곳이기도 하다.

6) 헌천화 무도홀기(獻天花 舞蹈笏記)

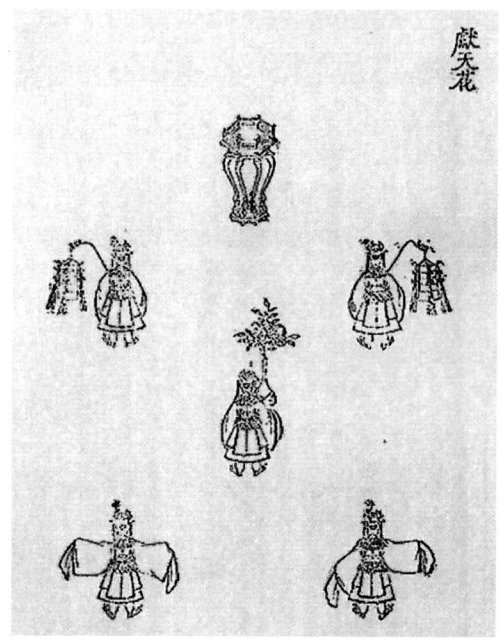

[그림 16] 〈헌천화〉
『순조무자진작의궤』
≪부편≫ 〈정재도〉

① 『무동각정재무도홀기』

```
                    奉卓봉탁           成仁童성인동
                                      朴昌俊박창준

         執幢집당                       執幢집당
         劉錫範유석범                   李應根이응근

                    仙母선모
                    朴鳳男박봉남

            舞무                      舞무
         韓奇福한기복                  金億萬김억만
```

[무동 초입 배열도]

◎ 樂奏慶芳春之曲[步虛子令](악주경방춘지곡(보허자령))
　음악은 경방춘지곡(보허자령)을 연주한다.
◎ 樂師帥卓子奉擧舞童二人入置於殿內而出(악사수탁자봉거무동이인입치어전내이출)
　악사는 탁자를 든 무동 2인을 인솔하여 전내에 설치하고 나간다.
○ 1拍: 執幢二人仙母一人足蹈而進舞二人舞進而立
　　　　(집당이인선모일인족도이진무이인무진이립)
　　　당을 든 2인과 선모가 족도하여 춤추며 나아가고, 무동2인이 춤추며 나아가 선다
○ 2拍: 舞二人斂手足蹈樂止仙母唱詞(무이인염수족도악지선모창사)
　　　무동 2인이 손을 모으고 족도하면 음악이 그치고 선모가 창사를 한다.

祥雲繞金殿 상운요금전	상서로운 구름이 금빛 궁전을 감싸고
天花奉玉甁 천화봉옥병	천화는 옥병에 꽂혀 있네
翠華開仙樂 취화개선악	임금께서 선계의 음악을 들으시는데
冠珮會如星 관패회여성	백관들이 별처럼 모여 있네
訖 흘	마친다

○ 3拍 : [鄕唐交奏仙母以花瓶置於卓子上舞作小退樂止
([향당교주선모이화병치어탁자상무작소퇴악지])
향당교주를 연주한다.
선모가 화병을 탁자위에 올려놓고 춤동작으로 조금 물러나면 음악이 그친다.

○ 4拍 : 仙母與左右挾相對而舞(선모여좌우협상대이무)
선모가 좌우 협무와 서로 마주보며 춤춘다.

○ 5拍 : 相背而舞(상배이무)
서로 등지고 춤춘다

○ 6拍 : 回旋齊行隨樂節進退回旋而舞(회선제행수악절진퇴회선이무)
둥글게 돌면서 나란히 줄지어 악절을 따라 앞으로 나아왔다 뒤로 물러나고, 둥글게 돌면서 춤춘다.

○ 7拍 : 俱北向而舞(구북향이무)
함께 북향하여 춤춘다.

○ 8拍 : 舞進而立(무진이립)
춤추며 나아가 선다.

○ 9拍 : 斂手足蹈(염수족도)
손을 모으고 족도한다.

○10拍 : 舞進退[執幢二人足蹈以退]樂止(무진퇴[집당이인족도이퇴]악지)
춤추며 물러난다.[당을 든 2인도 족도하며 물러난다]음악이 그친다.

② 『여령각정재정재홀기』 고종(高宗) 광무 5년. 신축(辛丑) 1901년

	奉卓봉탁	醫女 桃花 의녀 도화
		醫女 山玉 의녀 산옥
執幢집당		執幢집당
醫女 翠蓮 의녀 취련		醫女 點紅 의녀 점홍
	仙母선모	
	醫女 錦娘 의녀 금낭	
舞무		舞무
醫女 月色 의녀 월색		醫女 明玉 의녀 명옥

[여령 초입 배열도]

◎ 樂奏慶萬年之曲[步虛子令](악주경만년지곡[보허자령])
　　음악은 경만년지곡(보허자령)을 연주한다.
◎ 樂師帥卓子奉擧妓二人入置於殿內而出(악사수탁자봉거기이인입치어전내이출)
　　악사는 탁자를 든 무기 2인을 인솔하여 전내에 설치하고 나간다.
○ 1拍 : 執幢二人足蹈而進(집당이인족도이진)
　　당을 든 2인이 족도하면서 앞으로 나아온다.
○ 2拍 : 仙母足蹈而進舞二人舞進而立樂止仙母與左右挾唱詞
　　(선모족도이진무이인무진이립악지선모여좌우협창사)
　　선모가 족도하면서 앞으로 나아가고, 여기 2인이 춤추며 나아가 선다.
　　음악이 그치면 선모와 좌우 협무가 창사를 한다

　　祥雲繞金殿　　상서로운 구름이 금빛 궁전을 감싸고
　　상 운 요 금 전
　　天花奉玉瓶　　천화는 옥병에 꽂혀 있네
　　천 화 봉 옥 병
　　翠華開仙樂　　임금께서 선계의 음악을 들으시는데
　　취 화 개 선 악
　　冠珮30)會如星　백관들이 별처럼 모여 있네
　　관 패　　회 여 성
　　訖　　　　　마친다
　　흘

○ 3拍 : [鄕唐交奏]仙母以花瓶置於卓子上舞作小退樂止
　　([향당교주]선모이화병치어탁자상무작소퇴악지)
　　향당교주를 연주한다.
　　선모가 화병을 탁자위에 올려놓고 춤동작으로 조금 물러나면 음악이 그친다.
○ 4拍 : [鄕唐交奏](향당교주)
　　향당교주를 연주한다.
○ 5拍 : 仙母與左右挾相對而舞(선모여좌우협상대이무)
　　선모가 좌우 협무와 서로 마주보며 춤춘다.
○ 6拍 : 相背而舞(상배이무)

---

30) 관패(冠珮) : 금관과 패옥으로 국가 대례시 백관들이 입는 대례복으로 금관조복을 말한다.

　　　　　　서로 등지고 춤춘다
○ 7拍 : 回旋齊行隨樂節進退回旋而舞(회선제행수악절진퇴회선이무)
　　　　둥글게 돌면서 나란히 줄지어 악절을 따라 앞으로 나아왔다 뒤로 물러나고,
　　　　둥글게 돌면서 춤춘다.
○ 8拍 : 俱北向而舞(구북향이무)
　　　　함께 북향하여 춤춘다.
○ 9拍 : 舞進而立(무진이립)
　　　　춤추며 나아가 선다.
○ 10拍 : 斂手足蹈(염수족도)
　　　　　손을 모으고 족도한다.
○11拍 : 舞進退[執幢二人足蹈而退]樂止(무진퇴[집당이인족도이퇴]악지)
　　　　춤추며 물러난다.[당을 든 2인도 족도하며 물러난다]음악이 그친다.

5. 예제 춘대옥촉(睿製 春臺玉燭) / 보살만(菩薩慢)

1) 주석(註釋)

○ 송(宋)의 태종(太宗)이 친제한 소석조(小石調)가 등춘대(登春臺)이다.
○ 『도서집성(圖書集成)』에 "≪수서(隨書)·율력지(律曆誌)≫ 송(宋) 전악지(錢樂之)가 경방의 술(術)을 사용하였다. 동지(冬至)의 성(聲)은 황종(黃鐘)이 궁(宮)이 된다.
일부삼십사율(一部三十四律)에 옥촉(玉燭)의 이름이 있다"
○ 윤대(輪臺)를 대(臺) 위에 설치한다. 무동 4인이 보등(寶燈)을 들고, 3인은 앞에 있고 1인은 뒤에 있으면서 서로 선전(旋轉)하면서 춤춘다.
○ 2인은 집당(執幢)하여 뒤에 있으면서 좌우로 나뉘어 북향하여 선다.

2) 악장(樂章)

綺席光華 (기석광화)	비단자리에 아름답게 빛나는
盛宴初長 (성연초장)	성대한 연회를 처음으로 펼치네
麗日舒長 (여일서장)	아름다운 해는 따스하고 길어
羣仙來朝 (군선래조)	신선이 무리지어 조정으로 왔나이다

[執幢 進口號] (집당 진구호)

寶臺高星彩燈光 (보대고성채등광)	보대의 높은 별은 채색등이 빛나는 것이고
點點紅賀聖壽 (점점홍하성수)	점점이 빨간 것이 성수를 축하하는 듯 하니
雲韶天樂聲聲慢 (운소천악성성만)	운소31)의 천악이 한 곡 한 곡 느리게 울려 퍼집니다.

[執燈 唱詞] (집등 창사)

法樂將終 (법악장종)	법악이 끝나려 하매
拜辭華筵 (배사화연)	아름다운 연회를 절하여 마치고
仙鶴欲返 (선학욕반)	학을 탄 선인이 돌아가고자
遙指雲程 (요지운정)	구름길을 멀리 가리켰습니다.

[執幢 退口號](집당 퇴구호)

---

31) 운소(雲韶) : 황제의 음악인 "운문(雲門)"과 순(舜)임금의 음악인 "대소(大韶)"를 합쳐서 이르는 말.

3) 의주/차비/복식

구분(區分)	내용(內容)
의주(儀註)	細吹作菩薩慢呈春臺玉燭舞 中使引 王世子詣 壽酒亭… 세취가 보살만을 연주하고 춘대옥촉을 올릴 때 중사가 왕세자를 인도하여 수주정.
정재차비 (呈才差備)	○ 등(燈) : 진대길, 진계업, 신삼손, 김형식 ○ 당(幢) : 김명풍, 신광협,
복식(服飾)	주취금관, 자라포, 백질흑선중단의, 백우호령, 남질홍선상, 백우엄요, 남사대, 학정대, 비두리 (※ 헌천화와 같음)

4) 춘대옥촉무(春臺玉燭舞)

춘대(春臺)는 "衆人熙熙 如登春臺(중인희희 여등춘대)" 즉 "뭇 사람들이 즐거워 봄 누대에 오른 듯" 이라는 ≪노자(老子)≫에 나오는 말로 봄경치가 한창 좋을 때 대(臺)에 올라 멀리 바라보니 마음이 넓어지고 즐거워진다는 뜻으로, 태평성세를 비유한 것이다.

춘대옥촉은 유일하게 왕에게 절하는 정재로 윤대를 설치하고, 보살만(향당교주/옥촉춘지곡)을 반주음악으로 사용하며, 네 명의 무동이 박을 치면 앞으로 춤추며 나아간다. 그리고 동시에 당을 든 두 명의 무동이 앞으로 나아간다. 네 명의 무동이 보등을 잡고 있고, 한 명의 무동 뒤에 선 세 명의 무동이 서로 돌면서 춤을 춘다. 그리고 당을 잡고 뒤에 서 있던 두 명의 무동은 좌우로 나뉘어 북향하여 선다. 이 춤은 천천히 움직이는 무동의 완만한 움직임을 통해 느림의 미학도 감상할 수 있다.

춘대의 계단은 4곳이며 보등을 든 4인은 동서남북의 네 방위를, 집당을 든 2인은 상하의 천지를 상징하여 결국 사방(四方)과 상하(上下)을 가르키는 육합(六合)의 숫자가 반영된 무원이다. 또한 보등을 든 무동이 사방(四方)에서 춤을 추는 것은 "왕의 큰 덕이 온 나라를 비춘다"는 의미를 담고 있다고 할 수 있다. 이는 『서경(書經)』의 구절 "광피사표 화급만방(光被四表 化及萬方)" 즉, "빛이 사방을 덮고 교화가 만방에 미친다."라는 뜻으로, 정도전이 조선의 정궁인 경복궁의 정문을 "광화문(光化門)이라 지은 이유와 상통한다 할 수 있다.

춘대는 윤대(輪臺) 자체를 의미하기도 하고, 요·순(堯·舜)같은 임금이 다스리는 태평성대를 의

미한다고 하니, 순조(純祖)의 치세를 요(堯)와 순(舜)에 비교하는 한편, 순조(純祖)를 그들과 같은 성군(聖君)의 반열에 올리는 의미가 있다고 볼 수 있다.

　창덕궁 후원의 부용지에 있는 영화당 앞을 춘당대라고 하는데, 효명세자가 이곳에서 지은 "춘당대를 바라보며"라는 시(詩)에는 사계절의 날씨를 만끽할 수 있던 춘당대의 아름다움을 노래하는 동시에, 나라의 태평성대에 대한 염원을 시구에 고스란히 담아 춘대옥촉을 춤으로 승화시켰다고 생각할 수 있다.

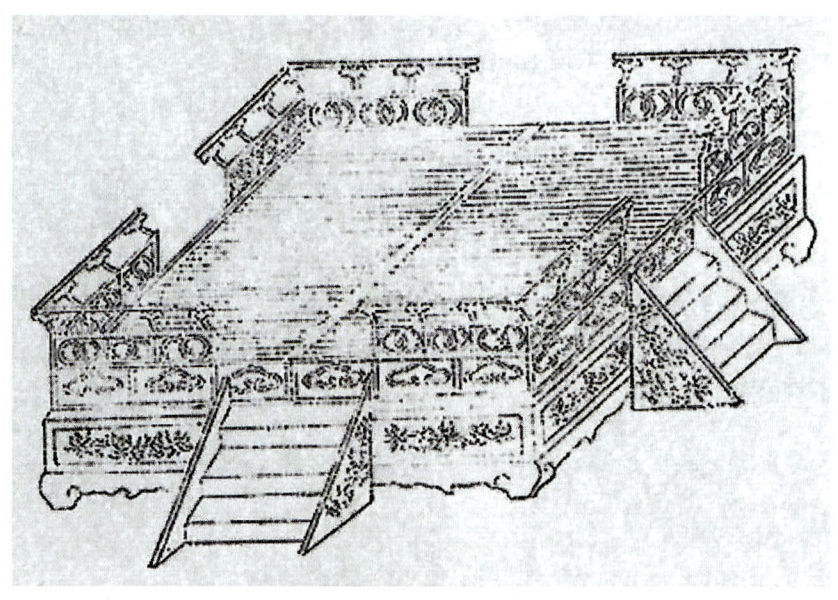

[그림 17] 춘대옥촉 윤대
『무자진작의궤』 ≪부편≫ 〈악기도〉

　윤대의 제작에도 음양오행의 동양사상이 구현되어 있는데 우선 좌우로 두 개로 만들어진 것은 이동을 용이하게 함은 물론 음양(陰陽)의 조화를 상징하고, 네 개의 계단은 사방과 4계절을 상징하며, 각 계단을 3층으로 한 것은 한 계절이 3개월씩 1년이 12월임을 상징한다.

　난간의 각 모서리에 있는 7개의 운각은 모두 28개로 하늘의 28숙 별자리를 상징하고, 격판중간의 한 면에 새겨진 6개의 연환 고리는 모두 24개로 땅의 24절기를 상징한다. 하늘의 별자리와 땅의 절기(節氣)가 구현된 윤대위에서 사람이 춤을 춤으로써 천지인(天地人)의 삼재(三才)³²⁾를 완성하였던 것이다. 아래의 [사진 27]은 국립국악원에서 제작하여 사용하고 있는 윤대로서 [그림 17] 설명과 비교해 본다면 분명 잘못 제작되었음을 알 수 있다.

[사진 27] 춘대옥촉 윤대

춘대옥촉무는 윤대(輪臺)라는 무대에서 보등(寶燈)과 깃대에 매달은 당을 들고 추는 춤이다. 윤대에는 높이는 두 자, 길이와 너비는 각각 여덟 자 다섯 푼이다. 위에는 파초 잎을 그렸고, 난간의 높이는 1자 5푼이다. 사방에 연꽃과 태평화가 조각되었고, 사면(四面)에 계단이 설치되고, 화려한 조각에 붉은 칠을 한 난간(欄干)이 있다.

여기서 주목해야 할 것은 윤대(輪臺)에 바퀴가 달아 무대를 이동시켰던 것인데, 새로운 춤 뿐만 아니라 거기에 적합한 새로운 무구(舞具)를 창안하였다는 점에서 효명세자의 예술적 감각과 독창성을 가늠해 볼 수 있다.

윤대의 원형은 산대로, 끌어서 이동하므로 예산대(曳山臺)라 하였고 다른 장소에서 보관하고 있다가 행사 장소로 끌고 와서 사용할 수 있도록 만들어졌다. 산대는 동아시아에서 보편적으로 발견되는 무대구조물이다. 그러므로 전통연희를 올바르게 이해하기 위해서는 연희 무대에 대한 연구가 중요하다. 무대 공간으로서 '신성한 산'을 설행하는 전통은 동북아시아에서 삼신산(봉래산)과

---

32) 삼재(三才) : 우주와 인간 세계의 기본적인 구성 요소이면서 그 변화의 동인(動因)으로 작용하는 천(天)·지(地)·인(人)을 일컫는 말.

곤륜산 등 중국 고대 신화에 기반을 둔 산을 형상화하는 동질성을 지니고 있다. 고대의 제왕들은 불로장생에 대한 신앙을 바탕으로 신성한 산을 조성하여 봉선의식(封禪儀式)33)을 거행했다.

[사진 28] 〈춘대옥촉〉, 2004년 / 2012년

춘대옥촉무는 2004년 12월 15~16일 국립국악원 예악당에서 "정재, 궁중무용의 원류를 찾아서"라는 제목으로 〈무동 춘대옥촉무〉가 초연되었는데, 그 이전에도 이흥구의 안무 작품으로 몇몇 무용가들에 의해 여령 정재로 공연된 바 있었으나 이흥구의 안무보(按舞譜)를 받은 하루미에 의해 창사를 처음으로 삽입하여 재구성 안무를 하였고, 무동 복식을 복원하여 착용하였다.

2012년 6월 28~29일 국립국악원 예악당에서 기획공연된 "정재, 조선의 역사를 품다"에서 1부는 당악정재인 〈금척〉과 〈수보록〉이 무용단 안무자인 심숙경이 구성·안무하였고, 2부는 향악정재인 〈영지무〉, 〈망선문〉, 〈연화무〉, 〈춘대옥촉〉이 역시 무용단의 안무자인 하루미의 재구성·안무로 공연되었으며, 필자는 작품 해설을 기고하였다. 프로그램에는 일부만 실려 이 기회에 전문을 별도로 실었다.

---

33) 봉선의식(封禪儀式) : 중국의 황제가 즉위 후에 태산에 올라 천신과 지신에게 지내는 제사

【정재 이야기】

"정재, 조선의 역사를 품다"

김거부(궁중의례전문감독)

"정재, 조선의 역사를 품다"는 조선 초기와 말기의 대표적 정재를 통해 그 속에 숨겨져 있는 '조선 역사의 한 편린'을 볼 수 있는 무대이다.

- 천명을 받은 임금, 악장으로 기리고 춤과 노래로 나타내다

조선 개국의 주도적 역할을 하였던 정도전이 새로운 왕조인 조선의 국가창업을 축하하고 찬양하는 내용의 새로운 악장으로 지은 ≪몽금척(夢金尺)≫과 ≪수보록(受寶籙)≫은 태조 이성계가 왕위에 등극하기 전에 왕이 될 것을 예견하는 전설적인 내용을 담은 춤으로, 문무를 겸비한 성인인 이성계가 천명을 받아 왕위에 올랐다는 당위성을 백성들에게 알리기 위함이다.

≪금척(金尺)≫은 국가경영에 필요한 신물(神物)로서 두 가지의 상징성을 갖는데,
첫째는, 왕권의 상징물로서의 "천부인(天符印)"이다.
상고사의 역사서인 『부도지』에서 금척은 천권(天權)을 상징하는 천부인(天符印)의 하나로 보고 있으며, 아울러 신라의 시조인 박혁거세가 꿈에서 "왕위의 신표이니 길이 보전하라"는 말과 함께 신인(神人)에게 받았다는 전설적인 신물이기도 하다.
둘째는, 도량형의 척도로서의 금척의 기능이다.
새 왕조가 들어서면 국가경영에 있어서 "조세수납"을 위하여 도량형의 통일이 필수인데. 도량형은 사물의 길이(度), 부피(量), 무게(衡)를 측정하는데 기준이 되는 자와 되(말), 저울을 말하며, 이러한 표준용기가 정해져야 조세의 형평성과 공정성을 확립할 수 있기 때문이다.
"암행어사는 두 개의 놋쇠 자(鍮尺)을 가지고 다니며 하나는 형구의 크기를 통일하여 형벌을 남용하는 것을 막는 데 썼고, 다른 하나로는 도량형을 통일하여 세금 징수를 고르게 하는 데 사용했다."

금척은 황금으로 된 자(尺)인데 단순한 자(尺)라기 보다는 피리의 형태를 띤 것으로 보는 것이 옳고, 처음엔 대나무로 피리를 만들어 그 소리로 율려를 표시하였으나 대나무는 세월이 지나면 변하고 못쓰게 되니, 율려 소리나는 대금과 같은 것을 황금으로 피리를 만들어 이것으로 도량형의 척도를 삼은 것으로 보인다.

≪수보록(受寶籙)≫은 태조 이성계가 잠저(潛邸 : 왕이 되기 전 살던 집)에 있을 때에, 어떤 사람이 지리산 석벽속에서 이서(異書)를 얻어 바쳤는데, 그 이서(異書)의 내용을 간략하면,

"용감한 목자(木子) 가 기회를 타서 일어났는데, 누가 그를 보좌하겠는가? 주초(走肖)가 그 덕망 있는 사람이며, 비의(非衣) 군자는 금성에서 왔으며, 삼전 삼읍(三奠三邑)이 도와서 이루었으며, 신도(神都)에 도읍을 정하여 왕위(王位)를 8백 년이나 전한다."이다.

위의 이서의 특징은 당시에 유행하던 파자점(破字占), 즉 한문을 풀어 쓴 것인데 주초는 조준(趙浚)을, 비의는 배극렴(裵克廉)을, 그리고 마지막의 삼전삼읍은 삼봉 정도전(鄭道傳) 말하는 것으로, 이성계가 위화도 회군 후 정적을 제거하고 왕위에 오르기 위하여 "목자득국(木子得國) 즉, 李씨가 왕이 된다"라는 가요를 퍼트려 여론을 형성하였던 것과 사례가 비슷하다.

이서(異書)에 등장하는 3명의 인물 중 정도전은 조선왕조의 총괄적 설계자라 할 수 있으며, 조준은 국가가 귀족들의 토지를 수용하는 "과전법"이라는 전제개혁을 통하여 귀족의 경제적 기반을 무너뜨린 경제전문가였으며, 배극렴은 이성계와 함께 왜구토벌과 위화도 회군을 함께 한 군부의 핵심적 측근으로서, 공양왕 4년(1392) 6월에 대소신료들과 함께 이성계의 저택에 가서 옥새를 바침으로 조선왕조의 태조로서 보위에 오르게 한 인물이다.

- 왕권강화와 부흥을 위해 효(孝)를 노래하고 춤춘 조선의 왕세자

조선조 초기의 정재들이 왕조 창업의 정당성을 찬양하고 옹호하는 도구로 쓰였다면, 조선 후기의 정재들, 특히 순조조 연간에 "효명세자"에 의하여 창제된 정재들은 이전의 정치적 색채가 퇴색된다.

이전의 궁중무용이 유교적 관념론에 지배되어 형식의 엄격성이 중시하고 무용수 개인의 감정이나 개성의 표현이 억제되었으나, 효명세자는 자연의 대상과 사물들을 관찰한 뒤의 감흥을 춤으로 묘사하는 등, 이제까지의 궁중 정재에서는 찾아 볼 수 없었던 시각적인 흥겨움이 드러나는 정재가 늘어나 궁중 무용의 주제와 소재가 다양해지고 표현방식과 춤 형식 역시 화려해져 그 예술적 수준을 크게 향상시켰다.

그러나 그의 정재 창제를 단순히 예술적 발양으로만 해석해서는 안 되는 이유는 당시의 시대적 정치 상황에 있다.

정조의 갑작스런 죽음으로 11세의 어린 나이로 등극한 순조, 대왕대비인 정순왕후의 수렴청정과 뒤를 이은 안동김씨의 세도정치에 의해 무기력해진 순조는 영민한 효명세자에게 대리청정을 맡김으로 희망을 걸었다.

효명세자는 숙종대왕이 탄생한 이후로 150여 년 만에 왕후의 몸에서 태어난 적통 왕자였으며, 특히 할아버지 정조대왕의 용모를 빼어 닮아 태어나는 순간부터 왕실의 기대를 한 몸에 받았다.

그는 대리청정하는 3년 동안 해마다 부왕과 모후를 위해 큰 연회를 열었는데, 순조의 존호를 올리는 『자경전 진작정례의(1827년)』, 순원왕후의 40세 생일을 기념하는 『무자진작의(1828년)』, 순조 등극 30년과 탄신 40년을 기념하는 『기축진찬의(1829년)』가 그것이다.

그가 이렇게 대규모의 궁중 연회를 거행하는 데 주력한 까닭은 효심의 발로와 정치적 포석으로 해석된다. 효명세자는 유교의 근본인 예악(禮樂)을 중시하는 덕망 있는 군주의 존재를 널리 알려 세도정치를 억제하고 왕실의 위엄을 회복하려고 시도했던 것인데, 조선 시대 궁중 연회는 단순한 잔치가 아니라 예와 악으로써 왕 중심의 질서를 강화하고, 왕의 위상을 높이려는 정치적인 의식이었기 때문이다.

조선 말기의 정재는 『순조무자진작의궤』에 기록된 17종목의 창작무 중 4종의 정재가 올려지는데, 효명세자가 어머니 순원왕후의 40세 탄신을 축하기 위해 창제한 향악정재로 창덕궁 연경당에서 연희되었던 것이다.

효명세자가 《춘앵전》이라는 정재를 어머니 순원왕후의 생신을 축하하기 위하 새로운 정재를 창제했을 정도로 사랑했던 어머니였지만, 그녀도 40대 이후 개인적 슬픔이 연이어 닥쳤다. 아들인 효명세자가 죽고 2년 뒤엔 두 딸이 거의 동시에, 그리고 다시 2년 뒤엔 남편인 순조도 승하했고, 막내 덕온공주도 10년 뒤에 세상을 떠났다. 그러니까 68세까지 산 순원왕후는 남편과 4자녀를 모두 자신보다 일찍 죽음으로 보내는 깊은 인간적 슬픔을 겪는다.

한편 순원왕후는 두 번의 수렴청정을 하는 이례적인 기록을 남겼는데, 8세로 등극한 헌종 때 7년간, 헌종 역시 아버지 효명세자와 같은 22세에 후사 없이 사망하자, "강화도령 원범"으로 기억하는 철종 즉위 초 3년간이다.

그녀의 수렴청정 기간의 정치적 업적은 왕실의 권위를 높이고 외척 가문 간의 균형을 꾀하며 민생현안을 챙기는 등 긍정적으로 평가되기도 한다.

> 효명세자!
> 조선의 마지막 희망이었던 비운의 왕세자이자, 조선 후기의 찬란한 궁중 연향과 정재 양식을 새롭게 정립한 조선 최초의 "The prince who loves dancing"이다.

5) 음악(音樂) : 보살만(菩薩慢)

춘대옥촉의 반주음악 곡명으로 쓰인 보살만은 그 연원을 찾기 힘들지만, 그 용어에서 불교 계통의 음악으로 추측할 수 있으며, 고종(高宗)대에는 장생보연지무의 반주음악으로 〈금전만년환지곡〉, 〈부상서일지곡〉, 〈성인무우지곡〉, 〈요천순일지곡〉, 〈장생보연지악〉, 〈천명유신지곡〉, 〈축유여지곡〉이란 아명으로 연주되었다.

보살만은 작품의 제목이 아니고, 악보에 해당하는 사패(詞牌) 또는 사조(詞調)이며 교방에서 사용하는 곡명이다. 따라서 내용과는 무관하고 사패「보살만」은「자야가(子夜歌)」·「보살환(菩薩鬟)」등의 별칭을 가지고 있다.

온정균(溫庭筠)이 쓴 〈보살만〉은 중국 최초의 전문 사인(詞人)이 쓴 작품이라는 측면에서 사(詞) 내용과 형식의 구색을 갖추고 있다는 데 그 의의를 가진다. 그리고 이 작품은 여성의 아름다운 자태, 또 그들이 거처하는 화려한 주변과 소지한 기물, 사랑으로 인한 이들의 고독과 슬픔을 묘사하였다.

이와 같은 문학 형식은 당시의 신악인 연악(宴樂)의 유입과 함께, 경제적 발전과 문화적인 흥성으로 도시의 기루(妓樓)가 발달하면서 활발한 창작활동이 이루어진 것이다. 그리고 기루에서 기녀와 더불어 음주와 작사로 여흥을 즐기는 것은 문인들 사이에 유행하는 일상이었다.

온정균은 〈보살만 14수〉를 통해 여성의 아름다운 자태, 또 그들이 거처하는 화려한 주변과 소지한 기물, 사랑으로 인한 이들의 고독과 슬픔을 세밀하게 묘사하였다.

보살만(菩薩鬘) - 제 1수

온정균((溫庭筠), 만당(晚唐)

小山重疊金明滅 (소산중첩금명멸)	작은 산들이 겹겹으로 늘어선 병풍은 금빛으로 눈부시네.
鬢雲欲度香顋雪 (빈운욕도향시설)	흐트러진 귀밑머리는 향기로운 흰 뺨을 덮었네.
懶起畵蛾眉 (라기화아미)	더디게 일어나 눈썹을 그리네.
弄妝梳洗遲 (농장소세지)	화장을 마치고 천천히 머리를 빗는다네.
照花前後鏡 (조화전후경)	머리 뒤에 꽂은 꽃을 거울 들어 비춰 보네.
花面交相映 (화면교상영)	아리따운 얼굴이 꽃과 서로 어우러지네.
新帖綉羅襦 (신첩수라유)	새로 다린 짧은 비단저고리를 입었다네.
雙雙金鷓鴣 (쌍쌍금자고)	짝을 지은 금빛의 자고새들이 저고리 위에 수 놓아 있네.

〈보살만〉은 사에서 가장 짧은 곡조인 소령(小令)34)으로 가볍고 부드러운 서정적인 곡인데 신기질의 사(詞)에서 격앙과 비통을 담은 장중한 곡조로 새롭게 탄생 하였다고 한다.

신기질은 남송시절 산동성 제남의 명문가 출신으로 뛰어난 무예 실력과 출중한 지략을 겸비하여 민병대를 일으키기도 하고, 관군을 정비하여 금나라에 대적한 애국지사로 평가 받는 사인(詞人)으로 강서성의 감주에 있는 울고대를 둘러보고 금나라에 의해 죽어간 수많은 송나라 사람들을 생각하고는 ≪서강서조구벽≫이라는 사(詞)를 지었다.

---

34) 소령(小令) : 중국의 사(詞) 양식 가운데 50자 이내의 짧은 시형을 통틀어 이르는 말

◇ 악곡(樂曲) : 보살만(菩薩慢)

書姜西造口壁(서강서조구벽)

신기질(辛棄疾), 남송(南宋)

鬱孤臺下淸江水 (울고대하청강수)	울고대 아래 맑은 강물
中間多小行人淚 (중간다소행인루)	그 가운데로 얼마나 많은 나그네 눈물이 흘렀을까
西北望長安 (서북망장안)	서북쪽으로 장안땅을 바라보지만
可憐無數山 (가련무수산)	슬프도다 수많은 산들이 가로막았구나
靑山遮不住 (청산차불주)	청산도 막지 못할 것이니
畢竟東流去 (필경동류거)	강물은 끝내 동쪽으로 흘러가겠지
江晩正愁予 (강만정수서)	저무는 강가는 나를 시름케 하는데
山深聞鷓鴣 (산심문자고)	깊은 산 자고새 울음소리 들린다

6) 춘대옥촉 무도홀기(春臺玉燭 舞圖笏記)

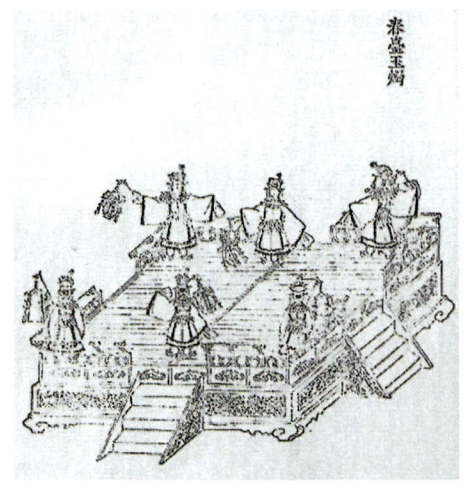

[그림 18] 〈춘대옥촉〉
『순조무자진작의궤』
≪부편≫ 〈정재도〉

① 『무동각정재무도홀기』

≪무동각정재무도홀기≫에는 악장이 실려 있지 않고, ≪여령각정재무도홀기≫도 없다.

```
         舞무           舞무           舞무           舞무
       吳水山오수산    金黃龍김황룡    韓奇福한기복   金億萬김억만


              執幢집당                    執幢집당
            鄭興綠정흥록                李應根이응근
```

[무동 초입 배열도]

◎ 樂奏玉燭春之曲[鄕唐交奏](악주옥촉춘지곡[향당교주])
　　음악은 옥촉춘지곡을 연주한다.
◎ 樂師帥輪臺奉擧舞童入置於殿內而出(악사수윤대봉거무동입치어전내이출)
　　악사가 윤대를 든 무동을 인솔하여 들어와 전내에 두고 나간다.
　　○ 1拍 : 舞四人舞進執幢二人足蹈而進(무사인무진집당이인족도이진)
　　　　　　무동 4인이 춤추며 나아가고, 당을 잡은 2인은 족도하며 나아간다.
　　○ 2拍 : 舞四人各進輪臺之四方[執幢二人進於輪臺之東西隨鼓聲足蹈]
　　　　　　(무사인각진윤대지사방[집당이인진어윤대지동서수고성족도])
　　　　　　무동 4인은 각기 윤대의 사방으로 나아간다.[당을 든 2인은 윤대의 동서로
　　　　　　나아가 북소리를 따라 족도한다.]
　　○ 3拍 : 舞四人各舞作相對儀如葉舞或背或面旋轉換隊而舞
　　　　　　(무사인각무작상대의여엽무혹배혹면선전환대이무)
　　　　　　무동 4인은 무작하고 상대하는데, 그 모습이 마치 엽무35)와 같다.
　　　　　　등지기도 하고 마주하기도 하며 돌고 대열을 바꾸며 춤춘다.
　　○ 4拍 : 執幢二人舞四人足蹈而退臺下(집당이인무사인족도이퇴대하)
　　　　　　집당 2인과 무동 4인이 족도하며 윤대 아래로 물러난다.

---
35) 엽무(葉舞) : 나뭇잎이 흔들리듯 춤춘다는 뜻으로, 두 팔을 어깨 높이 펴 들고 어깨춤을 춘다.

○ 5拍：還復初列而舞退 樂止(환복초열이무퇴 악지)
처음의 대열로 돌아갔다가 춤추며 물러나면 음악이 그친다.

6. 예제 보상무(睿製 寶相舞) / 기라향(綺羅香)

1) 주석(註釋)

○ 『법원주림(法苑珠林)』에 "긴타라왕 둔륜마36)가 금을 타고 노래를 부르며 제법보상(諸法寶相)으로 찬불하니 대가섭37) 등이 모두 춤을 추었다"
○ 『도서집성』에 "≪당(唐). 악지(樂誌)≫에 한(漢)나라에 반무(盤舞)가 있는데, 진(晉)나라에서는 배반무(杯盤舞)라 한다"
○ 보상반을 설치하고, 반 가운데 연화 항아리를 올려놓는다. 무동 6인이 3대로 나뉘어 전대 2인은 각각 채구를 잡고 춤을 추다가 허리를 굽혀 던진다. 항아리는 포구락처럼 설치한다. 중대와 후대는 전대가 춤추며 물러나는 대로 차례차례 나아가 춤춘다.

2) 악장(樂章)

翠幕華筵耀端日 취막화연요서일	비취빛 장막 꽃대자리에 상서로운 해가 비치고
綺羅千隊好新粧 기라천대호신장	비단옷 입은 천대(千隊)38)가 곱게 새 단장하였도다.
【各隊並唱】 각대병창	각대가 함께 창한다

---

36) 간다라왕 둔륜마 : 불교에서 가악(歌樂)을 담당하는 천상의 신으로 사람의 형상을 하였으나, 머리에 뿔이 있고 제석천을 섬긴다고 함.
37) 대가섭(大迦葉) : 흔히 마하가섭이라고 불리며 석가의 10대 제자중 "두타제일頭陀第一)로 불리었고, 석가의 열반 후 비탄에 빠진 제자들의 분열을 막고, 불전을 결집함.
부처가 꽃을 꺾어 보였을 때 오직 마하가섭만이 그 뜻을 이심전심으로 이해하고 미소지었다는 염화미소(拈華微笑)의 고사(故事)가 전해진다.
38) 천대(千隊) : 『정재무도홀기』의 악장에는 삼대(三隊)로 되어 있음.

五雲樓閣聞仙樂 오색구름 속 누각에서는 신선의 음악이 들리고
오운누각문선악

百寶欄干拂霓裳 갖은 보화로 장식한 난간에 무지개 춤옷이 나부끼네
백보난간불예상

【左右隊第一人唱詞】 좌우대의 1인이 창하는 노래
 좌우대제일인창사

錦帳初開彩袖色 비단 장막 처음 열자 채색 옷소매 보이고
금장초개채수색

玉簾且捲繡毬香 옥 발을 걷어 올리자 수놓은 공에서 향기나네
옥렴차권수구향

【左右隊第二人唱詞】 좌우대의 2인이 창하는 노래
 좌우대제이인창사

花間簫鼓莫催曲 꽃 사이에서 피리와 북을 연주하라 재촉마라
화간소고막최곡

只恐花身落舞場 꽃잎이 무대 위에 떨어질까 두렵단다
지공화신낙무장

【左右隊第三人唱詞】 좌우대의 3인이 창하는 노래
 좌우대제삼인창사

3) 의주/차비/복식

구분(區分)	내용(內容)
의주(儀註)	細吹作綺羅香呈寶相舞 王妃 擧爵 (王世子 褥位 俯伏) 세취가 기라향을 연주하고 보상무를 올릴 때 왕비께서 작을 든다(왕세자 부복)
정재차비 (呈才差備)	○ 무(舞) : 진대길, 진계업, 신삼손, 김형식, 김명풍, 신광협,
복식(服飾)	아광모, 벽라포, 백질흑선중단의, 홍질남선상, 학정대, 무우리 (※ 영지무와 같음)

4) 춤 : 보상무(寶相舞)[39]

보상무는 무동 6인이 3대로 나누어 두 명씩 짝지어서 춤을 추다가 보상반(寶相盤) 안에 있는

---

39) 보상(寶相) : 보상화란 뜻으로 연꽃의 일종.

연화항(蓮花缸)에 채구(彩毬)를 던져 들어가면 상으로 꽃을 받고, 넣지 못하면 벌로 뺨에 먹칠하며 노는 유희무(遊戲舞)의 일종이다. 보상무의 창사(唱詞)가 당악정재인 포구락(抛毬樂)의 창사와 비슷한 것과 패를 나누어 채구를 던져 넣어 성공 여부에 따라 꽃이나 먹칠을 하는 것이 같아 포구락을 모방한 것으로 보인다.

보상무는 1981년 11월 19일 심무회 주최로 "김천흥 무용생활 60주년 기념 궁중무용발표회" 공연이 문예회관 대극장에서 김천흥의 재현안무와 지도로 국립국악원 무용단원에 의해 초연되었다.

[사진 29] 〈보상무〉, 1981년

5) 음악(音樂) : 기라향(綺羅香)

창덕궁 후원은 역대 군왕의 자취가 새겨진 곳으로, 곳곳에 있는 전각의 기둥에 붙어 있는 주련은 장차 왕위를 이을 효명세자에게는 국가경영과 인격 완성에 도움을 줄 각종 메시지로 가득했다. 특히 정조(正祖)의 흔적이 짙게 스며있는 존덕정의 여섯 기둥에는 아래와 같은 시구가 있다. 효명세자는 틈만 나면 이 곳을 찾아 정조(正祖)를 추억하며 마음을 추슬렀다.

盛世寢遊化日長 성 세 침 유 화 일 장	태평성세를 꿈처럼 노닐며 덕화의 날은 기니
群生咸若[40]春風暢 군 생 함 약 춘 풍 창	온 백성 하나 되어 봄바람도 화창하네
庶俗一令趨壽域[41] 서 속 일 령 추 수 역	백성들 한결같이 태평성대로 나아가게 하고

---

[40] 함약(咸若) : 『서경』의 《고요모》 편에 나오는 말로, "吁, 咸若時, 惟帝其難之" "아, 너의 말이 옳지만 모두 다 같이 그러함은 요임금도 어렵게 여기셨다"에서 유래함

從官皆許宴鳳山 _{종 관 개 허 연 봉 산}	따르는 신하들도 모두 봉래산 잔치에 허락받았네
艷日綺羅香⁴²⁾上苑 _{염 일 기 라 향 　 상 원}	고운 봄날 만발한 꽃향기는 상림원에 가득하고
沸天簫鼓動瑤臺⁴³⁾ _{비 천 소 고 동 요 대}	하늘까지 치솟는 피리와 북소리는 요대를 흔드네

◇ 악곡명 : 기라향(綺羅香)

詠春雨(영춘우)

사달조(史達祖), 송(宋)

做冷欺花⁴⁴⁾將 _{주 냉 기 화 　 장}	냉기를 빚어 꽃을 힘들게 하고
煙困柳 _{연 곤 류}	안개를 풀어 버들을 가둬 놓고
千里偸催春暮 _{천 리 투 최 춘 모}	천 리에 살금살금 봄 저물게 하고
盡日冥迷 _{진 일 명 미}	온종일 사방이 어둡고 침침하여
愁裏欲飛還住 _{수 리 욕 비 환 주}	근심 속에 날리려다 다시 그만두니
驚粉重蝶⁴⁵⁾宿西園 _{경 분 중 접 　 숙 서 원}	날개가 무거움에 놀라며 나비는 서원에 잠자고
喜泥潤燕歸南浦 _{희 니 윤 연 귀 남 포}	촉촉한 흙을 좋아하며 제비는 남포로 돌아온다
最妨他佳約風流 _{최 방 타 가 약 풍 류}	가장 심한 건 사람들의 봄놀이 약속을 방해하여
鈿車⁴⁶⁾不到杜陵⁴⁷⁾路 _{전 거 　 부 도 두 릉 　 로}	수레가 두릉길에 못 가게 하는 것이로다

---

41) 수역(壽域) : 다른 곳에 비하여 장수하는 사람이 많은 곳을 뜻하니 곧 태평성대를 말함.
42) 기라향(綺羅香) : 궁녀들이 입고 있는 비단치마의 향일 수 있고, 궁궐 후원에 가득 핀 꽃향기 일 수 있다.
43) 요대(瑤臺) : 중국 고대 신화에서 서왕모가 산다는 요지에 있는 누대(樓臺).
44) 기화(欺和) : 꽃을 기만함. 꽃샘추위를 말함.
45) 분중접(粉重蝶) : 나비날개의 꽃가루가 비에 젖어 무거워졌다는 뜻.
46) 전거(鈿車) : 각종 보물로 장식한 수레를 말하니 곧 상춘객의 수레를 뜻함.
47) 두릉(杜陵) : 섬서성 장안현 동북쪽에 있는 마을.

沈沈江上望極	깊고 깊은 강가에서 끝없이 바라보니
심심강상망극	
還被春潮晩急	물이 불어 저녁 되자 급류로 변해
만피춘조만급	
難尋官渡48)	나루터가 어디인지 찾기 어렵고
난심관도	
隱約遙峰	어슴푸레 보이는 먼 곳의 봉우리는
은약요봉	
和淚謝娘49)眉嫵	눈물 젖은 사냥의 고운 눈썹이로다
화루사낭 미무	
臨斷岸新綠生時	절벽에서 굽어보니 신록이 샐기는데
임단안신록생시	
是落紅帶愁流處	떨어진 붉은 꽃이 근심을 안고 흘러서
시낙홍대수류처	
記當日門揷梨花	옛날에 대문달아 배꽃을 꽂아두고
기당일문삽이화	
剪燈50)深夜語	등잔 심지 자르며 밤깊도록 이야기한 일 기억난다
전등 심야어	전등심야어

6) 보상무 무도홀기(寶相舞 舞圖笏記)

[그림 19] 〈보상무〉
『순조무자진작의궤』
≪부편≫〈정재도〉

---

48) 관도(官渡) : 관아에서 관리하던 나루터.
49) 사냥(謝娘) : 당나라 재상 이덕유의 기녀. 용모가 뛰어나 아름다운 기녀를 가리킨다.
50) 전등(剪燈) : 다 타버린 등잔의 심지를 잘라내는 것을 말함.

① 『무동각정재무도홀기』

```
                奉筆봉필              奉花봉화
                朴好吉박호길          鄭興綠정흥록

                        盤桶반통

                  舞무              舞무

               金允成김윤성         韓奇福한기복
               李順童이순동         金黃龍김황룡
               金斗喜김두희         李應根이응근
```

[무동 초입 배열도]

◎ 樂奏致和平之曲[鄕唐交奏](악주치화평지곡[향당교주])
　음악은 치화평지곡을 연주한다.
◎ 樂師帥盤桶奉擧舞二人入置於殿內而出(악사수반통봉거무이인입치어전내이출)
　악사가 반통을 받든 무동 2인을 거느리고 들어와 전내에 두고 나간다.
○ 1拍 : 舞六人分左右作隊舞進而立盤桶前 樂止 唱詞
　　　　(무육인분좌우작대무진이립반통전 악지 창사)
　　　　무동 6인이 좌우로 나뉘어 대열을 만들고 춤추며 나아가 반통 앞에 선다.
○ 2拍 : 竝小退而立[樂師執抛入於殿中左右分置而出]
　　　　(병소퇴이립[악사집포입어전중좌우분치이출])
　　　　나란히 조금 물러선다[악사가 채구를 들고 들어와 전내의 중앙에 좌우로 나누어 두고 나간다]
○ 3拍 : 第一隊舞進而立[二隊三隊並斂手而立](제일대무진이립[이대삼대병렴수이립])
　　　　제1대가 춤추며 나아와 선다[2대 3대는 손을 모으고 서 있는다]
○ 4拍 : 奉毬起立(봉구기립)
　　　　채구를 들고 일어선다.
○ 5拍 : 舞作相對相背舞進舞退(무작상대상배무진무퇴)
　　　　춤추며 서로 마주보고 서로 등을 지며, 앞으로 나왔다가 뒤로 물러나며 춤춘다.

○ 6拍 : 左手負背右手執毬歡弄盤中(좌수부배우수집구환롱반중)
　　　왼손을 뒷짐지듯 등에 대고, 오른손으로 공을 잡고 보상반을 가운데 두고 즐겁게 희롱한다

○ 7拍 : 左隊先投盤上桶若入中則其隊並舞作 樂師奉花挿頭而出 若不中則卽斂手而立 樂師奉筆而進點墨於右腮而出(좌대선투반상통약입중칙기대병무작 악사봉화삽두이출 약불중칙렴수이립 악사봉필이진점묵어우시이출)
　　　좌대가 먼저 반 위의 통에 던진다. 만약에 통에 들어가면 그 대(隊)는 나란히 춤추고 악사가 꽃을 들고 들어와 머리에 꽂아주고 나간다. 만약에 통에 들어가지 않으면 손을 모으고 서 있는데, 악사가 붓을 들고 들어와 뺨에 먹을 찍고 나간다.

○ 8拍 : 舞退[三隊後立](무퇴[삼대후립])
　　　춤추며 물러 난대3대 뒤에 선대

○ 9拍 : 第二隊三隊如上儀節次如一隊同(제이대삼대여상의[절차여일대동])
　　　제 2대와 3대도 같은 의식으로 한다.[절차는 1대와 같대]

○ 10拍 : 舞六人舞進(무육인무진)
　　　무동 6인이 춤추며 나아간다.

○ 11拍 : 舞退 樂止(무퇴악지)
　　　춤추며 물러나면 음악이 그친다.

② 『여령각정재무도홀기』 고종(高宗) 광무 5년 신축(辛丑) 1901년

奉筆봉필 醫女 竹心 의녀 죽심	奉花봉화 醫女 姸研 의녀 연연
盤桶반통	
舞무	舞무
尙方[51] 楚雲 상방 초운 醫女 月喜 의녀 월희 醫女 錦娘 의녀 금낭	醫女 桃紅 의녀 도홍 醫女 玉燕 의녀 옥연 醫女 彩喜 의녀 채희

[여령 초입 배열도]

◎ 樂奏泰寧之曲[鄕唐交奏](악주태녕지곡[향당교주])
　음악은 태녕지곡을 연주한다.
◎ 樂師帥盤桶奉擧女二人入置於殿內而出(악사수반통봉거무동이인입치어전내이출)
　악사가 반통을 든 무기(舞技) 2인을 거느리고 들어와 전내에 두고 나간다.
○ 1拍 : 舞六人分左右作隊舞進而立盤桶前 樂止 唱詞
　　　　(무육인분좌우작대무진이립반통전 악지 창사)
　　무기(舞妓) 6인이 좌우로 나뉘어 대열을 만들어 춤추며 나와서 반통 앞에 서고, 음악이 그치면 창사를 한다.

　　翠幕華筵耀瑞日　　비취빛 장막 화려한 대자리에 상서로운 해가 비치고
　　취 막 화 서 요 서 일
　　綺羅三隊好新粧　　비단옷 입은 3대(隊)[52]가 곱게 새단장 하였도다.
　　기 라 삼 대 호 신 장
　　訖　　　　　　　　마친다.
　　흘

○ 2拍 : 竝小退而立[樂師執拋入於殿中左右分置而出]
　　　　(병소퇴이립[악사집포입어전중좌우분치이출])
　　나란히 조금 물러선대악사가 채구를 들고 들어와 전내의 중앙에 좌우로 나누어 두고 나간다.
○ 3拍 : 第一隊舞進而立[二隊三隊並斂手而立](제일대무진이립[이대삼대병렴수이립])
　　제1대가 춤추며 나아와 선다.[2대 3대는 손을 모으고 서 있는대]
○ 4拍 : 跪弄毬(궤농구)
　　무릎꿇고 공을 잡는다.
○ 5拍 : 奉毬起立 樂止 唱詞(봉구기립 악지 창사)
　　공을 잡고 일어서면 음악이 그치고, 창사를 한다.

　　五雲樓閣聞仙樂　　오색 구름 속 누각에서는 신선의 음악이 들리고
　　오 운 누 각 문 선 악

---

51) 상방(尙方) : 왕의 옷을 만드는 상의원에서 바느질하는 관비를 침선비라 한다. 상방(尙房) 기생은 내의원과 혜민서의 의녀인 약방(藥房) 기생과 함께 궁중 연회에서 정재를 담당하였음. 1895년에 상의사(尙衣司)로 1905년에 다시 상방사(尙房司)로 개칭되었다.
52) 삼대 (三隊) : 『무자진작의궤』의 악장에는 천대(千隊)되어 있음

百寶闌干拂霓裳　　갖은 보화로 장식한 난간에 무지개 춤옷이 나부끼네
訖　　　　　　　　마친다.

○ 6拍 : [鄕唐交奏]([향당교주)
　　　향당교주를 연주한다.
　　　舞作相對舞進舞退(무작상대무진무퇴)
　　　춤추며 서로 마주보고 서로 등을 지며, 앞으로 나왔다가 뒤로 물러나며 춤춘다.

○ 7拍 : 左手負背右手執毬歡弄盤中(좌수부배우수집구환롱반중)
　　　왼손을 뒷짐 지듯 등에 대고, 오른손으로 공을 잡고 보상반을 가운데 두고 즐겁게 희롱한다.

○ 8拍 : 左隊先投盤上桶若入中則其隊並俛伏起舞 樂師奉花揷頭而出 若不中則鞠斂手而立 樂師奉筆而進點墨於右隊左頰左隊右頰而出(좌대선투반상통약입중칙기대병면복기무 악사봉화삽두이출 약불중칙국렴수이립 악사봉필이진점묵어우대좌협좌대우협이출)
　　　좌대가 먼저 반 위의 통에 던진다. 만약에 통에 들어가면 그 대(隊)는 나란히 엎드렸다가 일어나 춤추고 악사가 꽃을 들고 들어와 머리에 꽂아주고 나간다. 만약에 통에 들어가지 않으면 손을 모으고 서 있는데, 악사가 붓을 들고 들어와 우대면 왼쪽 뺨에, 좌대면 오른쪽 뺨에 먹을 찍고 나간다.

○ 9拍 : 第一隊舞進而立(제일대무진이립)
　　　제 1대가 춤추며 나아와 선다.

○ 10拍 : 第二隊如上儀 樂止 唱詞(제이대여상의 악지 창사)
　　　제 2대가 앞의 의례와 같이 한다.

錦帳初開彩袖色　　비단 장막 처음 여니 채색 옷소매 선명하고
玉簾且捲繡毬香　　옥 발을 걷어 올리자 수놓은 공 향기나네
訖　　　　　　　　마친다.

○ 11拍 : [鄕唐交奏]([향당교주)
　　　향당교주를 연주한다.

- 12拍 : 節次如前隊同(절차여전대동)
  절차는 앞의 대(隊)와 같다
- 13拍 : 舞六人舞進(무육인무진)
  무기(舞妓) 6인이 춤추며 나아간다.
- 14拍 : 舞退 樂止(무퇴악지)
  춤추며 물러나면 음악이 그친다.

7. 향령무(響鈴舞) / 옥련환(玉聯環)

1) 주석(註釋)

- 이 이하는 정재만 올리고 노랫말을 창하지 않았기 때문에 기재하지 않는다.
- 당(唐)나라 때 ≪연악(燕樂)≫ 〈법곡(法曲)〉에 "동발상화지악(銅鈸相和之樂)"이 있었는데, 우리 조정의 향악이 모방하여 사용했다. 금령(金鈴) 열 개를 나누어 좌우의 손에 묶어 박자에 맞추어 손뼉을 치면서 돌면 소리가 나는데, 이름을 향령(響鈴)이라고 한다.
- 무동 1인이 앞에 서고 1인은 뒤에 서고, 4인은 두 대(隊)가 되어 그 뒤에 선다.
  각각 방울을 좌우의 손가락에 매달고 모두 북향하여 음악의 박자에 맞추어 향령을 흔들면서 춤을 춘다.

2) 악장(樂章) 없음

3) 의주/차비/복식

구분(區分)	내용(內容)
의주(儀註)	細吹作玉聯環呈響鈴舞進別味于殿下 王妃前 세취가 옥련환을 연주하고 향령무를 춤추면 전하와 왕비에게 별미를 올린다.
정재차비(呈才差備)	○ 무(舞) : 진대길, 신삼손, 신광협, 김명풍, 진계업, 김형식
복식(服飾)	아광모, 녹라포/백질흑선중단의, 홍질남선상, 홍한삼, 학정대, 흑화

4) 춤 : 향령무(響鈴舞)

향령무(響鈴舞)는 여섯 명이 '品' 자 모양으로 벌여 서서 각각 두 손에 방울인 향령(響鈴)을 들고 장단에 맞추어 흔들어 소리를 내며 춤을 춘다.

『순조무자진작의궤』에 향령무의 악장이 없어 어떤 가사가 노래로 불렸는지 모르지만 『정재무도홀기』에 의하면 무동 정재에서는 무두사(務頭詞)가 노래하였고, 여령 정재에서는 무두사(務頭詞)·중박사(中拍詞)·미후사(尾後詞)를 노래하였다.

무원(舞員) 6인이 2인이 일대(一隊)가 되어 품(品)자 모양으로 벌려 서서 각각 두 손에 방울을 들고 가곡의 계락 가락에 맞추어 세 번 반복하여 부르고, 장단에 따라 방울을 흔들고 뿌리면서 춤을 추는데, 무용적인 면에서는 변화가 적고 동작이 간단한 춤이다. 이 춤에 나오는 무두사(務頭詞)·중박사(中拍詞)·미후사(尾後詞)의 세 가지 창사 가운데에서 1930년대에는 순조(純祖) 어제(御製)인 무두사만 부르며 춤을 추었다.

향령무 초연은 1982년 4월 7일 국립국악원 주최 "궁중무용발표회"에서 국립극장 대극장에서 김선홍의 재현안무로 〈수명명〉, 〈곡파〉, 〈연백복지무〉, 〈침향춘〉, 〈아박무〉 등과 함께 공연되었다.

[사진 30] 〈향령무〉, 1982년

【우리 고대사 이야기】

- 천부인(天符印)

　우리 민족 역사상 최초의 임금이자 제사장(무당)이었던 단군왕검(檀君王儉), 그의 아버지 환웅(桓雄)이 천상에서 지상으로 내려올 때 천제(天帝) 환인(桓因)에게서 받은 천부인(天符印) 세 가지가 청동검, 청동거울과 청동방울인데, 거울은 만물을 비쳐보는 물건이니 세상을 바르게 살펴본다는 의미이고, 방울은 소리를 내는 물건이니 백성의 소리를 자상히 듣는 것을 의미하며, 검(檢)은 생사여탈의 도구로 통치권을 상징한다.
　한마디로 "보고 듣고 다스리는 도구"가 바로 천부인의 상징인 것이다. 이것이 오늘날 무당의 무구(巫具)에서는 삼지창, 부채(또는 명두), 방울로 변용되기는 했으나, 굿판을 통해 천부인이 천손(天孫)인 우리가 받았던 하늘의 징표임을 다시금 확인하길 바란다.
　가장 원시적 제의(祭儀)에서 추어진 춤사위의 흔적이 무당의 춤사위나 살풀이 등으로 오롯이 남아 있는 몸짓으로, 우리 민족의 신화와 역사, 그리고 민족 종교를 전하고 있음을 알아야 한다.
　굿에서 방울소리는 강신(降神)에 사용되거나 방울을 울려 사악한 기운을 쫓는 벽사(僻邪) 의식을 수행하거나 의례의 권위를 높이려는 목적에 사용되었다.

5) 음악 : 옥련환(玉連環)

　옥련환은 향령무의 반주 음악 악곡명인데, 역시 송사(宋詞)에는 없는 악곡명이지만 중국의 춘추전국시대 강대국 진(秦)나라와 약소국 제(齊)나라 간에 있었던 "옥련환의 고사(古事)"를 알고 있었던 효명세자는 이 고사를 통해 자신이 비록 대리청정의 권력이기는 하나 어떤 문제의 핵심과 해결할 방법 등, 군주로서의 능력이 있음을 왕실 가족과 안동김씨 세력들에게 보여주고자 한 악곡명이라고 볼 수 있다.
　왕실 가족만의 조촐한 연회에 계속해서 새로운 노래와 춤이 이어지는데 효명세자의 설명도 있지 않았겠는가? 과연 어떠한 설명을 하였을지 궁금하다.

음악은 염불타령(念佛打令)으로 관악영산회상의 제6곡으로 일명 옥련환지곡(玉連環之曲)이라고도 부른다. 가인전목단·무고·보상무(寶相舞)·포구락(抛毬樂) 등 정재의 무용음악에 쓰인다. 장단은 6박 도드리장단이고, 악기 편성은 향피리·대금·해금·당적·장고·좌고 등이다.

【중국 역사 이야기】

옥련환(玉連環)의 고사(古事)

중국 춘추시대에 가장 강력한 진(秦)나라는 주변국을 침략하여 영역을 넓힐 때 동쪽 끝에 있던 제(齊)나라를 침공하고자 하였을 때 재상 범수(范睢)가 제(齊)나라의 왕후 태사씨가 범상치 않은 인물임을 알고, 소양왕에게 아뢰기를 사신을 통해 "옥련환"을 보내 그녀의 지혜를 시험하기를 청하였다.

옥련환(옥장 장주원 작)

진나라 사신이 제나라에 도착하여 왕후 태사씨에게 진나라 소양왕의 말을 전한다.

"제나라 사람으로서 능히 이 옥련환을 풀 수 있는 사람이 있다면, 우리 진니리는 제나라를 더욱 공경하겠소이다."

왕후는 진나라 사신이 지켜보는 가운데 옥련환을 신하들에게 내려주며 말했다.

"진나라 소양왕이 우리를 시험하기 위해 옥련환을 보냈소. 경들 중에 이 고리를 열수 있는 사람이 있으면 풀어보시오."

하나의 옥을 쪼아서 만든 옥련환을 무슨 수로 뺀단 말인가? 신하들이 전전긍긍하고 있을 때 왕후 태사씨가 한 시종에게 "쇠망치를 가지고 오너라." 말하고는 쇠망치를 가지고 오자 주저없이 옥련환을 내리쳐 옥련환의 고리를 끊어 버렸다.

왕후 태사씨가 진나라 사신에게 말말하기를,

"그대는 돌아가서 노부(老婦)가 이미 옥련환을 풀었다고 진왕에게 전하시오."

진나라 사신은 급히 돌아와 본 사실을 보고했다.

사신의 보고를 들은 범수는

"태사씨는 과연 여중호걸입니다. 제나라를 범하기 어렵습니다. 제나라와 결맹하옵고 서로 침략하지 마십시오."라고 간하였다. 가까운 나라는 공격하고 먼 나라는 교린한다는 범수의 "원교근공책(遠交近攻策)은 여기서 유래하여 오늘날까지 외교 전략으로 사용하고 있다.

【서양사 이야기】

– 고르디우스(Gordius)의 매듭

고르디우스의 매듭은 BC 800년 전 고대 국가인 프리기아의 왕 고르디우스 이야기에서 비롯된 것이다. 이 설화에 따르면, 마케도니아의 가난한 농부 고르디우스는 브리게스 왕가의 후손이었다. 어느 날 고르디우스는 자신의 소달구지에 독수리가 내려앉는 것을 보고 나중에 자신이 왕이 될 징조라고 생각했다.

그 무렵 프리기아는 왕이 없어 혼란을 겪고 있었다. 프리기아인들은 언제 자신들에게 왕이 나타날지를 신탁에 물었다. 그러자 이제 곧 소달구지를 타고 신전으로 오는 사람이 왕이 될 것이라는 답이 돌아왔다. 이에 프리기아의 주민들은 소달구지를 타고 들어오는 고르디우스를 새 왕으로 삼았다.

프리기아의 왕이 된 고르디우스는 새 도시 고르디온을 건설하여 프리기아의 수도로 삼았고, 그를 왕으로 만들어준 소달구지를 고르디온의 신전에 바쳤는데, 이 때 그는 소달구지를 아주 복잡한 매듭으로 신전 앞에 묶어 두었다. 그리고 이 매듭을 푸는 사람이 아시아의 왕이 되리라는 신탁을 남기게 된다. 이에 매듭을 풀기 위해 수많은 영웅들이 도전했으나 모두 실패하고 말았다.

이후 수백 년이 흘러 프리지아 원정에 나선 알렉산더(Alexander) 대왕은 고르디우스의 매듭에 얽힌 이야기를 듣고 제우스 신전을 찾아가게 된다. 알렉산더 대왕도 많은 시도 끝에 매듭이 풀리지 않자, 허리에 차고 있던 칼로 매듭을 잘라 버렸고 이후 실제로 아시아를 정복하게 된다.

한편, 또 다른 설에 따르면 알렉산더 대왕이 매듭을 풀지 않고 끊어버린 탓에 그의 제국은 얼마 가지 못하고 잘려진 매듭처럼 갈기갈기 분열되었다고 한다.

고르디우스의 매듭은 콜럼부스의 달걀과 함께 언뜻 복잡해 보이는 문제를 뜻밖의 방식으로 간단히 해결하는 것을 이르는 말로 쓰인다.

6) 향령무 무도홀기(響鈴舞 舞圖笏記)

[그림 20] 〈향령무〉
『순조무자진작의궤』
≪부편≫ 〈정재도〉

① 『무동각정재무도홀기』

	舞무 吳水山오수산	
	無무 韓奇福한기복	
舞무 李順童이순동		舞무 朴鳳南박봉남
舞무 金億萬김억만		舞무 金黃龍김황룡

[무동 초입 배열도]

◎ 樂奏玉連環之曲[界樂](악주옥련환지곡[계락])
　음악은 옥련환[계락]을 연주한다.
○ 1拍 : 舞六人斂手足蹈而進(무육인염수족도이진)
　　무동 6인이 손을 여미고 족도하면서 나온다.
○ 2拍 : 捧心四次樂止(봉심사차악지)
　　봉심을 4번하면 음악이 그친다.

| 玉殿搖宮奏管絃 列神仙
  옥전요궁주관현 열신선 | 옥전요궁에 관현이 연주되고 신선들 늘어섰는데, |
| 鳳衫麟帶扡香烟 舞翩翩
  봉삼인대타향연 무편편 | 봉황무늬 적삼과 기린무늬 띠에서 향내음 날리며 너울너울 춤추네 |
| 惟願從今君王壽 永齊天
  유원종금군왕수 영제천 | 오직 원하는 건 군왕께서 오래 사시어 길이 하늘과 길이 함께 하시고 |
| 春風澹蕩百花前 萬年年
  춘풍담탕백화전 만년년 | 봄바람이 온갖 꽃 앞에서 살며시 불어 만만년 지속되는 것이라네 |

○ 3拍 : 雙拂(쌍불)
　　　두 손을 동시에 부린다.
○ 4拍 : 左小轉(좌소전)
　　　왼쪽으로 조금 돈다.
○ 5拍 : 右小轉(우소전)
　　　오른쪽으로 조금 돈다.
○ 6拍 : 合蟬(합선)
　　　두 손을 앞으로 둥글게 모으고 향령을 친다.
○ 7拍 : 左打場(좌타장)
　　　왼손에 든 향령(방울)을 흔든다.(향령을 든 왼손으로 왼쪽 다리를 친다)
○ 8拍 : 右打場(우타장)
　　　오른손에 든 향령(방울)을 흔든다.(향령을 든 오른손으로 오른쪽 다리를 친다)
○ 9拍 : 左呈手(좌정수)
　　　왼팔을 옆으로 펴 든다.

○ 10拍 : 右呈手(우정수)
　　　　오른팔을 옆으로 펴 든다.
○ 12拍 : 合呈手(합정수)
　　　　두 손을 합하여 든다
○ 13拍 : 斂手足蹈而退惡地(염수족도이퇴악지)
　　　　두 손을 모으고 족도하며 물러나면 음악이 그친다.

② 『여령각정재무도홀기』 고종(高宗) 광무5년 신축(후표 1901)

```
                        舞 무
                     醫女 桃紅 의녀 도홍

                        無 무
                     醫女 暎月 의녀 영월

           舞 무                         舞 무
        醫女 月色 의녀 월색            醫女 玉葉 의녀 옥엽
           舞 무                         舞 무
        醫女 月出 의녀 월출            醫女 錦娘 의녀 금낭
```

[여령 초입 배열도]

◎ 樂奏天保九如之曲[界樂](악주천보구여지곡)[계락]
　　음악은 천보구여지곡(계락)을 연주한다.
○ 1拍 : 舞六人斂手足蹈而進(무육인염수족도이진)
　　　　무기 6인이 손을 모으고 족도하면서 나온다.
○ 2拍 : 尺腰四次樂止(척요사차악지)
　　　　척요[53]를 네 번한다. 음악을 그친다
○ 3拍 : (界樂)並左右垂手隨樂節響鈴唱務頭詞([계락]병좌우수수수악절향령창무두사)
　　　　계락을 연주한다

---

53) 척요(尺腰) : 척요가 무엇인지 모르나 현재는 향령을 울림.

모두 좌우로 수수쌍불54)하고 악절에 맞추어 향령을 울리며 무두사를 노래한다.

玉殿搖宮奏管絃 列神仙 옥전요궁에 관현이 연주되고 신선들 늘어섰는데,
옥전요궁주관현 열신선

鳳衫麟帶拕香烟 舞翩翩 봉황무늬 적삼과 기린무늬 띠에서 향내음 날리며
봉삼인대타향연 무편편 너울너울 춤추네

惟願從今君王壽 永齊天 오직 원하는 건 군왕께서 오래 사시어
유원종금군왕수 영제천 하늘과 길이 함께 하시고

春風澹蕩百花前 萬年年 봄바람이 온갖 꽃 앞에서 살며시 불어 만만년 지속되는
춘풍담탕백화전 만년년 것이라네

訖 마친다.
흘

○ 4拍 : 左小轉右小轉合蟬隨樂節響鈴唱中拍詞(좌소전우소전합선수악절향령창중박사)
      몸을 왼쪽으로 조금 돌리고, 오른쪽으로 조금 돌리면서 합선(合蟬)55)하고, 악절에 맞
      추어 향령을 울리며 중박사를 노래한다.

花暖瑤池敞繡屏 꽃들이 요지에 활짝 피어 수놓은 병풍처럼 둘러 있고
화난요지창수병

迥聞鸞吹下青冥 멀리 푸른하늘 아래에 난새 방울56)소리 들리네
형문난취하청명

飛瓊試舞新翻曲 비경57)이 새로운 곡에 맞추어 춤추는데
비경시무신번곡

連理雙環百子鈴 연이은 쌍고리에 온갖 방울 달려 있네
연리쌍환백자령

訖 마친다.
흘

○ 5拍 : 左打場右打場左呈手右呈手合呈手隨樂節響鈴唱尾後詞
      (좌타장우타장좌정수우정수합정수수악절향령창미후사)
      좌타장58) 우타장59)을 하고, 좌정수60) 우정수61) 합정수62)를 하고, 악절에 맞추어 향

---

54) 수수쌍불 : 두 팔을 어깨 양 옆으로 펼쳐들고 뿌려서 뒤로 내리는 동작.
55) 합선(合蟬) : 매미 날개와 같이 두 팔을 이마에 가져다 두 손을 모은 자세.
56) 난(鸞) : 천자가 타는 수레의 말고삐에 다는 방울.
57) 비경(飛瓊) : 서왕모를 모시는 선녀.

령을 울리며 미후사를 노래한다.

紫袖金鈴赴節催 _{자 수 금 령 부 절 최}	자주빛 옷소매 사이로 악절에 맞춰 금방울 흔드니
回風吹雪錦筵開 _{회 풍 취 설 금 연 개}	바람이 일고 눈발이 날리는 듯하고 화려한 연회를 여니
翔遙彩鳳乘雲至 _{상 수 채 봉 승 운 지}	아름다운 봉황 따라 날아올라 구름타고 이르고
抃學神鰲駕海來 _{변 학 신 오 가 해 래}	손뼉치며 신령스런 거북을 따라 바다를 건너 오네
拍裏萱芽呈北極 _{박 리 훤 아 정 북 극}	박 속의 원추리⁶³⁾ 싹을 북극에 드리고
曲中蘭葉長南垓 _{곡 중 난 엽 장 남 해}	곡중의 난초 잎새 남해에 영원하니
靑宮更作斑衣舞 _{청 궁 갱 작 반 의 무}	청궁⁶⁴⁾이 다시 얼룩옷⁶⁵⁾을 만들어 입고 춤추며
世世親擎萬歲杯 _{세 세 친 경 만 세 배}	해마다 만세를 기원하는 술잔을 친히 올리리라
訖 _흘	마친다

○ 6拍 : 斂手足蹈而退 樂止(염수족도이퇴 악지)
      두 손을 모으고 족도하며 물러나면 음악이 그친다.

---

58) 좌타장(左打場) : 향령을 든 왼손으로 왼쪽 다리를 친다.
59) 우타장(右打場) : 향령을 든 오른손으로 오른쪽 다리를 친다.
60) 좌정수(左呈手) ; 왼손을 들고 친다.
61) 우정수(右呈手) : 오른손을 들고 친다.
62) 합정수(合呈手) : 두 손을 들고 모아 친다.
63) 훤화(萱花) : 흔히 원추리 꽃이라고 하며, 망우초(忘憂草) 즉 근심을 잊게 해주는 풀이라고 한다. 한편, 집안의 북쪽 안채에 주부가 거쳐하며 뜰에 원추리를 많이 심어, 어머니를 훤당(萱堂)이라고 하니 효명세자가 어머니 순원왕후에게 바치는 악장에 의미가 있다.
64) 청궁(靑宮) : 오방색에서 청색은 동쪽을 상징하니 청궁은 곧 동궁(東宮)이요 동궁은 곧 세자를 말한다.
65) 반의(斑衣) : 반의는 얼룩진 옷을 말하는데 곧 나이 70이 되어도 어린아이 흉내를 내며 춤을 추어 노부모를 기쁘게 해 드렸다는 노래자(老萊子)가 입었던 색동옷을 말한다.

8. 예제 영지무(睿製 影池舞) / 성성만(聲聲慢)

1) 주석(註釋)

○ 『패문운부(佩文韻符)』에 "한(漢)나라 무제(武帝)가 망학대(望鶴臺)에서 달그림자가 연못 가운데 미녀의 그림자를 보고는 영아지(影娥池)라고 하였다."
○ 『도서집성(圖書集成)』의 ≪원씨액정기(元氏掖庭記)≫[66]에 황제가 일찍이 대궐 연못에 배를 띄웠는데, 그 사(詞)에 '밝은 달빛이여, 수면은 거울 같고, 달빛을 감상함이여, 항아의 그림자 잡네' 하였다."
○ 영지(影池)를 설치하는 데 모양은 네모난 연못과 같다. 무동(舞童) 3인이 영지의 앞에 있고, 3인은 영지 뒤에서 함께 마주하고 춤춘다.

2) 악장(樂章) : 예제영지(睿製影池)

影娥池[67] 水涵涵碧   찰랑대는 맑은 연못에 항아의 그림자 비추는데
영 아 지   수 함 함 벽

仙人弄波   신선께서 물결을 희롱하는구나
선 인 농 파

笙笛雲韶[68]   생황과 피리로 연주하는 임금의 음악에
생 적 운 소

樂舞婆娑   즐거운 춤을 추시는구나
낙 무 파 사

[竝唱]
 병 창

---

66) 원씨액정기 : 명(明)나라 때 도종의(陶宗儀)가 지은 책.
67) 영아지(影娥池) : 달나라에 사는 여신인 항아(姮娥)의 그림자가 비치는 연못이라는 뜻.
68) 운소(雲韶) : 황제의 음악인 "운문"과 순임금의 음악인 "대소"를 말함.

3) 의주/차비/복식

구분(區分)	내용(內容)
의주(儀註)	細吹作聲聲慢呈影池舞 進湯 세취가 성성만을 연주하고 영지를 올릴 때 탕을 올린다
정재차비 (呈才差備)	○ 무(舞) : 진대길, 진계업, 신삼손, 김형식, 김명풍, 신광협,
복식(服飾)	아광모, 벽라포, 백질흑선중단의, 홍질남선상, 학정대, 무우리 (※ 영지무와 같음)

4) 춤 : 영지무(影池舞)

영지무는 '영지(影池)'라는 네모난 연못의 이름을 따서 명칭을 삼은 정재이다. 따라서 무대 중앙에 설치한 영지를 중심으로 춤의 구성이 이루어진다. 연경당 잔치에서 무동(舞童) 6인이 추었다.

영지무(影池舞)는 한자 뜻처럼 인공 연못을 가운데에 두고 모여 추는 춤을 말하는데, 보름달이 뜨면 월궁(月宮)의 항아(姮娥)라는 선녀의 그림자가 연못위에 비치는 것을 볼 수 있다는 신화적 이야기가 담겨있는 춤이다.

예로부터 보름달에는 마치 선녀와 옥토끼 두 마리가 방아를 찧는 것과 같은 모습이 보인다고 생각했는데, 동양신화에서는 이 선녀를 항아(姮娥)라고 하고, 남편인 예(羿) 몰래 불사약을 혼자 먹고 달나라로 도망간 항아가 불사약의 부작용으로 흉하게 변한 모습을 고치기 위하여 약을 만들고 있는 옥토끼라고 전하고 있다.

따라서 영지(影池)는 '천상의 선녀가 사는 달나라'라는 동양의 이상향(理想鄕)을 지상에 구현해 낸 공연 구조물로서 결국 "불로장생(不老長生)"의 염원을 담은 상징물이다.

영지무를 창제한 효명세자는 영지무가 갖는 신비한 분위기를 표현하기 위해 제작에 많은 공을 들였으며, 사방 6자(180cm), 높이 1자 8푼(54cm)라는 정재 무구중 가장 큰 규모의 인공 연못 조형물인 영지(影池) 만들었다.

연못같이 만들어 안에 칠을 하고는 물을 넣는데, 그 둘레는 연꽃 잎사귀를 꽂아 장식한다. 연못 바깥쪽은 초록으로 채색을 하여 가운데에 게[69](蟹)를 그리고 좌우에 물고기[70] 모양을 새긴다. 연못 가운데는 목가산(木假山)이라는 나무로 된 산을 만들어 그 봉우리에는 학, 사슴, 탑 등을 올렸다.

영지(影池)는 조선 초기의 침향산(沈香山)을 효명세자가 차용하여 만든 무구(巫具)로 보이는데, 『악학궤범 권8』《향악정재 악기도설》에서 침향산의 제작 방법을 설명하기를 "나무판자로 산 모양을 만들고, 전면·후면에 피나무(椵木)로 봉만(峰巒)71)을 조각하여 붙이고, 사탑(寺塔)·승불(僧佛)·미록(麋鹿, 고라니와 사슴) 등 여러 가지 모양을 만들어 산골짜기에 깃들이고 모두 색칠한다. 전면에는 지당(池塘)과 난간(欄干)을 설치하고, 좌우에 꽃병을 놓고, 온 떨기의 모란(비단으로 만든 꽃)을 꽂는다. 그 안에 큰 연화통(蓮花筒)을 설치하고, 밑에는 바퀴통(輪筒) 넷을 달아 침향산을 끌 수 있게 한다."라고 되어 있다.

다만 그 규격이 쓰여 있지 않아 크기를 알 수 없지만, 조선 초기부터 왕이나 왕비가 능이나 온천에 행차 후 궁으로 돌아올 때에 혜정교72)나 광화문 앞에 침향산을 설치하여 기생들이 노래와 춤으로 환영하였다.

『세종실록』에 의하면 소헌왕후가 온천을 다녀올 때 "교방(敎坊)에서 가요(歌謠)를 드리어 아뢰는 기생이 침향산을 이끌어 행하므로, 왕비가 연(輦)을 멈추고 구경하였다."73)하고,

『단종실록』에 의하면 문종과 현덕왕후의 신주를 종묘에 부묘(祔廟)74)하고 환궁할 때 일본인(日本人) 64인도 또한 순청(巡廳)75) 길 서쪽에 차례로 서있었다. 연(輦)이 광화문(光化門) 밖에 이르니, 좌우의 채붕(彩棚)에서 온갖 희롱을 다 지었으며, 여기(女妓, 449)와 우인(優人, 450)도 함께 근정전(勤政殿) 뜰로 들어갔고, 연(輦)은 근정문(勤政門)에 머물러 두어 사람들이 보게 하였다."76)고 하며,

『광해군일기』에 보면 침향산 좌우에 100명의 기생이 나누어 서야 하는데 기생이 70명밖에 없고 기생이 입을 홍초의상이 50벌 밖에 없어 인원을 50명으로 줄여야 한다"77)고 장악도감에서 아

---

69) 게(蟹) : 게 등딱지는 갑옷(甲)과 같으므로 장원급제를 상징한다.
70) 어(漁) : 물고기는 임금과 신하간의 친밀한 관계인 수어지교(水魚之交)를 상징한다.
71) 봉만(峰巒) : 뾰족한 산봉우리 모양.
72) 혜정교 : 현재의 인사동 길은 경복궁에서 청계천으로 흘러 들어가는 하천을 복개한 것이다. 그래서 지금의 종로 1가 근처에 혜정교가 있었다.
73) 『세종실록 89권』, 세종 22년(1440) 4월 6일 정축 1번째 기사.
74) 부묘(祔廟) : 단종을 출산한 후 3일만에 현덕왕후가 사망하고 후에 문종이 사망하여 종묘에 신주를 합사함.
75) 순청(巡廳) : 조선시대에 야간 순찰을 맡아 보던 관아. 중구 순화동에 있었음.
76) 『단종실록 11권』, 단종 2년(1454) 7월 16일 을축 1번째 기사.
77) 광해군일기[중초본] 92권, 광해 7년(1615) 7월 23일 무진 2번째 기사.

되는 기록이 있다. 그런데 연산군 시절 흥청과 운평 등을 동원한 폐해가 컷 던지 인조(仁祖)는 반정 후 침향산을 혜정교 네거리에서 태워 버리라는 명을 내려 불태워 버렸다[78]. 불타는 침향산을 보고 백성들이 기뻐했다는 사실에 비추어 아마도 반정에 따른 민심을 얻기 위한 정치적 조치로 보인다. 여하튼 이 때 침향산을 불태운 이후 즉, 인조(仁祖) 이후에는 침향산이 사용되었다는 기록이 없으나 『악학궤범』에 있는 그 제도(製圖)는 효명세자에게 의해 영지(影池)를 만드는데 영감을 주었을 것이다.

 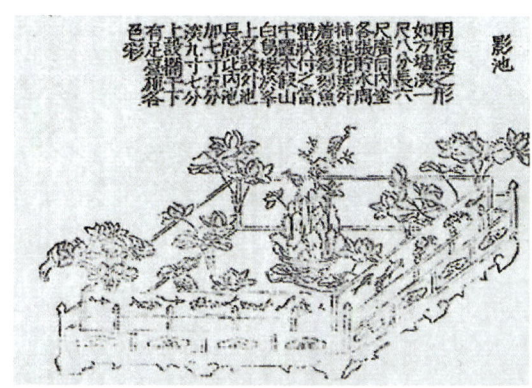

[그림 21] 침향산(왼쪽), 영지(오른쪽)

[사진 31] 〈영지무〉, 2004년 / 2012년

---

78) 『인조실록 1권』, 인조 1년 3월 25일 을묘 3번째 기사.

영지무는 1997년 4월 9~11일에 이흥구 안무로 초연되었고, 1999년 11월 25~26일 국립국악원 예악당에서 "궁중의 한나절 정취를 찾아서"라는 제목으로 공연되었는데, 이 때, 김천흥 고증·재현 안무를 하루미가 재구성하여 안무를 하였고, 이 때 처음으로 무동복식을 복원하여 〈무동 영지무〉를 추었다. 이 후 2004년 12월 24~25일 공연에는 하루미 구성으로 창사를 삽입하여 공연하였고, 2012년 6월 28~29일에 "정재 조선의 역사를 품다"에서 하루미 재구성 안무로 새롭게 선 보였다.

【동양신화 한편】

- 항아분월(嫦娥奔月) : 항아가 달로 도망가다

　항아(嫦娥)는 달(月)과 관련된 중국 신화 중에서 가장 널리 알려진 항아분월(嫦娥奔月)의 주인공이다. 요(堯) 임금이 나라를 다스리는 어느 날, 갑자기 10개의 태양이 떠서 식물은 말라죽고 인간은 숨도 못 쉬어 죽게 되자 백성은 요(堯) 임금을 찾아가 호소했고, 요(堯) 임금은 제단을 쌓고 천제(天帝)에게 호소하였다. 천제가 지상의 탄원을 듣고 활을 잘 쏘는 예(羿)를 보내 해결하도록 하였다.
　예(羿)는 지상에 내려와 곤륜산에 올라 활시위를 당겨 태양을 쏘았고, 9개를 떨구고 하나만 남겨 두었다. 이 때 떨어진 태양을 찾아가 보니 다리가 셋 달린 삼족오(三足烏)였다. 그런데 태양은 천제(天帝) 제준(帝俊)과 부인 희화(羲和) 사이의 10명의 아들이었던 것이다. 아홉 아들의 죽음에 화가 난 천제는 예와 항아를 천상에 돌아오지 못하게 하고 지상에 머물며 인간을 위하여 살게 하였다. 예는 세상을 두루 다니며 수많은 괴물들을 물리치며 인간을 도왔지만 지상에 사는고로 수명이 짧아지는 것을 알게 되자 곤륜산으로 서왕모를 찾아갔다. 서왕모는 예에게 불사약을 넉넉하게 주면서 반만 먹으면 지상에서 불로장생하고, 한꺼번에 먹으면 승천한다고 했다. 예는 불사약을 구해와 아내인 항아에게 자초지종을 말하고 나중에 함께 먹고 천상으로 돌아가자고 하고, 불사약을 맡기고 또다시 세상을 향해 떠나갔다. 집을 떠난 예를 기다리다 지친 어느 날, 항아는 갑자기 혼자라도 천상으로 돌아가고 싶다는 생각에 불사약을 꺼내 한꺼번에 먹어 버렸다. 약 기운이 퍼지면서 몸이 둥실 떠오르며 저절로 하늘로 올라가던 항아는 불현 듯 남편을 배신한 여자라는 비난이 두려워 하늘나라로 가지 못하고 월궁(月宮)에 가서 숨어 지낸다. 달에는 계수나무 한 그루와 흰토끼 두 마리 밖에 없었다. 항아가 달에 머무는 동안 불사약 과다 복용으로 인한 후유증이 나타나는데, 몸에 물집이 생겨 두꺼비처럼 변하는 것이었다. 그래서 항아는 약초를 캐다가 토끼에게 주고 절구에 빻게 하였다.
　한편, 집으로 돌아온 예(羿)는 항아가 없어진 것을 알고 낙심하는데, 항아를 그리워하는 마음으로 나날을 보내던 어느 보름날, 둥그렇게 뜬 보름달 속에 마치 항아가 보이는 듯하여 항아가 좋아하는 음식을 차리고 향을 피워 제(祭)를 지냈다. 예(羿)를 따르던 백성들도 항아가 달나라로 가서 여신이 되었다는 소식을 듣고, 달 아래 음식을 차려놓고 항아의 행복을 기원하였다고 하는데, 이것이 민간에서 이어져 내려오면서 중국의 중추절 기원이 되었다. 그런데 동양신화에서 예는 동이족이다. 동이족은 우리민족이니 항아는 우리민족의 며느리인 것이다.

【중국의 우주공정(宇宙工程)】

- 달 탐사계획 -

 2007년 10월 27일 중국은 자국의 최초의 달 탐사 위성 '창어 1호(嫦娥 1号)'를 발사하여 달 궤도에 성공적으로 진입시키자 "1,000년의 꿈이 이루어졌다"고 언론이 대서특필 하였다.
 고대부터 중국인들은 '항아가 달로 도망쳤다'는 뜻을 지닌 "항아분월(嫦娥奔月)"의 신화를 신봉하고 있었는데, 2004년부터 시작한 중국의 우주탐사 계획의 시작인 달 탐사 계획을 "항아공정(嫦娥工程)"이라고 명명한 것이다.
 2010년 10월 1일에는 '창어 2호(嫦娥 2号)'를 발사하여 달 표면의 고해상도 사진촬영을 성공하였고, 2013년 12월 14일에는 '창어 3호(嫦娥 3号)'를 달 앞면에 성공적으로 착륙시켰다. 창어 3호의 과제는 달 착륙으로 위투(玉兎, 옥토끼)라는 로봇을 달 표면에 착륙시키는 것이었다. 120kg의 위투 로봇은 3개월간 달표면에서 지질학적 연구를 수행하였다.
 2019년 1월 3일, 인류 최초로 달 뒷면에 착륙한 '창어 4호(嫦娥 4号)'는 지구에서 쏘아 올린 탐사선 중 달 뒷면에 착륙한 최초의 탐사선이다. 지구와 달의 자전 주기와 공전 주기가 약 27.3일로 같아 지구에서는 항상 달의 앞면만 보여 달의 뒷면은 전파가 미치지 않아 탐사를 하지 못한 미지의 장소로 지형이 험한데다 지구와 직접 통신을 할 수 없어 착륙이 불가능할 것으로 여겨졌었다.
 중국은 '창어 4호(嫦娥 4号)'를 발사하기 6개월 전에 통신 중계 위성 '췌차오(鵲桥)'를 쏘아 올려서 통신의 기술적 난제를 극복했는데, 췌차오(鵲桥) 위성을 달 뒷면과 지구를 동시에 바라보면서 양측 간에 정보를 교환할 수 있도록 한 것이다. 중국의 달 탐사선 "창어(嫦娥)"는 항아(嫦娥)로 불리는 달의 여신의 중국어 발음이다. 창어 3호의 탐사로봇 "위투(玉兎)"는 달에 산다는 옥토끼를 뜻하며, 창어 4호를 위한 중계위성 '췌차오(鵲桥작교)'는 견우와 직녀를 이어준다는 오작교를 뜻한다. "항아분월(嫦娥奔月)"이라는 고대 동양신화를 "항아공정(嫦娥工程)"이라는 달 탐사계획으로 스토리텔링(Storytelling)한 중국은 설화와 전설 속의 주인공들을 달 탐사와 연결해 국민의 관심과 호응을 이끌어 내었다.
 1969년 인류 최초로 달의 앞면에 착륙한 미국의 우주선이 《그리스·로마 신화》에 나오는 태양의 신(神)인 "아폴로(Apollo)"의 이름을 빌린 반면에 50년 뒤인 2019년에 인류 최초 달의 뒷면에 착륙한 중국의 우주선의 이름은 동양신화에 나오는 달의 여신인 "항아(嫦娥)"이다.
 앞은 양(陽)이요 뒤는 음(陰)인데 이 또한 절묘하다.

5) 음악(音樂) : 성성만(聲聲慢)

영지무(影池舞)의 반주음악으로 연주되었던 성성만의 곡조는 알 수 없지만 성성만의 곡조에 얹혀진 가사(歌詞)중 최고로 손꼽이는 것은 중국 역사상 최고의 여류 사인으로 손꼽히는 남송(南宋)의 이청조의 사(詞)가 있다.

그녀의 성성만은 말년에 이르러 그녀가 혼자 힘으로 전란과 외로움을 치열하게 싸워온 인생여정을 담아낸 걸작으로 평가된다.

聲聲慢(성성만)

이청조(李淸照), 남송(南宋)

尋尋覓覓 冷淸淸 凄凄慘慘戚戚
심심멱멱 냉청청 처처참참척척

찾고 또 찾아봐도 차갑고도 맑기만 하고,
쓸쓸하고 비참하고 슬픔만 있네.

乍暖還寒時候 最難將息
사 난 환 한 시 후   최 난 장 식

따뜻했다 차가워지는 날씨,
몸조리하기 정말 어려워라.

三盃兩盞潭酒 怎敵他 晚來風急
삼 배 량 잔 담 주   즘 적 타   만 래 풍 급

두세 잔 맑은 술 마셔 봐도 어찌 감당하랴
저녁에 세찬 바람이 부는구나.

雁過也 正傷心 卻是舊時相識
안 과 야   정 상 심   각 시 구 시 상 식

기러기 지나가니 정말 마음이 아프니,
옛날 알고지낸 그 기러기인가 해서구나.

滿地黃花堆積 憔悴損
만 지 황 화 퇴 적   초 췌 손

땅에 가득 국화꽃잎 쌓여있어도,
시들어 초췌하여라.

如今有誰堪摘.
여 금 유 수 감 적

이제는 누가 나와 함께 저 꽃을 따리오.

守著窓兒 獨自怎生得黑
수 저 창 아   독 자 즘 생 득 흑

창문을 지키고 앉은 사람,
홀로 어찌 어둠을 맞으리오.

梧桐更兼細雨 到黃昏點點滴滴
오 동 갱 겸 세 우   도 황 혼 점 점 적 적

오동잎엔 가랑비까지 내려,
황혼녘까지 후두둑 떨어지네.

這次第, 怎一個愁字了得
저 차 제,   즘 일 개 수 자 료 득

지금의 이 처지,
어찌 "愁"자 하나가 어찌 표현할 수 있으랴.

6) 영지무 무도홀기(影池舞 舞圖笏記)

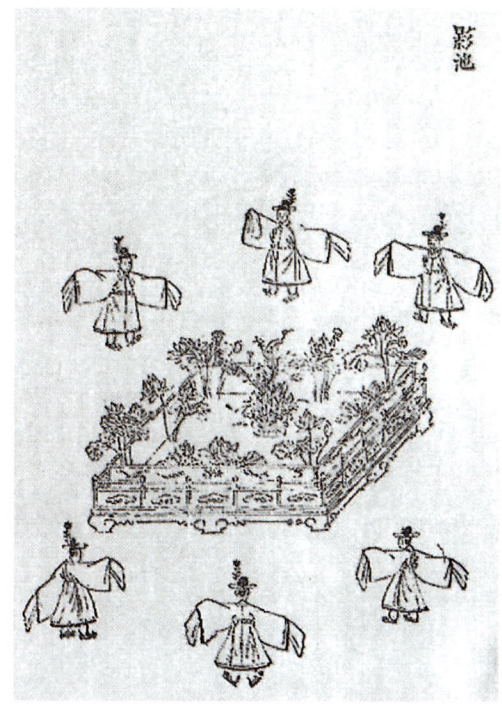

[그림 22] 〈영지무〉
『순조무자진작의궤』
≪부편≫ 〈정재도〉

① 『무동각정재무도홀기』

舞務	舞務	舞務	舞務	舞務	舞務
劉石範	朴好吉	成有相	金斗喜	李順童	崔德萬
유석범	박호길	성유상	김두희	이순동	최덕만

[무동 초입 배열도]

◎ 樂奏細浪漁吹之曲[鄕唐交奏](악주세랑어취지곡[향당교주])
　음악은 세랑어취지곡(향당교주)을 연주한다.

◎ 樂師帥影池奉擧舞童入置於殿內而出(악사수영지봉거무동입치어전내이출)
　　악사는 영지를 받든 무동을 인솔하여 전내에 두고 간다.

○ 1박 : 舞六人齊行舞進異立(무육인제행무진이립)
　　　　무동 6인이 일렬로 춤추며 나아가 선다.

○ 2박 : 舞六人分二隊左右回旋而舞[影池在中](무육인분이대좌우회선이무[영지재중])
　　　　무동 6인이 2대로 나뉘어 좌우로 회전하며 춤춘다.(영지를 가운데 두고 춤춘다)

○ 3박 : 舞二隊分東西北向進退而舞(무이대분동서북향진퇴이무)
　　　　무동 2대가 동서로 나뉘어 북향하여, 나아갔다 물러났다 하면서 춤춘다.

○ 4박 : 相向而舞(상향이무)
　　　　서로 바라보고 춤춘다.

○ 5박 : 相背而舞(상배이무)
　　　　서로 등지고 춤춘다.

○ 6박 : 各向影池而舞(각향영지이무)
　　　　각기 영지를 향하여 춤춘다.

○ 7박 : 垂手而舞(수수이무)
　　　　손을 드리우며 춤춘다.

○ 8박 : 舞作左右一轉而舞(舞作左右一轉而舞)
　　　　무작하며 좌우 한 번 돌면서 춤춘다.

○ 9박 : 並歡弄蓮花而舞(병환롱연화이무)
　　　　모두 기뻐 연꽃을 희롱하며 춤춘다.

○ 10박 : 以袖高低而舞(이수고저이무)
　　　　　소매를 높였다 낮췄다 하며 춤춘다.

○ 11박 : 舞二隊分南北向影池而舞(무이대분남북향영지이무)
　　　　　무동 2대가 남북으로 나뉘어 영지를 향하여 춤춘다.

○ 12박 : 左右回旋而舞(좌우회선이부)
　　　　　좌우로 회선하며 춤춘다.

○ 13박 : 還復初列而舞(환복초열이무)
　　　　　다시 처음의 배열로 돌아오며 춤춘다.

○ 14박 : 斂手足蹈(염수족도)

손을 모으고 족도한다.
- 15박 : 舞退 樂止(무퇴 악지)
  춤추며 물러나고 음악이 그친다.

9. 예제 박접무(睿製 撲蝶舞) / 만정방(滿庭芳)

1) 주석(註釋)

- 『연감유함(淵鑑類函)』[79]에 "≪성재시화(誠齋詩畵)≫에 당(唐)은 2월 15일을 화조일(花朝日)[80]이라고 하는데, 나비를 잡는 모임을 갖는다."
- 무동 1인이 앞에 있고 1인은 뒤에 있어서 전대(前隊)가 되고, 1인은 왼쪽에 있고 1인은 오른쪽에 있어 중대(中隊)가 되고, 1인은 앞에 있고 1인은 뒤에 있어 후대(後隊)가 된다. 모두 서로 등지고 춤춘다.

화조절(花朝節)은 중화민족 전통 명절 중 하나로 화신생일(花神生日), 백화생일(百花生日)이라고도 하며 이날에 집집마다 화신(花神)에게 제사를 지내고, 화신묘(花神墓)에 가서 향을 사르고 화신에게 복을 기원하고 꽃나무가 잘 자라도록 빌기도 하였다.

무리를 지어 교외로 나가 꽃구경을 하는데 이를 답청(踏靑)이라 하고, 아가씨들은 오색 색종이를 잘라 빨간 줄로 묶어 꽃나무에 붙이는데 이를 상홍(裳紅)이라고 한다.

특히 장족(壯族) 사람들은 화조일이 백화선녀가 내려 온 날이라 하여 목면나무 아래에 모여 축제를 즐기는데, 청춘남녀들은 전통의상을 입고 음식을 만들어 가지고 나온다. 또 이들은 연인을 위한 두건과, 새 신발, 그리고 예쁘게 수놓은 수구(繡球) 반드시 지참하는데 이 수구를 던져 사랑하는 연인에게 구애를 하는 풍습이 있다고 한다.

---

79) 『연감유함(淵鑑類函)』: 청(淸)나라 강희제 칙명에 따라 편찬된 백과사전으로 시문을 쓰는 데 도움을 주기 위해 편찬된 것이나, 고사전고(故事典故)를 찾는 데에도 편리하다.
80) 화조일 : 모든 꽃의 생일로 간주하여 '화조절'이라 하고 제(祭)를 지냄.

해가 지는 저녁 무렵에 수구를 목면나무 가지 위로 던지는데 수많은 수구가 던져지는 모습은 오색빛이 쏟아지는 것 같으며, 수구 던지기가 끝나면 나무위에 주렁주렁 매달린 수구로 인해 마치 선녀가 입은 무지개 치마처럼 보이기도 한다고 한다.

당(唐)나라는 2월 15일을 화조일(花朝日)이라고 하여 나비를 잡는 모임을 갖는다고 하고, "투화(鬪花)"라 하여 장안(長安)의 여인들이 머리 가득히 꽃을 꽂아 누구 머리 위의 꽃이 더 아름다운지 경쟁을 하였다고 한다. 당(唐) 현종(玄宗)은 봄이 되면 후궁들에게 머리에 아름다운 꽃 꽂기 경쟁을 시킨 다음에 직접 나비를 잡다가 그 나비를 날려 보내 그 나비가 앉는 후궁을 더욱 총애하였다고 한다.

2) 예제 악장(睿製 樂章)

彩蝶雙雙探春光 채 접 쌍 쌍 탐 춘 광	색동나비 쌍쌍이 봄빛을 찾아
花拂金翅撲 화 불 금 시 박	꽃을 스치며 금빛 날개 너울너울
隔珠簾美人 격 주 렴 미 인	주렴 안쪽 춤추는 미인은
一般花灼爍 일 반 화 작 삭	활짝 핀 꽃과 한가지라네

3) 의주/차비/복식

구분(區分)	내용(內容)
의주(儀註)	細吹作滿庭芳呈撲蝶舞 進茶 세취가 만정방을 연주하고 박접무를 올릴 때 차를 올린다
정재차비 (呈才差備)	○ 무(舞) : 진대길, 진계업, 신삼손, 김형식, 김명풍, 신광협,
복식(服飾)	아광모, 벽라포, 백질흑선중단의, 홍질남선상, 학정대, 무우리 (※ 보상무와 같음)

4) 춤 : 박접무(撲蝶舞)

범나비가 쌍쌍이 날아와 봄날의 정경을 음미한다는 뜻의 창사(唱詞)를 부르며 추는 춤으로 6인이 전대(前隊)·중대(中隊)·후대(後隊)로 둘씩 짝을 지어 춤을 추는데 전대는 두 사람이 앞에 나란히 서고, 중대는 전대와 후대 중간에서 좌우로 갈라서고, 후대는 뒤에 나란히 선다.

박접무는 범나비의 형상을 보여 주듯이 소매의 움직임이 많은 것이 특징으로 나비가 날개짓 하듯이 춤추는데 범나비를 수놓은 무복(舞服)이 독특하다.

나비는 한자어로는 호접(蝴蝶)·협접(蛺蝶)·접(蝶)이라 하는데, 『물명고(物名攷)81)』에 따르면, 그 날개를 접는 것을 모두 접(蝶)이라 하였으며, 접을 아(蛾 : 나방)와 구별하였다. 『본초강목(本草綱目)』82)에서는 나비는 수염이 아름답고 나방은 눈썹이 아름답다고 하였는데, 이것은 나비류의 곤봉 같은 더듬이를 수염으로, 나방류의 깃털 같은 더듬이를 눈썹으로 표현한 것이다. 우리가 흔히 호접(胡蝶)을 호접(虎蝶)으로 오해하여 호랑나비라고 하는데 호랑나비가 아니라 범나비라 불러야 한다. 지금도 정가에서 시조창으로 부르는 작자와 연대 미상의 시조가 있다.

나비야 청산 가자 범나비야 너도 가자
가다가 날 저물면은 꽃 속에서 자고 가자
꽃에서 푸대접커든 잎에서라도 자고 가자

나비에 관한 속신(俗信)은 나비의 종류에 따라 다르게 나타나는데, 이른 봄에 흰나비가 집안으로 들어오면 그 집에 초상이 난다고 하고, 제일 먼저 흰나비부터 보면 소복을 입게 된다고도 한다. 흰나비와 흰 상복이 연상되기 때문일 것이다.

한편, 이른 봄에 제일 먼저 범나비를 보면 좋은 일이 생긴다고 하고, 나비를 만진 손으로 눈을 비비면 눈이 먼다는 금기도 있다.

"호접몽(蝴蝶夢)"은 중국의 장자(莊子)가 꿈에 호랑나비가 되어 훨훨 날아다니다가 깨서는, 자기가 꿈에 호랑나비가 되었던 것인지 호랑나비가 꿈에 장자가 되었는지 모르겠다고 한 이야기에서

---

81) 물명고(物名攷) : 순조 때의 한글학자이며 ≪언문지(諺文志)≫의 저자인 유희(柳僖)가 1820년대 여러 가지의 물명(物名)을 모아 한글 또는 한문으로 풀이하여 만든 일종의 어휘사전.

82) 본초강목(本草綱目) : 중국 명나라 때의 본초학자 이시진(李時珍)이 엮은 약학서.

유래한다. 『장자(莊子)』〈제물론(齊物論)〉에 나온다.

박접무는 1981년 11월 19일 심무회가 주최한 "김천홍 무용생활 60주년 기념 무용발표회"로 문예회관 대극장에서 김천홍 재현안무로 국립국악원 무용단에 의해 초연되었고, 1982년 10월 13일 국립국악원 주최 "전통무용 발표회"로 국립극장 대극장에서 역시 김천홍의 재현 안무로 공연되었다. 1995년 3월 24일 "전통무용 발표회"에서 이흥구 재현안무, 하루미 지도로 공연되었다.

[사진 32] 〈박접무〉, 1999년 토요상설

【호랑이 이야기 1】

- 호랑이가 아니라 범이고, 호랑나비가 아니고 범나비다

일제 강점기 초에 사람에게 피해를 주는 야생동물을 포획하라는 총독부의 지침에 따라 대대적인 사냥이 이루어지는데, 이 때 주 대상이 맹수인 범(虎)과 이리 또는 늑대(狼)였다. 총을 메고 가는 포수들에게 사람들이 "어디가요?" 물으면 " 호랑(虎狼)이 사냥가요"라고 말했는데 이는 범이나 이리(늑대)를 잡으러 간다는 말이었다. 그런데 이것이 와전되어 범 = 호랑이로 둔갑된 것이다.

"백두산 호랑이"는 "백두산 범"으로 불러야 올바른 표현이다.

줄무늬인 범과 달리 점박이 무늬인 범을 표범이라 하고, 한자어로 해표(海豹)인 바다표범을 흔히 물범이라고 부른다.

그러므로 본래 의미에서 "호랑이"라는 말은 잘못 쓰이고 있는 것이다.

- 그 많던 조선의 범(虎)은 어디로 갔나?

1917년 11월 12일 조선의 경성에 나타난 일본의 억만장자 야마모토 다다시부로는 자비 8만 원(현재의 약 13억 원)을 들여 떠들썩한 행사를 하고 기록으로 남겼다. 이름 하여 『정호기(征虎記)』. 2019년 3월 24일 "TV쇼진품명품"에 나타나 그 실체가 드러났다.

조선팔도의 포수들을 모아 3명 1조에 몰이꾼 10여 명을 붙여 8개의 정호군(征虎軍) 만들어 전라도, 경상도, 함경도로 파견하여 범 사냥을 하였다. 표면상으로는 "민가에 폐를 끼치는 맹수를 잡는 사냥"이었지만 속내는 달랐다. 한 달 후 범 2마리와 표범, 반달가슴곰 등 다양한 전리품을 들고 나타난 야마모토는 조선인 환영인파속에서 의기양양했고, 일본으로 돌아간 그는 1920년 12월 20일 도쿄 제국호텔에 유명인사 200여 명을 불러 조선의 진귀한 식재료로 성대한 만찬을 열었는데, 그 때의 메인 요리는 토마토소스를 곁들인 함경남도 "범고기"였다.

연회장 연단에 오른 야마모토는 비로소 속내를 밝힌다. "일본 남아의 담력을 보여주자. 올해는 조선의 범을 모조리 잡고, 내년에는 러시아의 곰을 잡자"

이후 일본의 범 사냥은 계속되었고, 일제강점기 동안에 조선의 범은 멸종되었다.

5) 음악 : 만정방(滿庭芳)

만정방은 박접무의 반주음악으로 향당교주로 연주한다. 송(宋) 사패명(詞牌名)으로 쇄양대(鎖陽臺), 만정상(滿庭霜)이라고도 하며, 그 곡조는 알 수 없지만 쌍조(雙調) 95자로 되어 있다. 만정방(滿庭芳)이란 "꽃향기가 정원에 가득하다"라는 뜻이니 나비가 꽃을 찾아 날아오는 것은 당연하겠고, 향기가 가득한 만큼 나비 또한 그 숫자가 적지 않을 터이니, 정원에는 꽃과 나비가 가득하여 봄날의 정취가 더할 나위 없으리라. 효명세자가 박접무의 반주 음악 명칭을 만정방이라고 한 것은 너무도 당연해 보인다. 만정방 사(詞)로 가장 유명한 것이 소식(蘇軾)의 만정방이며, 조선의 학자들도 만정방이란, 제목으로 좋은 시들을 많이 남겼다.

滿庭芳(만정방)

소식(蘇軾), 송(宋)

歸去來兮 吾歸何處 귀거래혜 오귀하처	돌아가자, 나는 어디로 돌아가는가?
萬里家在岷峨 만리가재민아	고향은 만 리 밖의 아미산에 있다네.
百年强半 來日苦無多[83] 백년강반 내일고무다	인생 백 년의 반이 지나 남은 날이 참으로 많지 않구나
坐見[84] 黃州再閏 좌견 황주재윤	황주에서 앉아서 헛되이 윤년을 두 번 보냈는데
兒童盡楚語吳歌 아동진초어오가	아이들은 초나라 말을 하고 오나라 노래를 부르는구나.
山中友 雞豚社酒 산중우 계돈사주	산속의 친구들은 닭과 돼지고기에 술을 차려놓고
相勸老東坡 상권로동파	늙은 동파에게 서로 권하는구나.

---

83) 고무다(苦無多) : 참으로 많지 않다.
84) 좌견(坐見) : 앉아서 헛되이 세월을 보내다.

◇ 악곡명 : 만정방(滿庭芳)

紫霞小樂府(자하소악부)

신위(申緯), 조선 영조

昨夜桃花風盡吹　　지난 밤 복숭아꽃은 바람에 모두 떨어져
작 야 도 화 풍 진 취

山童縛箒凝何思　　아이는 빗자루 들고 무얼 생각하는고.
산 동 박 추 응 하 사

落花顔色亦花也　　떨어진 꽃 또한 꽃잎에는 틀림없으니
낙 화 안 색 역 화 야

何必苔庭勤掃之　　하필 이끼 낀 뜰을 부지런히 쓸어버릴 건 뭔가.
하 필 태 정 근 소 지

滿庭芳(만정방)

정민교(鄭敏僑), 조선 숙종

"간밤에 부던 ᄇᆞ름 만정 도화 다 디거다.
아히ᄂᆞᆫ 뷔를 들고 쓰로려 ᄒᆞᄂᆞᆫ괴야.
낙환들 고지 아니랴 쓰러 므슴 ᄒᆞ리요"

【호랑이 이야기 2】

- 조선은 범(虎)의 나라였고, 범(虎)사냥 부대가 있었다.

『조선왕조실록』 전체에 범(虎)에 관련 기록은 937회였고 피해자는 3,989명이었다.

태조(太祖) 때는 경복궁 근정전 뜰 안에 호랑이가 들어왔고, 선조(宣祖) 때는 창덕궁에서 범(虎)이 새끼를 낳기도 했다.

범(虎)으로 인한 피해가 극심해 조정은 범(虎) 사냥부대를 따로 만들었는데, 이를 착호갑사(捉虎甲士)라 하였는데, 중앙의 착호갑사는 지원자들에게 호랑이와 표범을 잡게한 후 누가 먼저 창이나 활을 쏘았는지, 몇 마리나 잡았는지 살펴 성적에 따라 뽑았다.

지방의 착호갑사는 인기가 없어서 군사, 향리, 역리, 노비 가운데 지원자를 우선 뽑고, 지원자가 없으면 힘과 체격이 좋은 사람을 골랐다.

호랑이를 잡으면 관직을 올려주고 상을 주었기 때문에 착호갑사가 되는 것은 신분상승의 기회이기도 했다. 그리고 어가행렬시 그 위용을 드러내고자 착호갑사를 행렬의 앞과 왕의 어가가 있는 중앙에 배치해 왕을 호위하도록 하였다.

6) 박접무 무도홀기(撲蝶舞 舞圖笏記)

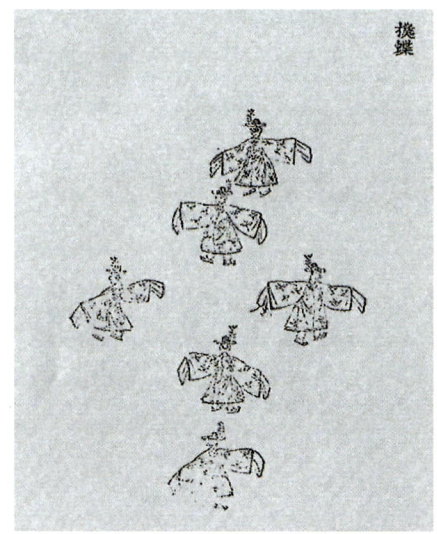

[그림 23] 〈박접무〉
『순조무자진작의궤』
≪부편≫ 〈정재도〉

① 『무동각정재무도홀기』

```
                    舞무
                  吳水山오수산

                    舞무
                  金黃龍김황룡
    舞무                              舞무
  金億萬김억만                        韓奇福한기복
                    舞무
                  朴鳳南박봉남

                    舞무
                  金允成김윤성
```

[무동 초입 배열도]

◎ 樂奏滿庭芳康[鄕唐交奏](악주만정방[향당교주])
　음악은 만정방(향당교주)을 연주한다.
　○ 1박 : 舞六人舞進而立(무육인무진이립)
　　　　무동 6인이 춤추며 나아가 선다.
　○ 2박 : 相背而舞(상배이무)
　　　　서로 등지고 춤춘다.
　○ 3박 : 相對而舞(상대이무)
　　　　서로 바라보고 춤춘다.
　○ 4박 : 分二隊南北相向而舞(분이대남북상향이무)
　　　　두 대로 나뉘어 남쪽과 북쪽이 서로 향하여 춤춘다.
　○ 5박 : 拂袖回旋齊行而舞(불수회선제행이무)
　　　　소매를 뿌리며 빙글빙글 돌고 나란히 줄 지으면서 춤춘다.
　○ 6박 : 舞作進退而舞(무작진퇴이무)
　　　　춤추며 나아갔다 물러났다 하면서 춤춘다.
　○ 7박 : 左右第一人出隊而舞(좌우제일인출대이무)

좌우 첫 번째 사람이 대(隊)를 나가며 춤춘다.

○ 8박 : 左右第二人隨前隊而舞(좌우제이인수전대이무)
　　　　좌우 두 번째 사람이 전대(前隊)를 따르며 춤춘다.

○ 9박 : 左右第三人隨二隊而舞(좌우제삼인수이대이무)
　　　　좌우 세 번째 사람이 두 번째 대(隊)를 따르며 춤춘다.

○ 10박 : 相向而舞(상향이무)
　　　　　서로 향하여 춤춘다.

○ 11박 : 分南北向外而背舞(분남북향외이배무)
　　　　　남쪽과 북쪽으로 나뉘어 밖을 향하여 등지고 춤춘다.

○ 12박 : 拂手歡轉齊行而舞(불수환전제행이무)
　　　　　소매를 뿌리고 즐겁게 몸을 돌리며 나란히 줄 지으며 춤춘다.

○ 13박 : 舞作飜袖而舞(무작번수이무)
　　　　　춤 동작으로 소매를 펄럭이며 춤춘다.

○ 14박 : 還復初列而舞(환복초열이무)
　　　　　처음 대형으로 돌아가 춤춘다.

○ 15박 : 向內而舞(향내이무)
　　　　　안쪽을 향하여 춤춘다.

○ 16박 : 擡袖而舞(대수이무)
　　　　　소매를 높이 들고 춤춘다.

○ 17박 : 還復其隊而舞(환복기대이무)
　　　　　각각 그 대(隊)를 바꾸면서 춤춘다.

○ 18박 : 向內而舞(향내이무)
　　　　　안쪽을 향하여 춤춘다.

○ 19박 : 擡袖而舞(대수이무)
　　　　　소매를 높이 들고 춤춘다.

○ 20박 : 還復其隊而舞(환복기대이무)
　　　　　다시 그 대(隊)로 돌아가면서 춤춘다.

○ 21박 : 俱北向而舞(구북향이무)
　　　　　함께 북쪽을 향하여 춤춘다.

○ 22박 : 舞進而立(무진이립)
　　　　 춤추며 나아가 선다
○ 23박 : 斂手足蹈(염수족도)
　　　　 손을 여미고 족도한다.
○ 24박 : 舞退樂止(무퇴악지)
　　　　 춤추며 물러나고 음악이 그친다

② 『외진연시무동각정재무도홀기』

```
              舞무
              李萬壽이만수

              舞무
              朴好山박호산

  舞무                    舞무
  吳石崇오석숭              金千萬김천만

              舞무
              成有相성유상

              舞무
              朴秀吉박수길
```

[무동 초입 배열도]

◎ 樂奏康衢煙月之曲[鄕唐交奏]([악주강구연월지곡]향당교주)
　　음악은 강구연월지곡85)(향당교주)을 연주한다.
○ 1박 : 舞六人舞進而立樂止唱詞 (무육인무진이립악지창사)
　　　　무동 6인이 춤추며 나아가 서면 음악이 그치고 창사를 부른다.

---

85) 계사년(1893) 『무동각정재무도홀기』에는 만정방(滿庭芳)을 연주한다고 되어 있음.

彩蝶雙雙探春光 _{채 접 쌍 쌍 탐 춘 광}	색동나비 쌍쌍이 봄빛을 찾아
花拂金翅撲 _{화 불 금 시 박}	꽃을 스치며 금빛 날개 너울너울
隔珠簾美人 _{격 주 렴 미 인}	주렴 안쪽 춤추는 미인은
一般花灼爍 _{일 반 화 작 삭}	하나의 활짝 핀 꽃과 같다네
訖 _흘	마친다

○ 2박 : 奏前樂(주전악)
　　　　앞의 음악을 다시 연주한다
○ 3박 : 相背而舞(상배이무)
　　　　서로 등지고 춤춘다.
○ 4박 : 相對而舞(상대이무)
　　　　서로 바라보고 춤춘다.
○ 5박 : 回旋而舞(회선이무)
　　　　빙글빙글 돌면서 춤춘다.
○ 6박 : 分二隊南北相向而舞(분이대남북상향이무)
　　　　두 대로 나뉘어 남쪽과 북쪽이 서로 향하여 춤춘다.
○ 7박 : 拂袖回旋齊行而舞(불수회선제행이무)
　　　　소매를 뿌리며 빙글빙글 돌고 나란히 줄 지으면서 춤춘다.
○ 8박 : 舞作進退而舞(무작진퇴이무)
　　　　춤추며 나아갔다 물러났다 하면서 춤춘다.
○ 9박 : 左右第一人出隊而舞(좌우제일인출대이무)
　　　　좌우 첫 번째 사람이 대(隊)를 나가며 춤춘다.
○ 10박 : 左右第二人隨前隊而舞(좌우제이인수전대이무)
　　　　　좌우 두 번째 사람이 전대(前隊)를 따르며 춤춘다.
○ 11박 : 左右第三人隨二隊而舞(좌우제삼인수이대이무)
　　　　　좌우 세 번째 사람이 두 번째 대(隊)를 따르며 춤춘다.
○ 12박 : 相向而舞(상향이무)

서로 향하여 춤춘다.
- 13박 : 分南北向外而背舞(분남북향외이배무)
  남쪽과 북쪽으로 나뉘어 밖을 향하여 등지고 춤춘다.
- 14박 : 拂袖歡轉齊行而舞(불수환전제행이무)
  소매를 뿌리고 즐겁게 몸을 돌리며 나란히 줄 지으서 춤춘다.
- 15박 : 舞作飜袖而舞(무작번수이무)
  춤 동작으로 소매를 펄럭이며 춤춘다.
- 16박 : 還復初列而舞(환복초열이무)
  처음 대형으로 돌아가 춤춘다.
- 17박 : 向內而舞(향내이무)
  안쪽을 향하여 춤춘다.
- 18박 : 擡袖而舞(대수이무)
  소매를 높이 들고 춤춘다.
- 19박 : 還復其隊而舞(환복기대이무)
  각각 그 대(隊)를 바꾸면서 춤춘다.
- 20박 : 向內而舞(향내이무)
  안쪽을 향하여 춤춘다.
- 21박 : 擡袖而舞(대수이무)
  소매를 높이 들고 춤춘다.
- 22박 : 還復其隊而舞(환복기대이무)
  다시 그 대(隊)로 돌아가면서 춤춘다.
- 23박 : 俱北向而舞(구북향이무)
  함께 북쪽을 향하여 춤춘다.
- 24박 : 舞進而立(무진이립)
  춤추며 나아가 선다
- 25박 : 斂手足蹈(염수족도)
  손을 여미고 족도한다.
- 26박 : 舞退樂止(무퇴악지)
  춤추며 물러나고 음악이 그친다.

10. 침향춘(沈香春) / 청평악(清平樂)[86]

1) 주석(註釋)

○ 『연감유함』에 "당 현종이 모란을 침향정에 심고, 꽃이 활짝 피었을 때 이구년에게 명하여 금화전(金花箋)을 이백(李白)에게 하사하여 청평사를 지어 올리게 하였다."
○ 모란 꽃병 두 개를 앞에 설치하고 무동 2인이 각각 꽃병의 꽃 한 가지를 취하여 서로 마주보고 춤춘다.

2) 악장(樂章)

降色羅裳綠色襦 (강색라상녹색유)	진홍색 치마 녹색 저고리
沈香亭北理腰肢 (침향정북리요지)	침향정[87] 북쪽에서 몸단장을 하였구나
含風笑日嬌無力 (함풍소일교무력)	바람을 머금은 듯 해가 웃은 듯 사랑스러우니
恰似楊妃睡起時 (흡사양비수기시)	마치 잠에서 깨어난 양귀비 같구나

3) 의주/차비/복식

구분(區分)	내용(內容)
의주(儀註)	細吹作淸平樂呈沈香春舞 進揮巾 세취가 청평악을 연주하고 침향춘을 올릴 때 왕세자에게 휘건을 올린다
정재차비 (呈才差備)	○ 무(舞) : 진대길, 김형식
복식(服飾)	아광모, 벽라포, 백질흑선중단의, 홍질남선상, 학정대, 무우리 (※ 보상무와 같음)

---

86) 침향춘(沈香春) : 간혹 심향춘으로 표기하는 책들을 볼 수 있는데, 침향정을 말하므로 침향춘이 더 적절하다.
87) 침향정(沈香亭) : 장안의 동쪽에 있는 별궁인 흥경궁안에 있는 흥경지에 침향나무로 지은 정자로 현종과 양귀비가 자주 머물면서 음주가무를 즐기던 곳이다.

4) 춤 : 침향춘(沈香春)

침향춘 춤은 두 사람의 대무(對舞)로서 두 개의 모란화병(牡丹花瓶)을 가운데 두고 꽃을 어루만지고, 꽃 한 가지를 취하여 상대(相對)하며 춤춘다. 모란꽃 가지를 들고 춤을 춘다는 점에서 춤사위는 가인전목단(佳人剪牧丹)과 비슷하다.

침향춘을 혹자는 "봄향기에 젖어든다" 또는 "봄의 향기를 만끽하다"라고 해석하나 "침향정의 봄"으로 해석하는 것이 더 적절하다.

당(唐) 현종(玄宗)의 치세의 중심이었던 궁궐인 홍경궁의 남쪽에는 연꽃이 가득 자라는 용지(龍池) 또는 홍경지(興慶池)라 불린 호수가 있었고, 그 용지의 동쪽에 침향목으로 지어진 침향정이라는 정자가 있었다. 모란을 유난히 좋아하는 현종은 누각 주변에 모란을 비롯한 여러 꽃들을 심어 꽃들이 피고 지면서 아침에는 붉은색, 오후에는 푸른색, 저녁에는 노란색, 밤에는 흰색이 되었다고 한다.

모란은 그 꽃이 크고 화려하며 호화스러운 분위기로 부귀영화를 상징하며 화왕(花王) 또는 백화왕(百花王)으로 불린다. 현재까지도 중국인이 가장 좋아하는 꽃이 모란인데, 북송(北宋)의 정치가이자 문인인 구양수(歐陽脩)는 자신이 쓴 ≪낙양모란기(洛陽牧丹記)≫에서 "모란에 이르러서는 굳이 꽃 이름을 말하지 아니하고 바로 꽃이라고 한다. 그 뜻은 천하의 진정한 꽃은 오로지 모란뿐이다(至牧丹則不名 直曰花 其意謂天下眞花獨牧丹)"라고 최상의 예찬을 하여 중국인들은 모란꽃 아래에서 죽는 것을 꿈꿀 정도였다고 한다.

모란이 흐드러지게 핀 어느 봄날에 현종(玄宗)은 말을 타고 양귀비는 가마를 타고, 궁중악사인 이구년을 대동하여 침향정에 꽃구경을 나섰다. 황제와 양귀비가 꽃구경에 심취해 있는 것을 본 이구년은 이원(梨園)의 악공들에게 악기를 가지고 오게 하여 음악과 춤으로 흥을 돋우었다. 그 때 현종(玄宗)이 말하길 "사랑스런 귀비와 아름다운 꽃을 감상하는데 어찌 옛 노래를 연주한단 말이냐? 당장 이백(李白)을 불러 새로운 노래를 짓도록 하라"면서 이구년에게 금화전(金花錢)[88]을 주면서 이백을 불러오게 하였다.

어느 술집에서 취해 자고 있던 이백을 황급히 깨워 데려 왔는데, 아직도 잠이 덜 깬 이백이었지만 황제의 부름에 불려나와 붓을 들어 단숨에 ≪청평조사(淸平調詞)≫[89] 3수(章)의 새 노래를 지어

---
88) 금화전(金花錢) : 황금으로 만든 꽃.

올렸다. 이구년은 이백의 시에 감탄하여 즉석에서 곡을 붙여 노래하였고, 현종 역시 매우 기뻐하며 곡을 붙여 연주하도록 하고 자신도 반주에 맞춰 옥피리를 불었고, 양귀비는 서량(西涼)의 향기로운 술을 화려한 잔에 마시면서 가사를 음미하며 미소 지었다고 한다.

淸平調詞 其一 (청평조사 1수)

이백(李白), 당(唐)

雲想衣裳花想容	구름 보면 의상을 생각하고, 꽃을 보면 얼굴이 생각나네
운 상 의 상 화 상 용	
春風拂檻露華濃	봄바람이 살짝 불어 이슬 맺혀 더욱 곱네.
춘 풍 불 함 로 화 농	
若非群玉山頭見	군옥산[90] 위에서 만날 수 없다면
약 비 군 옥 산 두 견	
會向瑤臺月下逢	달 밝은 밤 요대[91] 아래서나 만나리라.
회 향 요 대 월 하 봉	

淸平調詞 其二 (청평조사 2수)

一枝紅艶露凝香	요염한 꽃 한 가지 이슬 머금어 향기로운데,
일 지 홍 염 노 응 향	
雲雨巫山枉斷腸	공연히 무산신녀[92]의 사랑을 애태우는구나.
운 우 무 산 왕 단 장	
借問漢宮誰得似	묻노니, 한나라 궁궐의 누구와 닮았는가,
차 문 한 궁 수 득 사	
可憐飛燕倚新妝	가여운 비연[93]이 새 단장한 모습인가나.
가 련 비 연 의 신 장	

---

89) 청평조사 : 청평조는 악곡명이고, 사(詞)는 노래가사이다.
90) 군옥산(群玉山) : 신녀(神女) 서왕모(西王母)가 산다는 옥돌로 된 산.
91) 요대(瑤臺) : 곤륜산(崑崙山)에 있다는 서왕모의 궁궐로 주(周)나라 목왕(穆王)이 서왕모를 만났다고 전함.
92) 무산신녀(巫山神女) : 전국시대 초(楚)나라 회왕(懷王)이 운몽(雲夢)의 고당관(高唐觀)에서 놀다가 낮잠을 자는데, 꿈속에서 한 여인이 나타나 잠자리를 같이 하고는, 자신은 무산(巫山)의 신녀(神女)로서 아침에는 구름이 되었다가 저녁에는 비가 되어 내린다고 말하였다. 왕이 아침에 일어나 보니 과연 그 말과 같아서, 묘당(廟堂)을 세우고 조운(朝雲)이라 이름 지었다고 한다.
93) 조비연(趙飛燕) : 한(漢)나라 성제(漢帝)의 첩(妾)으로 들어갔다가 용모가 뛰어나고 춤과 노래를 잘해 황제의 총애를 받아 황후(皇后)까지 올랐다. 본명은 조의주(趙宜主)였으나, 일화에 의하면 황제가 호수에서 베푼 선상연(船上宴)에서 춤을 추던 도중

清平調詞 其 三 (청평조사 3수)

名花傾國兩相歡 (명화경국양상환)	이름난 꽃⁽⁹⁴⁾과 미인⁽⁹⁵⁾ 모두 다 즐거우니
常得君王帶笑看 (상득군왕대소간)	군왕께선 언제나 웃음 띠고 보시누나.
解釋春風無限恨 (해석춘풍무한한)	봄바람에 눈 녹듯 한없는 근심을 풀어버리며
沉香亭北倚闌干 (침향정북의난간)	침향정의 북쪽 난간에 기대어 섰네.

청평조사(清平調詞) 제 1수는 양귀비의 아름다운 자태를 모란꽃에 비유하였는데, 하늘의 채색구름을 곁에 있는 양귀비의 의상으로 생각하고, 화려하게 핀 모란을 양귀비의 얼굴로 생각하고 표현하여, 양귀비의 외모에 대한 찬사를 쏟아내고 있다.

현종(玄宗)과 양귀비 두 사람이 사랑을 나누는 장소로 군옥산(羣玉山)과 요대(瑤臺)를 제시하여 양귀비를 강림한 여신에 비유하고 있다.

제 2수에서는 현종(玄宗)에게 최고의 총애를 받고 있는 양귀비에 대해 서술하고 있는데, 전국시대 초(楚)나라 회왕(懷王)과 무산신녀의 고사를 통해 회왕이 신녀 때문에 애간장을 태웠던 일을 거론하며, 현종(玄宗)의 양귀비에 대한 무한한 마음을 표현하였다. 또한 한(漢)나라의 최고 미인이었던 조비연(趙飛燕)이 온갖 단장을 한다 해도 양귀비와 견줄 수 없음을 피력하면서 양귀비의 아름다움을 극찬하고 있다.

제 3수는 모란꽃을 감상하는 양귀비를 정자의 난간에 기대어 보면서 저절로 미소를 짓고 있는 현종(玄宗)을 표현하면서 정치에서 벗어나 총비(寵妃)와 함께하는 군왕(君王)의 흡족한 심리 상태를 묘사하였다.

한편, 조선 세종(世宗)때의 문신 서거정(徐居正)이 남긴 『사가집(四佳集)』에 〈이백의 청평조를 읽으며〉라는 시가 있다.

강풍이 불어 가냘픈 몸이 바람에 날리자, 황제가 그녀의 발목을 잡아 물에 빠지는 것을 막았다. 그러나 비연은 그 상황에서도 춤추기를 멈추지 않고 임금의 손바닥 위에서 춤을 추었다하여 "날으는 제비"라는 별명을 얻게 되어 조비연(趙飛燕)으로 불리었다. 가냘픈 몸매와 뛰어난 가무(歌舞)는 당대 최고의 찬사를 받았다고 전해진다.

94) 명화(名花) : 모란꽃을 말함.
95) 경국(傾國) : 나라를 기울게 할 만큼 뛰어난 미색을 갖춘 여인을 말하는데, 결국 양귀비를 말함.

讀李白淸平調(독이백청평조)

서거정(徐居正), 조선 세종

風流誰似謫仙才	풍류로 치면 그 누가 이백의 재주만 하겠는가
풍류수사적선재	
天子呼來醉似頹	천자가 불렀을 때 취해서 쓰러질 지경이었네
천자호래취사퇴	
高調淸平擅今古	고아한 청평조는 지금까지 으뜸이어라
고조청평천금고	
沈香亭北木丹開	침향정 북쪽에 모란이 피었다네
침향정북목단개	

서거정 역시 청평조 고사에 대하여 잘 알고 있었다.

현종(玄宗)과 양귀비는 침향정에 핀 봄꽃을 감상하고 있는데, 그중 가장 요염한 것이 모란이다. 늦봄에 이르러 여러 겹의 큰 꽃이 피는 찬란한 모란은 풍만하고 요염한 양귀비와 흡사하여 양귀비와 비교하기에는 더 없이 좋은 소재이다. 현종에게는 양귀비가 모란이었고, 모란이 양귀비였다. 모란의 아름다움과 양귀비의 미모를 견준 것은 중국의 시인뿐만 아니었다. 고려 최고의 문장가이자 시인인 이규보(李奎報)의 "목작약(木芍藥)"이라는 시(詩)를 보자.

木芍藥(목작약)

이규보(李奎報), 고려(高麗)

香露低霑昭夜車	향기로운 이슬 소야거96)를 적시며
향로저점소야거	
一枝輕拂曉風斜	한 꽃가지 가볍게 흔들리며 새벽바람에 비켜있네
일지경불효풍사	
禁園桃梨渾無色	금원의 복사꽃 오얏꽃은 모두 무색한데
금원도이혼무색	
獨敵宮中解語花	홀로 해어화97)를 대적한다네
독적궁중해어화	

---

96) 소야거(昭夜車) : 횃불을 밝힌 황제의 수레.
97) 해어화(解語花) : '말을 할 줄 아는 꽃'으로 현종이 양귀비를 지칭하는 말이었으나, 후대에는 기생을 지칭하는 용어가 되었다.

위 시는 『이백집(李白集)』에 실린 내용을 보고 이규보가 지은 것이다.

목작약을 침향정 앞에 심었는데, 꽃이 만개하자 현종(玄宗)이 소야거를 타고 양귀비는 보련(寶輦)을 타고 뒤 따랐다고 한다. 황제의 후원에 복사꽃, 오얏꽃 다 피었지만 오로지 모란만이 양귀비의 미색에 견줄 수 있다는 내용이다.

목작약(木芍藥)은 모란의 다른 이름으로 모란과 작약은 모습이 흡사하여 구별이 쉽지 않은데, 그래서 화왕(花王)인 모란을 닮은 작약을 꽃의 정승 이라는 의미로 "화상(花相)"이라고 부른다. 비록 꽃의 모습은 흡사하나 태생은 달라 모란이 목본(木本)이고, 작약은 여러해살이 숙근생(宿根生)으로 겨울에는 풀처럼 줄기가 완전히 시들었다가 봄에 새싹이 새로 나는데, 모란 보다는 조금 늦게 핀다. 창덕궁 낙선재 후원에 4월 중순경 가면 모란과 작약을 함께 볼 수 있다.

海棠(해당)

이규보(李奎報), 고려(高麗)

海棠眠重困欹垂	해당화가 잠이 깊어 곤하게 늘어졌으니
恰似楊妃被酒時	양귀비가 술에 취했을 때와 비슷하네
賴有黃鶯呼破夢	다행히 꾀꼬리가 울어 잠을 깨우니
更含微笑帶嬌癡	다시 미소를 머금고 교치를 떠네

양귀비는 술을 좋아하여 술에 취해 있을 때가 많았다. 어느 날 현종(玄宗)이 침향정에 올라 양귀비를 찾았는데 새벽에 마신 술이 깨지 않아 시녀의 부축을 받고 오는 모습을 보고, 현종(玄宗)이 말하길 "어찌 귀비가 술에 취한 것이겠는가? 해당화가 잠이 부족할 뿐이다"라고 하여 이로부터 해당화는 "술에 취해 잠든 미녀" 즉, 양귀비로 묘사하게 되었다.

침향춘은 1982년 4월 7일 국립국악원 주최 "전통무용발표회"에서 국립극장 대극장에서 김천흥의 재현안무로 1부에서 〈수명명〉, 〈곡파〉, 〈향령무〉가 공연되었고, 2부에서는 〈연백복지무〉, 〈생소병주〉, 〈평농〉, 〈침향춘〉, 〈아박무〉이 공연되었는데, 〈향령무〉와 〈침향춘〉은 초연이었다.

[사진 33] 〈침향춘〉, 1982년

5) 음악 : 청평악(淸平樂)

『고려사 권 제71』, ≪당악(唐樂)≫에 청평악을 설명하기를

"임금이 나라를 잘 다스려 그 은덕이 거룩하여 온 세상 태평하고 해마다 풍년 드네.
백성들은 끝없이 즐겁도다. 초목도 좋은 일 있을 징조 나타내고,
햇빛에도 오색 광채 보이며 달에는 중광이 어리었네.
선학도 날아오고 봉황새 나타나 온 나라 다 같이 임금의 만수무강 저마다 축원하네."

6) 침향춘 무도홀기(沈香春 舞圖笏記)

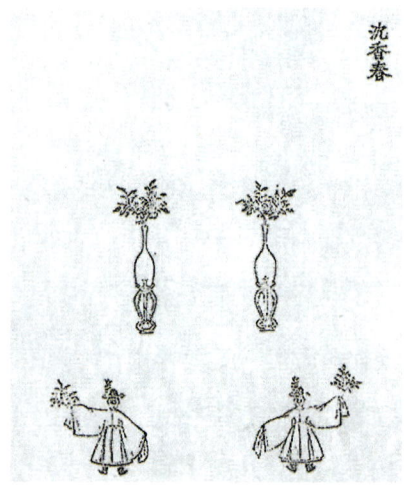

[그림 24] 〈침향춘〉
『순조무자진작의궤』
≪부편≫ 〈정재도〉

① 『무동각정재홀기』

舞무	舞무
韓奇福한기복	金億萬김억만

[무동 초입 배열도]

◎ 樂奏 喜新春之曲[鄕唐交奏](악주 희신춘지곡[향당교주])
　음악은 희신춘지곡(향당교주)을 연주한다.
◎ 樂師帥花瓶奉擧舞童二人入置於殿內而出(악사수화병봉거무동이인입치어전내이출)
　악사(樂師)가 화병을 받든 무동 2인을 거느리고 들어와 전(殿) 안에 두고 나간다.
○ 1拍 : 舞二人舞齊行舞進而立(무이인무제행무진이립)
　　무동 2인이 나란히 줄지어 춤추며 앞으로 나아가 선다.
○ 2拍 : 各各回旋而舞(각각회선이무)
　　각각 돌면서 춤춘다.
○ 3拍 : 相向而舞(상향이무)
　　서로 향하여 춤춘다.
○ 4拍 : 相背而舞(상배이무)
　　서로 등지고 춤춘다.
○ 5拍 : 換隊而舞(환대이무)
　　대열을 바꾸며 춤춘다.
○ 6拍 : 還復其隊而舞(환복기대이무)
　　자기 대열로 되돌아가며 춤춘다.
○ 7拍 : 左右旋轉而舞(좌우선전이무)
　　좌우로 돌며 춤춘다.
○ 8박 : 弄花而舞(농화이무)
　　꽃을 어우르며 춤춘다.
○ 9박 : 取花而舞(취화이무)
　　꽃을 취하여 춤춘다.

○ 10박 : 或背或面歡轉而舞(혹배혹면환전이무)
    혹은 등지며 혹은 마주하며 기뻐하며 춤춘다.
○ 11박 : 斂手足蹈(염수족도)
    손을 여미고 춤춘다.
○ 12박 : 舞退 樂止(무퇴 악지)
    춤추며 물러나고 음악이 멈춘다.

만당(晚唐) 시기의 시인 피일휴가 지은 목단(牧丹)이라는 시(詩) 때문에 모란을 "꽃중의 왕(百花之王)"으로 일컬어지게 되었으며, 이 모란을 빌려 일품(一品)의 관직과 최고의 지위를 나타내게 되었다.

牧丹(목단)

피일휴(皮日休), 당(唐)

落盡殘紅始吐芳 (낙진잔홍시토방)	다 떨어지고 남은 붉은 꽃잎에서 비로소 향기를 토해내는데
佳名喚作百花王 (가명환작백화왕)	아름다운 그 이름 꽃 중의 왕이라네
競誇天下無雙艶 (경과천하무쌍염)	천하무쌍의 아름다움을 서로 다투어서
獨占人間第一香 (독점인간제일향)	이 세상에 으뜸가는 향기를 홀로 차지하였네

『삼국유사(三國遺事)』에 신라의 선덕여왕이 당 태종(太宗)이 보낸 모란의 그림에 나비가 없는 것을 보고 그 꽃이 향기가 없다는 것을 알았다는 기록이 있다.

하지만 이는 선덕여왕의 지혜를 미화하기 위한 이야기일 뿐 실제로 모란은 향기가 있고 심지어 향기가 짙다. 그러면 왜 당 태종(太宗)이 보낸 그림에는 나비가 없었을까? 그것은 중국과 우리가 그림에 담긴 상징을 읽는 것이 다르기 때문이다. 모란은 풍성하고 화려한 꽃 모양 덕분에 중국이나 우리나라나 부귀를 상징한다.

나이 70세를 모(耄)라고 하고 80세를 질(耋)이라고 한다. 그런데 중국어로 늙은이 모(耄)와 고양이 묘(猫)가 발음이 같고, 늙은이 질(耋)과 나비 접(蝶)이 발음이 같다고 한다. 그래서 고양이와 나비를 함께 그린 그림을 "모질도(耄耋圖)"라고 하여 장수를 기원하는 의미로 그려서 선물한다.

그런데 모란과 나비를 같이 그리면 '80세까지 장수하고 부귀를 누리라'는 뜻이 되는데, 이 경우 부귀를 축원하는 뜻이 흐려지기 때문에 함께 그리지 않는다. 일반적으로 모란도나 모란 병풍의 그림에도 나비는 보이지 않는다.

【경국지색 이야기】

경국지색(傾國之色)이란 말은 한(漢)나라 무제(武帝) 때 궁정악사인 이연년이 자기의 누이를 황제에게 바치고자 ≪가인가(佳人歌)≫라는 노래를 지어 불렀는데, 무제(武帝)가 그 노래를 듣고 정말 그런 여인이 있는가 묻고, 이연년의 여동생을 불러들여 보니 과연 선녀처럼 아름다운지라 후궁으로 삼아 총애하였다고 한다.

『漢書』. ≪李夫人列傳≫

- 佳人歌(가인가) -

北方有佳人 북 방 유 가 인	북방에 아름다운 여인이 있어
絶世而獨立 절 세 이 독 립	세상을 벗어나 홀로 서 있네.
一顧傾人城 일 고 경 인 성	한 번의 눈길로 성이 기울고
再顧傾人國 재 고 경 인 국	다시 돌아보면 나라가 기운다네
寧不知傾城與傾國 영 부 지 경 성 여 경 국	어찌 성과 나라가 무너짐을 알지 못할까 만은
佳人難再得 가 인 난 재 득	아름다운 여인은 다시 얻기 어렵네.

11. 연화무(蓮花舞) / 천향(天香)

1) 주석(註釋)

○ 『도서집성』에 「악원(樂苑)」 우조(羽調)에 자지곡(柘枝曲)이 있는데, "두 여동(女童)이 고운 옷과 모자를 쓰고 금방울을 달았으며 손뼉을 치면서 돌리면 소리가 난다. 그들이 등장할 때 두 연화의 속에 숨어 있었기 때문에 연화무라 한다"
○ 연꽃 꽃병 6개를 설치하여 앞에 놓는다.
　무동 6인이 각각 꽃병의 꽃 한 가지를 취하여 좌우로 나뉘어 북향하여 춤춘다.

2) 악장(樂章)

荷葉羅裙一色栽 하엽라군일색재	연잎과 비단치마 한 색으로 마름질한 듯
芙蓉向臉兩邊開 부용향검양변개	연꽃은 뺨으로 향하여 양쪽으로 열리네
亂入池中看不見 난입지중간불견	어지러이 연못에 들어가서 쳐다봐도 안 보이더니
聞歌始覺有人來 문가시각유인래	노랫소리 듣고서야 비로소 사람있음을 알았네
[一變 唱詞] 일 변 창 사	
翠蓋紅幢曜日鮮 취개홍당요일선	비취빛 덮개 붉은 휘장 해에 빛나 고우니
西湖佳麗會羣仙 서호가려회군선	아름다운 서호에 많은 선녀들이 모였네
波平十里舖雲錦 파평십리포운금	잔잔한 물결 십리에 구름은 비단처럼 펼쳐졌는데
風度淸香趁畫船 풍도청향진화선	바람에 실려 온 맑은 향기 그림같은 배를 따르네
[二變 唱詞] 이 변 창 사	

紅白蓮花開共塘 _{홍백연화개공당}	붉은 연꽃 흰 연꽃 연못에 가득 피었는데
兩般顏色一般香 _{양반안색일반향}	색깔은 두 가지 이지만 향기는 하나라네
恰如漢殿三千女 _{흡여한전삼천녀}	마치 한나라 궁전에 있던 삼천 궁녀
半是濃粧半淡粧 _{반시농장반담장}	반은 농염하게 반은 담박하게 단장한 듯하네

[三變 唱詞]
_{삼 변}

위 3변 창사의 4구의 내용은 붉은 연꽃과 흰 연꽃을 비유한 것으로, 북송(北宋)의 시인이자 예술가, 정치가로 당송(唐宋) 8대가의 한 사람이기도 한 소식(蘇軾)은 흔히 소동파로도 불리는데, 그가 지은 서호(西湖)라는 시의 4구에 유사한 내용이 나온다.

西湖(서호)

소식(蘇軾), 북송(北宋)

水光瀲灩晴方好 _{수광염염청방호}	물빛이 반짝거려 맑은 날 좋더니
山色空濛雨亦奇 _{산색공몽우역기}	산색이 몽롱하니 비가 와도 또한 좋다.
欲把西湖比西子 _{욕파서호비서자}	서호를 서시(西施)[98]에 비유하니
淡粧濃抹總相宜 _{담장농말총상의}	엷은 화장[99]도 짙은 화장도 어울리는 것과 같다.

---

98) 서시(西施) : 오왕 부차에게 굴욕적인 패배를 맛보고 3년 동안 부차의 시중을 들다가 귀국한 월왕 구천은 와신상담하며 복수의 칼을 갈았다. 이때 범려와 문종 등이 미인계를 권유하여 미인을 찾던 중 문종이 서시를 발견해 궁으로 데려왔고, 춤과 노래 등을 가르친 후 오왕 부차에게 보냈다. 부차는 서시의 미색에 빠져 정사를 게을리 했고, 충신 오자서의 충고를 무시하고 결국 그를 자결하게 하는 등 오만한 정치를 일삼다가 결국 월왕 구천에게 망하고 말았다.

99) 화장법 : 기초화장만 한 것을 담장(淡粧), 진한 화장을 농장(濃粧), 요염한 화장을 염장(艷粧), 신부 화장을 응장(凝粧)이라 함.

3) 의주/차비/복식

구분(區分)	내용(內容)
의주(儀註)	細吹作天香樂呈蓮花舞 進饌盤 (進匙楪) 세취가 천향을 연주하고 연화무를 올릴 때 왕세자에게 찬반과 시접을 올린다
정재차비 (呈才差備)	○ 무(舞) : 진대길, 신삼손, 신광협, 김명풍, 진계업, 김형식
복식(服飾)	연화합립금주모, 녹라포, 백질흑선중단의, 홍질남선상, 학정대, 비두리

4) 춤 : 연화무

연꽃은 불교문화의 상징으로 생명·창조·왕생 등을 의미한다. 이에 따라 연꽃이 연화화생(蓮華化生) 사상을 표현한다고도 할 수 있다. 연화화생은 중생이 극락에서 연꽃을 통해 왕생한다는 것으로 우주만물이 연꽃에서 태어난다는 생명관이다.

불보살이 앉아 있는 자리를 연꽃으로 만들고 연화좌(蓮華座) 또는 연대(連臺)라 부르는 것은 사바세계(娑婆世界)[100]에 있어도 고결하고 청정함을 잃지 않는 불보살을 연꽃의 이런 속성에 비유한 결과이다.

세계연화사상은 불교에서는 연화화생으로 연결되었다, 모든 불·보살의 정토를 연화장세계라는 세계연화와 관련이 깊다, "정토(淨土)에서 나서 그 연태(蓮胎)에 들어가 모든 쾌락을 얻는다"라고 했는데, 연꽃을 연태라고 한 것은 염불로 아미타불의 정토에 왕생하는 사람이 모두 연꽃 속에서 화생하는 것이 마치 어머니의 자궁에서 태어나는 것과 흡사하기 때문에 그렇게 말한 것이다,

석가모니가 마야부인의 겨드랑이에서 태어나 일곱 발자국을 걸을 때, 발자국마다 연꽃이 피어났다고 하는 것은 연꽃이 화생(化生)의 상징물로 간주된 예이며, 사찰 벽화나 불단 장식 중에 동자가 연꽃 위에 앉아 있거나 연밭에서 놀고 있는 모습을 묘사하고 있는 것 또한 연꽃이 화생의 상징형임을 보여주는 예라고 한다.

라마교를 창시한 티베트 승려 '파드마삼바바'의 이름은 '연꽃에서 태어난 사람'이라는 뜻인데,

---

100) 사바세계(娑婆世界) : 불교에서 우리가 살고 있는 세계를 일컫는 말.

그것은 그가 연꽃에서 태어났다는 설화와 관련이 있다.

사람이 죽어서 극락세계에 왕생(往生)할 때에는 극락세계에 있는 연못의 연꽃 속에 가부좌(跏趺坐)한 모습으로 태어난다고 한다. 사람이 극락에서 태어날 때에는 먼저 오므라든 연꽃 속에 들어가게 되고, 연꽃이 피면서 비로소 화생(化生)하게 되는 것이다. 연꽃이 필 때에는 그 속에서 500가지 광채가 나와 몸을 비추고 눈이 뜨인다고 하며, 꽃이 열리면 아미타불이 관세음보살과 세대지보살을 거느리고 나타나 수행자를 영접하여 인도한다고 한다.

연화화생(蓮花化生)을 『무량수경(無量壽經)』에서는 "중생이 수명을 다하였을 때 무량수불과 여러 대중이 그 사람 앞에 나타나, 그 부처를 따라 그 나라에 왕생하여 바로 칠보의 연꽃 속에서 저절로 화생한다"고 이른다. 연화화생은 삼계(三界)의 육도윤회(六道輪廻)를 벗어나 연꽃을 통해 극락정토에서 왕생하는 기원을 의미한다. 연화화생의 심상은 현재 전해지는 불교관련 문화재나 고전문학 작품에 때때로 등장하기에 우리나라 사람들에게는 꽤나 익숙하다. 예를 들어 심청전에서 인당수에 몸을 던져 죽은 줄로 알았던 심청이 연꽃 속에서 다시 살아서 나타나는 장면도 연화화생의 변형으로 볼 수 있다.

연화대무에 사용되는 지당판(池塘板)은 연못을 만든 나무판으로 향악정재(鄕樂呈才)에 쓰인 무구(舞具)의 하나인데, 『악학궤범(樂學軌範)』권8에 의하면, 지당판의 제도(制度)는 침상(寢床)처럼 만든 나무들에 채색한다. 둘레에는 연꽃과 잎사귀를 꽂으며, 또 화병(花瓶) 일곱 개를 설치해 구슬을 갖춘 모란(牡丹)의 지화(紙花)를 꽂는다. 앞면에는 곧은 장대인 간(竿)에 칠보등롱(七寶燈籠)을 달고, 좌우에는 큰 연꽃통을 설치한다고 되어 있다.

지당판의 등(燈)은 칠보등·대등·칠성등의 세 개의 등으로 구성되어 있는데, 조선후기에는 네모 형태의 등에 지붕이 얹혀 있는 유옥방등(有玉方燈)으로 변화되었다. 등(燈)의 좌우에 설치된 대연화통은 연화대의 동녀(童女)가 숨어있는 장소이자, 학무와 연화대를 매개하는 역할을 하는 것으로, 지당판의 구성요소 중 유일하게 기능을 띠고 있다.

연화 안에 숨어 있던 동녀(童女)가 부르는 노래가 미신사(微臣詞)인데 내용은 아래와 같다.

"봉래(蓬萊)에 살다가 내려와 연꽃술에 태어났습니다
임금님의 덕화에 감동하여 이곳에 가무의 즐거움을 드립니다"

봉래산은 영주·방장산과 더불어 삼신산(三神山)으로 그 곳에 신선과 불사약이 있다고 한다.

중국의 유명한 성전(性典)인 『소녀경(素女經)』에는 삼황오제(三皇五帝)의 한 사람인 황제에게 "방중술(房中術)"을 통한 장수의 비법을 알려주는 "소녀(素女)", "현녀(玄女)", "채녀(采女)" 이야기가 나오는데, 연화대무에 나오는 "동녀(童女)" 역시 왕에게 불로장생의 비법을 알려주는 선계(仙界)의 사신(使臣)으로 동일한 의미로 보아야 한다.

당(唐) 현종(玄宗)이 8월에 대명궁의 태액지(太液池)에 1,000송이의 백련(白蓮)이 있었는데 그 중 몇 송이가 활짝 피었다. 황제는 양귀비의 친척들에게 잔치를 베풀고 이 연꽃을 감상했다. 좌우의 사람들이 모두 아름답다고 찬탄하자 현종은 양귀비를 가리키면서 "나의 해어화(解語花)와 어느 것이 더 아름다운가" 물었다. 해어화란 말을 이해하는 꽃이란 의미로 양귀비를 가리켰다. 이후로 해어화(解語花)는 흔히 미인(美人)을 일컫는 말이었으나 조선 후기에는 기생 또는 기녀를 지칭하는 말이 되었다.

[사진 34] 〈연화무〉, 2004년 / 2012년

연화무는 1997년 10월 23~24일 국립국악원 주최 "전통무용 발표회"에서 이흥구 재현안무로 초연되었고, 2001년과 2003년 우면당에서 "토요상설무대"에 하루미 재구성으로 공연된 바 있고, 2004년 12월 15~16일에는 "정재, 궁중무용의 원류를 찾아서"에서 여령 정재로 창사를 새로 삽입하여 하루미 재구성 안무로 공연되었다.

2012년 6월 28~29일의 기획 공연에서는 연화무의 녹라포 복식과 연화 합립이 복원 제작하고 하루미의 재구성 안무로 공연되었다.

5) 음악 : 천향(天香)

연화무의 반주음악 제목인 천향(天香)은 하늘의 향기라는 것인데, 하늘에서 내려진 것과 같은 향기로움을 지니고 나라 안에서 첫째가는 미인과 같이 아름다움을 지닌 꽃이라는 뜻이다.

천향국색(天香國色)은 문헌에 따라서는 국색천향이라고 하고 있는 곳도 있다. 국색은 나라 가운데서 가장 미인이란 뜻이고 흔히 경국지색이라고 표현하기도 한다.

당(唐) 현종(玄宗)이 모란꽃을 감상하며 즐기다가 "모란을 읊은 시 가운데 누구의 것이 가장 훌륭한가"라고 물으니 정수사(程脩巳)가 이정봉(李正封)의 다음 두 구절을 일러드렸다.

　　　國色朝酣酒　　나라에서 으뜸 미인의 얼굴엔 아침에도 술기운이 돌고
　　　국 색 조 감 주
　　　天香夜染衣　　천계의 맑은 향기가 밤에 옷에 스며드네
　　　천 향 야 염 의

첫 구는 양귀비가 술을 좋아해 항상 취해있는 것을 묘사하였다.

6) 연화무 무도홀기(蓮花舞 舞圖笏記)

[그림 25] 〈연화무〉
『순조무자진작의궤』
≪부편≫ 〈정재도〉

※ 연화무 무도홀기는 여령무도홀기가 없고 무동홀기의 무동이 달라 두 가지를 싣는다.

① 『무동각정재무도홀기』

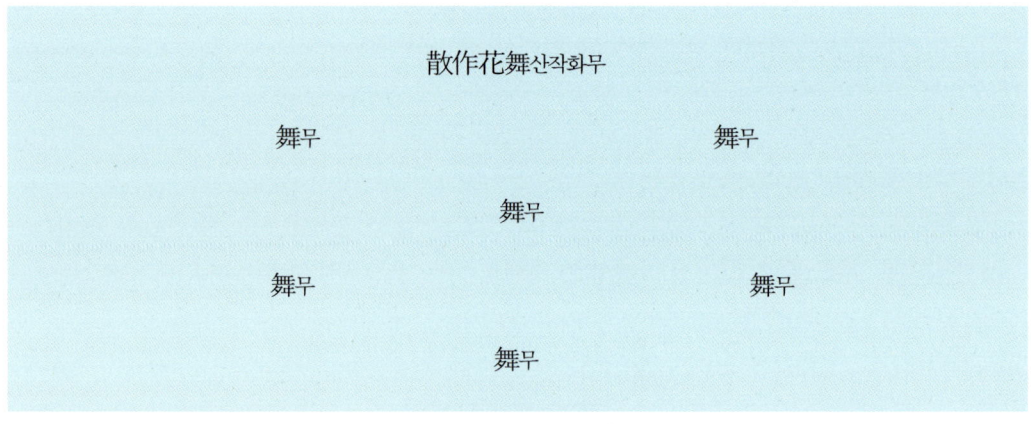

[무동 초입 배열도]

[무동 산작화무 배열도]

◎ 樂奏 天香鳳韶之曲[鄕唐交奏](악주천향봉소지곡[향당교주])
　음악은 천향봉소지곡(향당교주)을 연주한다.
◎ 樂師帥蓮花瓶奉擧舞童六人入置於殿內而出(악사수연화병봉거무동육인입치어전내이출)
　악사가 연화병을 받든 무동 6인을 거느리고 들어와 전(殿) 안에 두고 나간다.
　○ 1拍 : 舞六人舞齊行舞進而立(무육인무제행무진이립)
　　　　　무동 6인이 나란히 줄지어 춤추며 앞으로 나아가 선다.
　○ 2拍 : 右旋而舞(우선이무)
　　　　　오른쪽으로 돌면서 춤춘다.

○ 3拍 : 各各取瓶花而舞(各各取瓶花而舞)
　　　　각각 병에서 꽃을 취하여 춤춘다.
○ 4拍 : 散作花而舞(산작화이무)
　　　　꽃을 흔들며 춤춘다.
○ 5拍 : 相對而舞(상대이무)
　　　　서로 바라보고 춤춘다.
○ 6拍 : 轉懽拂轉而舞(전환불전이무)
　　　　기뻐하며 돌고 뿌리며 돌면서 춤춘다.
○ 7拍 : 齊行舞進(제행무진)
　　　　나란히 줄지어 춤춘다.
○ 8拍 : 斂手足蹈(염수족도)
　　　　손을 모으고 족도한다.
○ 9박 : 舞退樂止(무퇴악지)
　　　　춤추며 물러나면 음악이 멈춘다.

② 『외진연시무동각정재무도홀기』

舞무 黃雲龍 황운룡	舞무 金九日 김구일	舞무 金南山 김남산	舞무 金千萬 김천만	舞무 金泰山 김태산	舞무 成有相 성유상

[무동 초입 배열도]

散作花舞산작화무

　　舞무　　　　　　　　　　　舞무
　　　　　　　舞무
　　舞무　　　　　　　　　　　舞무
　　　　　　　舞무

[무동 산작화무 배열도]

◎ 樂奏 天香鳳韶之曲[鄕唐交奏](악주천향봉소지곡[향당교주])
　음악은 천향봉소지곡(향당교주)을 연주한다.
◎ 樂師帥蓮花甁奉擧舞童六人入置於殿內而出(악사수연화병봉거무동육인입치어전내이출)
　악사(樂師)가 연화병을 받든 무동 6인을 거느리고 들어와 전(殿) 안에 두고 나간다.
○ 1拍 : 舞六人齊行舞進而立樂止第一變唱詞(무육인제행무진이립 악지 제일변창사)
　　　　무동 6인이 나란히 줄지어 춤추며 앞으로 나아가 서고, 음악이 그치면 1변 창사를 노래한다.

　　荷葉羅裙一色裁　　　연잎과 비단치마 한 색으로 마름질한 듯
　　　하엽라군일색재
　　芙蓉向臉兩邊開　　　연꽃은 뺨으로 향하여 양쪽으로 열리네
　　　부용향검양변개
　　亂入池中看不見　　　어지러이 연못에 들어가서 쳐다봐도 안 보이더니
　　　난입지중간불견
　　聞歌始覺有人來　　　노랫소리 듣고서야 비로소 사람있음을 알았네
　　　문가시각유인래
　　訖　　　　　　　　　마친다
　　　흘

2拍 : 奏前樂(주전악)
　　앞의 음악을 다시 연주한다.
3拍 : 右旋而舞(우선이무)
　　오른쪽으로 돌면서 춤춘다.
4拍 : 各各取甁花而舞 樂止 第二變 唱詞(각각취병화이무 악지 제이변창사)
　　각각 병에서 꽃을 취하여 춤춘다. 음악이 그치면 2변 창사를 부른다.

　　翠蓋紅幢曜日鮮　　　비취빛 덮개 붉은 휘장 해에 빛나 고우니
　　　취개홍당요일선
　　西湖佳麗會羣仙　　　아름다운 서호에 뭇 선녀들이 모였네
　　　서호가려회군선
　　波平十里舖雲錦　　　잔잔한 물결 십리에 구름은 비단처럼 펼쳐졌는데
　　　파평십리포운금
　　風度淸香趁畵船　　　바람에 실려 온 맑은 향기 그림같은 배를 따르네
　　　풍도청향진화선
　　訖　　　　　　　　　마친다
　　　흘

○ 5拍 : 奏前樂(주전악)
　　　　앞의 음악을 다시 연주한다.
○ 6拍 : 散作花而舞(산작화이무)
　　　　꽃을 흔들며 춤춘다.
○ 7拍 : 相對而舞(상대이무)
　　　　서로 바라보고 춤춘다.
○ 8拍 : 轉懽拂轉而舞(전환불전이무)
　　　　기뻐하며 돌고 뿌리며 돌면서 춤춘다.
○ 9拍 : 齊行舞進而立 樂止 第三變唱詞 (제행무진이립 악지 제 3변창사)
　　　　나란히 줄지어 춤추며 앞으로 나아가 서고, 음악이 그치면 3변 창사를 부른다.

　　　紅白蓮花開共塘　　붉은 연꽃 흰 연꽃 연못에 가득 피었는데
　　　홍 백 연 화 개 공 당
　　　兩般顏色一般香　　색깔은 두 가지지만 향기롭기는 한가지라네
　　　양 반 안 색 일 반 향
　　　恰如漢殿三千女　　마치 한나라 궁전에 있던 삼천 궁녀
　　　흡 여 한 전 삼 천 녀
　　　半是濃粧半澹粧　　반은 농염하게 반은 담박하게 단장한 듯하네
　　　반 시 농 장 반 담 장
　　　訖　　　　　　　　마친다
　　　흘

○ 10拍 : 奏前樂(주전악)
　　　　앞의 음악을 다시 연주한다.
○ 12박 : 舞退樂止(무퇴악지)
　　　　물러나면 음악이 멈춘다.

12. 예제 춘앵전(睿製 春鶯囀) / 춘앵전무(春鶯囀舞)

1) 주석(註釋)

○ 『연감류함(淵鑑類函)』에 "당 고종(高宗)이 꾀꼬리 소리를 듣고 악공 백명달에게 명하여 음악으로 묘사하게 하였다."라고 하였다.
○ 돗자리를 설치하고, 무동 1인이 자리 위에서 진퇴(進退) 선전(旋轉)하면서 자리 위를 떠나지 않고 춤춘다.

2) 예제 악장(睿製 樂章)

俜停[101]月下步 빙 정 월 하 보	고운사 달빛아래 거닒이어
羅袖舞風輕 나 수 무 풍 경	비단 옷소매 바람에 나부끼네
最愛花前態[102] 최 애 화 전 태	꽃 앞의 자태가 참으로 사랑스러우니
君王任多情 군 왕 임 다 정	군왕께 다정을 맡기려 하네

---

[101] 빙정(俜停) : 『순조무자진작의궤』에는 사람인 변이 붙은 빙정(俜停)으로 쓰여 있으나, 『고종정해진찬의궤(1887)』과 『고종신축진찬의궤(1901)』에는 계집녀 변이 붙은 빙정(娉婷)으로 기록되어 있다. 춘앵전 악장의 "빙정월하보(俜停月下步)"와 춘앵전 정재용어인 "사사보(偨偨步)"는 일맥상통하는 단어이다. "비틀거릴 빙(俜)"과 "비틀거려 춤추는 듯한 모양 사(偨)"는 양귀비가 술이 떨 깬 채로 현종(玄宗)을 만나러 침향정으로 가는 모습을 묘사한 것이다.

[102] 화전태(花前態) : 『가곡원류(歌曲源流)』에는 "곳 앏히 섯는 態度 님의 情을 맛져셔라 아마도 舞中最愛는 春鶯囀인가 하노라"로 표현되어 있음. 한편, 꽃 앞에 서 있는 여인은 침향정에 피어 있는 모란을 보는 양귀비이다.

3) 의주/차비/복식

구분(區分)	내용(內容)
의주(儀註)	細吹作春鶯囀呈春鶯囀舞 進酒 樂止 세취가 춘앵전을 연주하고 춘앵전 춤을 올릴 때 왕세자에게 술을 올린다(악지)
정재차비 (呈才差備)	○ 무(舞) : 김형식
복식(服飾)	무동 : 아견모, 백질흑선천수의, 옥질흑선상, 녹사쾌자, 홍한삼, 오사대, 호화 여령 : 화관, 황초삼·홍초상, 초록하피, 홍단금수대, 오채한삼, 홍금수구, 초록혜

4) 춤 : 춘앵전(春鶯囀)

춘앵전은 무산향과 더불어 궁중 정재중 유이한 독무(獨舞)로서 1828년 6월 1일 연경당 진작에서 처음 나타난 정재로서 이전까지는 볼 수 없었던 완전히 다른 형식의 춤으로 무동 김형식에 의하여 최초로 추어졌는데, 효명세자의 예술적 재능이 가장 두드러지게 반영된 정재라 할 수 있다.

춘앵전은 이른 봄날 아침에 나뭇가지에서 노래하는 꾀꼬리의 자태를 무용화 한 춤이라는 것이 일반적인 해석으로, "길이 여섯 자의 제한된 화문석 위에서 한없이 느리게 추는 우아한 독무(獨舞)로서, 궁중무용 가운데서 가장 많은 춤사위와 시적인 용어를 가지고 있어서 가장 사랑받는 춤이다"라고도 설명하고 있다. 그런데 왜 돗자리 위에서만 춤을 추는 것일까? 라는 의문에는 "화문석은 꾀꼬리가 둥지를 틀고 있는 나무를 상징한다"라는 설명까지가 끝이었다. 화문석이 꾀꼬리가 둥지를 튼 나무를 상징한다는 것에는 이의가 없지만 그럼 효명세자는 "왜 꾀꼬리 춤을 만들었을까?"라는 의문에는 더 이상의 설명을 찾을 수 가 없었다.

혹자는 어느 봄날 버드나무가지에 앉아서 지저귀는 꾀꼬리 소리에 영감을 얻어서 효명세자가 만들었다고 하고, 또 어떤 사람은 봄날에 버드나무에 기대어 서 있는 순원왕후의 자태를 형상화 한 춤이라고 설명한다. 또 한편으로는 무용전문가가 아니면 절대로 안무할 수 없는 춤이라 하면서 효명세자의 창작설을 부인하는 사람도 있다. 하지만 이들의 주장은 모두 전거(典據)가 없어 신빙성은 없을 뿐더러 자칫 효명세자의 능력을 왜곡시킬 위험이 있다.

효명세자는 요즘의 표현대로라면 지니어스(genius) 즉, 천재였다. 4세에 세자로 책봉되고, 5세부터 ≪천자문≫을 시작으로 ≪효경≫, ≪소학≫, ≪십팔사략≫ 등을 약 5년 만에 모두 통달했고, 9세에 성균관에 입학하여 『대학(大學)』과 『자치통감(資治通鑑)』[103]을 공부하였으며, 11세에 유교경전의 최고인 『논어(論語)』를 공부했는데 요즘의 대학과정에 해당한다.

청나라 백과사전 격인 『연감류함(淵鑑類函)』에 전한다는 당(唐) 고종(高宗)과 백명달의 고사는 효명세자로부터 1,000여 년 전의 일이다. 부연하면 신라가 나·당(羅唐)연합군으로 백제를 멸망시키고(660년), 이어 고구려를 멸망시킬 때(668년) 당나라 군대를 파견한 중국 황제가 당(唐) 고종(高宗)이다. 당 현종(玄宗)이 며느리인 양옥환을 귀비(貴妃)로 삼아 후궁으로 만들었다면 당 고종(高宗)은 아버지인 태종(太宗)의 후궁을 자신의 부인으로 삼았다. 그녀가 바로 황제가 된 자신의아들을 다 죽이고 중국 최초로 여황제가 된 측천무후(則天武后)이다.

고사(古事) 내용은 당 고종(高宗)이 어느 봄날에 아침 꾀꼬리의 지저귀는 소리를 듣고 몹시 반하여 악사(樂師) 백명달(白明達)에게 그 꾀꼬리 소리를 그대로 음곡에 옮기도록 명령하여 그 꾀꼬리 소리를 곡으로 만든 이른바 묘사음악(描寫音樂)이 곧 신곡 춘앵전이었는데, 이에 어울리는 우아한 춘앵전무(春鶯囀舞)가 지어져 성당(盛唐) 무렵까지 성행했다고 한다.

이 춘앵전은 일본에도 전해져 일본 아악(雅樂) 중 당악무악(唐樂舞樂)의 하나를 이루었고, 처음에는 당나라의 제도를 따라 여자가 추었으나 헤이안 시대(平安朝, 794~1185) 이후부터는 남자가 추었다고 전한다. 일본의 춘앵전의 명칭은 '천장보수악(天長寶壽樂)' 또는 '매화춘앵전(梅花春鶯)'이라고 하는데, '부가쿠(舞樂)'라는 전통적으로 무대 위에서만 춤춘다. 현재의 부가쿠(舞樂) 무대는 정방형으로 가로세로 7.27m, 높이 1.36m의 다카부타이(高舞台) 위에, 가로 세로 5.45m, 높이 15.15cm의 낮은 단과 같은 시키부타이(敷舞台)를 올린 2중 구조로 되어 있다. 전체적으로는 춘대옥촉의 윤대(輪臺)와 유사한 형태이나 무용수의 추락을 방지하기 위한 난간이 윤대는 계자난간(鷄子欄干)으로 품격을 높인데 반해 다카부타이(高舞台)는 교란난간(交欄欄干)으로 단순하다. 그리고 윤대는 사방에 계단이 있어 무용수가 사방으로 오르내리나, 다카부타이(高舞台)는 좌우에 계단이 있어 좌우로만 오르내린다. 일본 춘앵전의 복식은 도리가부토(鳥甲)라는 모자는 봉황을 형상화하였다 하고,

---

103) 자치통감(資治通鑑) : 북송의 사마광이 BC 403년부터 5대(五代) 후주(後周)의 세종(世宗) 때인 960년까지 1362년간의 역사를 1년씩 묶어서 편찬한 역사서.

겉옷인 한피(半臂)104)는 겉감은 난색이나 검정색, 안감은 남색으로 만들고, 바지인 아카노오구치(赤大口)는 빨간색 명주로 만든다. 호(袍 : 도포)를 고정시키기 위해서 금색 허리띠에서 겨우 노랑색을 발견 할 수 있을 뿐 어디에도 꾀꼬리를 연상할 이미지는 없다. 그리고 춤사위는 마치 무술의 품새 동작과 같아 나뭇가지를 오가는 꾀꼬리의 모습을 형상화한 우리의 춘앵전과는 너무 다르다.

한국의 춘앵전은 그 이름만 중국·일본과 같을 뿐, 춤의 내용과 형식, 그리고 음악과 복식 등이 전혀 다른 매우 독특한 것으로 효명세자의 천재적 예술성이 돋보이는 독보적인 작품이라고 보아야 한다.

꾀꼬리의 생태를 보면, 꾀꼬리는 겁이 많아서 깊은 산중에서도 가장 높은 나무에 둥지를 튼다고 한다. 그래서 산을 자주 찾는 산사람들도 꾀꼬리의 아름다운 울음소리를 듣고, 꾀꼬리를 찾으러 고개를 들어 나무 꼭대기를 쳐다봐도 어디에 있는지 찾지 못하고는 목이 아파 고개를 내리게 된다고 한다. 그래서 유명 가수의 노래 제목처럼 "못 찾겠다 꾀꼬리"까지 생겼다.

한편, 모든 새들은 나무위에 둥지를 틀고 알을 낳는다. 알을 까고 나온 새끼를 위해 어미새들은 먹이를 물어다 새끼에게 먹인다. 먹이를 먹은 새끼들은 배설을 하는데, 어린 새끼들의 배설물은 얇은 막에 싸여 있어서 배설 즉시 어미 새가 물어다 멀리 버린다. 배설물 냄새로 인한 뱀과 같은 천적(天敵)들로부터 보호하기 위한 것인데, 꾀꼬리 어미새는 배설물을 물어다 버리지 않고 자기가 먹는다고 한다. 영양분이 다 빠진 배설물을 먹으면서도 새끼의 곁을 떠나지 않고 지키며, 암수가 번갈아 먹이를 물어다 주면서 새끼의 둥지가 있는 나무를 떠나지 않는다고 한다. 꾀꼬리의 습성과 그 꾀꼬리의 지극한 모성애와 부성애를 알았던 효명세자는 이 꾀꼬리의 생태(生態)를 부모에 대한 감사하는 의미에서 춤으로 만들었던 것은 아닐까?

춘앵전의 복식도 주목할 만하다. 꾀꼬리를 묘사한 춤인 만큼 의상 또한 꾀꼬리를 형상화하는 노란색이 기본이 되는 황초삼을 위에 입고, 아래는 빨간 치마인 홍초상을 입으며, 양쪽 어깨에는 길게 초록색 하피(霞帔)를 늘어뜨리고 손목에는 자주, 흰색, 빨강, 노랑, 남색 순으로 되어있는 오색한삼을 끼우고 발에는 비두리(飛頭履)를 신는다. 초록색 하피를 버드나무를 상징한 것이라고도 하고, 꾀꼬리가 어렸을 적에 날개의 깃털이 초록색이었다가 성체가 되면서 노란색으로 바뀌어 이를 상징하는 것이라고도 한다. 그러나 버드나무가 궁궐의 후원에도 있기는 하지만 주로 물가에

---

104) 한비(半臂) : 우리나라는 반비의(半臂衣)라 하여 깃과 소매가 없거나 소매가 아주 짧은 겉옷을 말함.

심어져 연인들의 이별을 상징하는 나무이고, 꾀꼬리가 버드나무 보다는 높은 나무에 둥지를 튼다는 점에서 후자에 가깝다고 생각한다.

춘앵전은 독무이면서도 여령과 무동의 남녀가 추는 춤이다. 여기에는 어떤 뜻이 있을까?

어쩌면 아버지 순조(純祖)와 어머니 순원왕후가 춤추는 것을 그린 것은 아닐까?

염증 나는 정치에서 물러난 아버지, 그런 남편을 늘 안타깝게 지켜보아야만 했던 어머니!

모든 걸 잊고 생신인 오늘만큼은 마음속으로라도 너풀너풀 춤을 추기를 바라는 효명세자의 효심(孝心)이 담긴 것이 춘앵전이다. 특히 춤사위에 있어서 압도적인 숫자를 보이는데, 『악학궤범(樂學軌範)』에 전하는 정재 26종의 춤사위 합이 중복된 것을 제외 하면 30종인데 비하여 춘앵전 한 정재에서 나타난 춤사위가 31개라 하는 것은 놀라울 따름이다.

[표 8] 춤사위 비교표

정재 명		춤사위 명
당악 정재	헌선도, 수연장, 오양선, 포구락, 연화대, 금척, 수보록, 근천정, 수명명, 하황은, 하성명, 성택, 육화, 곡파(14종)	광렴, 첨렴, 수양수, 첨수, 발바다작대무, 무릎디피춤, 수양수오방무, 환장무, 환수, 요신, 사수무, 도약무, 수보록무, 광수환장무, 협수무, 퇴수무, 절화무, 팔수무, 금척무, 파자무, 농구무, 지선무, 교무, 금전악무, 회무, 정읍무, 대무, 홍정돋움춤, 인무 (29종)
향악 정재	보태평, 정대업, 봉래의, 아박, 향발, 학무, 학·연화대처용무합설 교방가요, 문덕곡(9종)	
속악 정재	무고, 동동, 무애(3종)	
춘앵전(春鶯囀)		염수,향섭족도완보이진입, 수수쌍불, 좌우소전, 소수수, 도수아, 사예거, 회란, 저앙수, 절요이요, 비리, 대수, 회두, 정, 탑탑고, 타원앙장, 요수, 화전태, 전화지, 당퇴립, 소섬수, 낙화유수, 대섬수, 사사여의풍, 후포수, 풍류지, 비금사, 불화렴, 회파신, 과교선, 첨수, 연귀소 (31종)
무산향(舞山香)		거수후불, 거수, 회선, 이수고저, 불수회선, 수신요합절, 측신족도, 진퇴이무, 후포수, 대수이무, 번수이무, 염수족도 (12종)

1923년 3월 25일(음력 2월 8일) 창덕궁 인정전에서 "순종황제 오순 탄신 기념 연회"가 거행되었을 때 〈가인전목단〉, 〈보상무〉, 〈봉래의〉, 〈무고〉, 〈수연장〉, 〈연백복지무〉, 〈장생보연지무〉, 〈춘앵전〉, 〈포구락〉, 〈향령무〉, 등이 연희되었고, 15세의 나이로 참석한 김천흥은 〈포구락〉, 〈무고〉, 〈가인전목단〉을 추었다.

1930년 7월 10일 일본에 체류하던 조선의 마지막 황태자 영친왕이 일시 귀국하는 것을 축하하기 위한 "영친왕 환국 환영행사"가 창덕궁 인정전에서 거행되었을 때에는 〈만수무〉, 〈가인전목단〉, 〈무고〉, 〈보상무〉, 〈봉래의〉, 〈수연장〉, 〈향령무〉, 〈장생보연지무〉, 〈처용무〉, 〈춘앵전〉이 연희되었다.

조선의 마지막 궁중연회에서 연희된 정재는 각각 10종목으로 8종목은 같았지만 1923년에는 연백복지무와 포구락이 1930년에는 만수무와 처용무가 연희되었다. 왕실 연회를 담당했던 장악원이 1911년 일제에 의해 강제 해산되어 무동과 여령은 뿔뿔이 흩어졌고, 이왕직 아악부로 겨우 명맥을 이어 오던 때이다. 실질적으로 조선의 마지막 궁중연회가 된 "영친왕 근친 환영행사"에서 조차 〈춘앵전〉의 마지막 무동이 누구였는지 알 수 없는 것이 안타깝다.

[사진 35] 〈춘앵전〉, 1992년 / 2010년

다만 해방 이 후 6.25 전쟁으로 부산 피난시절인 1953년 6월에 김천흥 안무 지도로 부산대학 강당에서 있었던 부산문화무용연구원 공연이 처음인 듯하다. 그리고 1980년 6월 16일 국립국악원 주최 "전통무용 발표회"가 국립극장 소극장에서 공연되었는데, 1부는 〈오양선〉, 〈춘앵전〉, 〈승전무〉, 2부는 〈몽금척〉, 〈처용무〉, 〈향발무〉, 〈하성명〉 등이 김천흥 재현 안무로 국악원 무용단에 의해 공연되었다. 춘앵전의 여령 복식은 상의는 황색 앵삼에 홍초상을 입고 홍단금루수대를 매고 양 어깨에는 초록 하피를 걸어 앞뒤로 늘어뜨리며, 오색의 화려한 화관을 머리에 쓰고 초록혜를 신고, 오색 한삼을 손목에 끼운다. 무동 복식은 상의는 백색 바탕에 검은 선이 두른 천수의에 녹색 괘자를 덧입고, 하의는 옥색 바탕에 흑색 선이 두른 치마를 입고, 오사대를 띠며 아견모를 쓰고 흑화를 신는다. 손목에는 홍색 한삼을 끼운다.

5) 음악 : 춘앵전(春鶯囀)

당나라 악곡명 중에 〈춘앵전〉이 있는데, 연경당 진작 때 새로 창작된 정재중에서 정재명과 악곡명이 같은 것은 춘앵전이 유일하다.

현재, 반주음악은 평조영산회상에서 상령산, 중령산, 세령산, 염불도드리, 빠른 도드리, 타령 등을 춤에 맞추어 적절히 배분해서 연주한다. 특히 상령산과 중령산은 1장단을 20박으로 삼는 것이 원칙이나 20박을 1장단으로 치는 장구에는 춤을 출 수 없기 때문에 춘앵전을 반주할 때는 반드시 박자와 음악을 축소하여 10박으로 연주 한다고 한다.

새들의 울음은 다양하게 표현되는데, 참새나 종달새는 지저귀고, 까마귀는 우짖으며, 부엉이나 뻐꾹새는 울며, 꾀꼬리는 노래한다.

예제 주석(註釋)에 당나라 고종(高宗)이 꾀꼬리 소리를 듣고 악공 백명달에게 음악으로 묘사하게 하였다는 고사를 인용한 것으로 보아 효명세자 역시 전악 김창하에게 예제 악장에 걸맞은 새로운 음악을 만들라고 지시했을 것으로 추측할 수 있다.

新鶯百囀歌(신앵백전가)

이백(李白), 당(唐)

東風已綠瀛洲草	봄바람에 영주(瀛洲)의 풀 하마 푸르고
동 풍 이 녹 영 주 초	
紫殿紅樓覺春好	자주 전각 붉은 누대엔 벌써 봄이 좋아라.
자 전 홍 누 각 춘 호	
池南柳色半靑靑	연못 남쪽 버들색은 태반이 푸릇하고
지 남 류 색 반 청 청	
縈烟裊娜拂綺城	안개 서려 한들한들 고운 성에 스치노라.
영 연 뇨 나 불 기 성	
垂絲百尺挂雕楹	드리운 실 치렁대며 조각 기둥에 걸렸는데
수 사 백 척 괘 조 영	
上有好鳥相和鳴	그 위에 좋은 새들 화답하며 우지진다.
상 유 호 조 상 화 명	
間關早得春風情	우는 소리 일찌감치 춘풍의 정 품었으니
간 관 조 득 춘 풍 정	
春風卷入碧雲去	춘풍이 푸른 구름에 휘돌아 들어가며
춘 풍 권 입 벽 운 거	
千門萬戶皆春聲	이집 저집 온 천지에 모다 봄 소리로다.
천 문 만 호 개 춘 성	
是時君王在鎬京	이때에 군왕은 호경(鎬京)에 계시어
시 시 군 왕 재 호 경	
五雲垂暉耀紫淸	오색구름 광채 드리워 궁궐이 빛나도다.
오 운 수 휘 요 자 청	
仗出金宮隨日轉	의장대는 금궐 나와 해를 따라 돌아가고
장 출 김 궁 수 일 전	
天回玉輦繞花行	천자는 옥가마를 돌려 꽃길 누벼 가는도다.
천 회 옥 련 요 화 행	
始向蓬萊看舞鶴	바야흐로 봉래를 향하여 학 춤을 구경하고
시 향 봉 래 간 무 학	
還過苪若聽新鶯	채약전(苪若殿)에 들러서 새 꾀꼬리 노래 듣는도다.
환 과 채 약 청 신 앵	
新鶯飛繞上林苑	새 꾀꼬리 소리 상림원 위를 날아 휘돌다
신 앵 비 요 상 림 원	
願入簫韶雜鳳笙	태평가에 들어가 생황 소리에 섞이기를 바라노라.
원 입 소 소 잡 봉 생	

※ 의춘원에 따라가 명을 받들어, '용지 버들 갓 푸를 제 〈꾀꼬리 노래〉 듣다'를 읊은 노래.
(侍從宜春苑奉詔賦龍池柳色初靑聽新鶯百囀歌)

곡강지(曲江池)는 장안 동남쪽에 있던 연못으로 진(秦)은 이곳에 의춘원(宜春苑)을 세웠고, 한(漢)은 이것을 고쳐 낙유원(樂游苑)이라 했는데, 왕망이 궁전을 없애고 낙유묘(樂游廟)라는 사당을 세웠다. 수문제(隋文帝)가 이곳에 연못을 파고 부용원(芙蓉苑)을 지었는데, 당(唐) 현종(玄宗)대에 이르러 더 큰 규모로 확장된 후 황실의 유원지가 되었다.

〈춘앵전〉이 〈신앵백전(新鶯百囀)〉으로 바뀌게 된 이유에 대해 다음과 같은 기록을 참고해 볼 수 있을 것이다. 894년경 당(唐) 단안절(段安節)이 지은 《악부잡록(樂府雜錄)》에 의하면, 개원(開元 713~741)말에 궁궐에 들어와, 최고 기생들의 교습기관 의춘원(宜春院)에 적을 두었던 영신(永新)이라는 가기(歌妓)가 목을 떠는[變] 새로운 소리[新聲]를 잘하고 목소리를 잘 굴려[喉囀], 천 년에 한 번 나오기도 힘든 가수로서 인정을 받았다. 당 현종(玄宗)은 그를 아껴 피리 명인 이연년(李延年)으로 하여금 그의 노래를 따라 연주하게 하였는데, 온 힘을 다하여 불어 곡이 끝나면 피리가 망가졌다고 한다. 이 작품의 제작시기가 영신(永新)의 활동시기와 겹치며, 작품 끝에 생황의 여운이 묘사된 것도, 연주를 수반한 노래를 듣고 지었다는 추정을 뒷받침해 준다.

6) 춘앵전 무도홀기(春鶯囀 舞圖笏記)

[그림 26] 〈춘앵전〉
『순조무자진작의궤』
《부편》〈정재도〉

춘앵전 무도홀기의 동작 용어는 대부분이 시(時)적 표현이고, 실제 동작은 부연하여 기록되어 있다. 무도홀기의 각주는 국립국악원 안무자였던 하루미 선생님이 고 김천흥 선생님으로부터 사사 받은 내용으로 부연하여 설명하였다.

① 『무동각정재무도홀기』

舞무
李應根이응근

[무동 초입 배열도]

◎ 樂奏 柳初新之曲[鄕唐交奏](악주 유초신지곡[향당교주])
　　음악은 유초신지곡(향당교주)을 연주한다.
○ 1拍 : 妓一人斂手響屧足蹈完步而進立 樂止 唱詞
　　　　(기일인렴수향섭족도완보이진입 악지 창사)
　　　　무기 1인이 손을 여미고 향섭족도[105]하며 느린 걸음으로 나아가서고, 음악이 그치면 노래를 부른다.

　　　傽停月下步　고울사 달빛아래 걸음이여
　　　빙정월하보
　　　羅袖舞風輕　비단 옷소매 바람에 나부끼네
　　　나수무풍경
　　　最愛花前態　꽃 앞의 자태가 참으로 사랑스러우니
　　　최애화전태
　　　君王任多情　군왕께 다정을 맡기려 하네
　　　군왕임다정
　　　訖　　　　　마친다
　　　흘

○ 2拍 : 鄕唐交奏(향당교주)
　　　　향당교주를 연주한다.

---

105) 향섭족도(響屧足蹈) : 나막신을 신고 걸어가는 느낌으로 발을 내딛는데, 발이 땅에 닿을 때 자석(磁石)이 쇠에 척 붙듯이 디딘다.

○ 3拍 : 舞作垂手雙拂106).(무작수수쌍불)
　　　　춤동작으로 손을 드리웠다가 떨쳐 뿌린다.
○ 4拍 : 左右小轉107)[左右各一轉](좌우소전[좌우각일전])
　　　　좌우로 조금 돈다.(좌우로 각각 1번씩 돈다)
○ 5拍 : 小垂手[半垂手拂](소수수[반수수불])
　　　　한 팔씩 들어 뒤로 뿌린다.(한 팔씩 들었다가 뿌려 내린다)
○ 6拍 : 掉袖兒(先右次左) (도수애[선우차좌])
　　　　한 팔씩 어깨에 원형으로 올린다.[오른팔을 먼저 하고 다음에 왼팔을 한다]
○ 7拍 : 斜曳裾[側身左右步先左次右](사예게[측신좌우보선좌차우])
　　　　옷자락을 끈다[몸을 옆으로 걷는데 먼저 왼쪽으로 가고 다음에 오른쪽으로 간다]
○ 8拍 : 廻鸞左右一大轉(회란좌우일대전)
　　　　새가 두 날개를 활짝 편 듯이 두 팔을 양쪽으로 펴 들고 돈다.
　　　　[좌우로 크게 한 바퀴 돈다]
○ 9拍 : 低昻袖[而袖高低](저앙수[而袖高低])
　　　　한 팔씩 앞으로 내린다.(소매를 높였다 낮춘다)
○ 10拍 : 折腰理腰108) (절요이요)
　　　　허리를 굽혔다 편다.
○ 11拍 : 飛履109)[先擧右趾次擧左趾](비리[선거우지차거좌지])
　　　　날아오르듯 발을 가볍게 올린다.(먼저 오른쪽 발꿈치를 들고 다음에 왼쪽 발꿈치를 든다.
○ 12拍 : 擡袖[擧足時隨足擡袖](대수[거족시수족대수])
　　　　한 팔씩 어깨에 얹는다.[발을 들 때 발을 따라서 대수한다]
○ 13拍 : 回頭110)[隨擡袖 欹頭側目111)](회두[수대수 의두측목])
　　　　머리를 돌린다.[대수하는 것을 따라서 머리와 시선을 돌린다]

---

106) 수수쌍불(垂手雙拂) : 손을 아래로 드리웠다가 머리 위로 올려 떨쳐 뿌려든 뒤 아래로 내려 뒤로 여민다.
107) 소전(小轉) : 90°씩 돈다.
108) 절요이요(折腰理腰) : 두 손을 모으고 몸을 굽혔다 폈다 하면서 몸을 앞으로 숙였다가 뒤로 젖히며 춘다.
109) 비리(飛履) : 마치 신발이 구름 위를 날아오르는 듯 발을 살짝 들어 올린다.
110) 회두(回頭) : 머리를 돌려 향기를 맡고 순간 놀라서 고개를 옆으로 돌리는 느낌(하루미 증언).
111) 의두측목(欹頭側目) : 손을 안으로 돌려 한삼을 뿌릴 때 고개를 돌려 시선을 주는 모양.

○ 14拍 : [擧袖悍 ([거쉬정)
　　　　　팔을 천천히 一자 모양으로 든다.[두 팔을 든다]
○ 15拍 : 塔塔高[舞進三步]112) (탑탑고[무진삼보])
　　　　　탑을 높이 쌓아가는 모양춤추며 세 걸음 나아간다]
○ 16拍 : 打鴛鴦場113)[落袖 (타원앙장[낙수)
　　　　　원앙이 마당에서 노닌다(소매를 뿌려 내린다)
○ 17拍 : 搖袖[擧袖揮之](요쉬[거수휘지])
　　　　　소매를 흔든다[소매를 들어 휘두른다]
○ 18拍 : 花前態114)[媚弄](화전태[미롱])
　　　　　꽃 앞에 서 있는 모양미소를 살짝 짓는다]
○ 19박 : 轉花持[三轉身](전화지[삼전신])
　　　　　회전하는 꽃잎을 잡으려는 모양(세 번 몸을 돌린다)
○ 20拍 : 當退立(당퇴립)
　　　　　물러나 선다.
○ 21拍 : 小閃袖115)[乍翻(소섬쉬[사번])
　　　　　소매를 작게 번뜩인다.[잠깐 번뜩인다]
○ 22拍 : 洛花流水左右一拂一轉(낙화유쉬좌우일불일전])
　　　　　흐르는 물에 떨어지는 꽃잎처럼 한다.[좌우로 한 번 떨쳐 뿌리고 한 번 돈다]
○ 23拍 : 大閃袖[飜袖116) (대섬쉬[번쉬])
　　　　　소매를 크게 나부낀다.(소매를 번뜩인다)
○ 24拍 : 傞傞步117)如意風[隨樂節舞](사사보[여의풍[수악절무])

---

112) 탑탑고 무진삼보(塔塔高 舞進三步) : 마치 탑을 쌓아 올라가듯이 두 팔을 점점 위로 올리면서 세 걸음 나아간다.
113) 타원앙장(打鴛鴦場) : 마치 원앙이 땅을 치고 올라가는 듯한 모습을 묘사한 시적인 표현인데, 용어는 "불수(拂手)". "후불(後拂)"처럼 모두 소매를 떨쳐 뿌리며 춤을 춘다는 의미이다.
114) 화전태(花前態)/미롱(媚弄) : 흔히 춘앵전의 백미로 꼽는 장면인데, 침향정에 가득 핀 모란꽃 앞에 있는 양귀비가 꽃향기에 취하여 빙긋이 웃는 요염한 미소라 할 수 있다. 백거이의 "장한가(長恨歌)"에 回眸一笑百媚生(회모일소백미생) 눈웃음 한 번에 모든 애교가 나오니 六宮粉黛無顔色(육궁분대무안색) 육궁에 단장한 미녀들의 안색을 가렸다오.
115) 소섬수(小閃袖) : 고저가 생기게 어깨춤을 좌우로 살짝 움직인다.
116) 번수(飜袖) : 이수고저((以袖高低)와 같다.
117) 사사보(傞傞步) : 술에 취해 비틀 거리며 걷는 걸음으로 양귀비가 술에 취한 모습을 묘사한 표현이다. 당(唐) 현종(玄宗)이 양귀비의 가장 좋아하는 모습이 술 취한 모습이었다고 한다.

바람에 흔들리듯 비틀거리는 걸음[악절을 따라 춤춘다]
- ○ 25拍 : 後抛袖[擡袖後拂](후포수[대수후불])
    소매를 뒤로 뿌린다(소매를 들어 뒤로 뿌린다)
- ○ 26拍 : 風流枝[118][隨身腰合節舞之](풍류지[수신요합절무지])
    바람에 흔들리는 나뭇가지[몸의 움직임에 따라 허리를 절주에 맞춰 춤춘다]
- ○ 27박 : 飛金沙[119][進退](비금사[진퇴])
    금빛 모래가 날리는 모양(진퇴 한다)
- ○ 28拍 : 拂花簾[120](左右擡袖拂) (불화렴[좌우대수불])
    꽃잎의 끝이 떠는 모양.[좌우로 소매를 들어 뿌린다]
- ○ 29拍 : 回波身[121][左右一轉](회파신[좌우일전])
    물결이 돌듯이 몸을 돌린다.[좌우로 한번 돈다]
- ○ 30拍 : 過橋仙[122][左右一大轉](과교선[좌우일대전])
    신선이 다리를 건넌다.[좌우로 크게 한번 돈다]
- ○ 31拍 : 尖袖[斂手](첨수[렴수])
    소매를 뾰족하게 한다.(두 손을 모은다)
- ○ 32拍 : 燕歸巢[123][舞退樂止](연귀소[무퇴]악지)
    제비가 집으로 돌아간다[춤추며 물러난다] 음악이 그친다.

---

118) 풍류지(風流枝) : 마치 바람에 나무의 끝가지만 흔들리는 모양을 표현한 시어(詩語)이다. 실제 동작은 두 손을 여미고 앞뒤 무릎을 구부렸다 편다.
119) 비금사(飛金沙) : 마치 파도가 밀려 왔다 물러 날 때 사금(금빛모래가루)이 제자리로 돌아가는 모습을 표현함.
120) 불화렴(拂花簾) : 마치 난초 잎에 묻은 티끌을 조심스레 닦아내는 듯한 느낌으로 소매를 뿌려서 살며시 내려온다.
121) 회파신(回波身) : 몸을 좌우로 도는데 마치 물결을 타듯이 한다.
122) 과교선(過橋仙) : 신선(神仙)을 보통 남선(男仙)으로 해석하나, 여선(女仙) 특히 직녀(織女)로 해석한다면, 신선이 건너는 다리는 보통 다리가 아닌 오작교(烏鵲橋)가 되고, 홍예(무지개 모양의 다리)가 된다. 송(宋)나라의 유행가라 할 수 있는 사패(詞牌)중에 "작교선(鵲橋仙)"이 있는데, 유영(柳永)과 같은 많은 사인(詞人)들의 작품이 제목은 같으나 내용은 다른 사(詞)가 전해지고 있다. 칠월칠석(七月七夕)이 우리에겐 견우와 직녀가 1년에 한 번 오작교에서 만나는 날로 알려져 있지만, 신선사상을 숭배하는 도교에서는 서왕모(西王母)가 인간세계로 내려오는 날이다.
123) 연귀소(燕歸巢) : 이왕직 아악부 시절에 "마치 어미제비가 먹이를 물고 보금자리로 돌아가는 감정을 표현한다."고 가르쳤다고 한다.

② 『여령각정재무도홀기』 고종(高宗) 광무 5년 신축(辛丑) 1901년

舞무
醫女 翠蓮 의녀 취련

[여령 초입 배열도]

◎ 樂奏 柳初新之曲[鄕唐交奏](악주 유초신지곡[향당교주])
   음악은 유초신지곡(향당교주)을 연주한다.
○ 1拍 : 妓一人斂手響屧足蹈完步而進立 樂止 唱詞
   (기일인렴수향섭족도완보이진입 악지 창사)
   무기 1인이 손을 여미고 향섭족도[124]하며 느린 걸음으로 나아가서고, 음악이 그치면 노래를 부른다.

   佇停月下步   고울사 달빛아래 걸음이여
   빙정월하보
   羅袖舞風輕   비단 옷소매 바람에 나부끼네
   나수무풍경
   最愛花前態   꽃 앞의 자태가 참으로 사랑스러우니
   최애화전태
   君王任多情   군왕께 다정을 맡기려 하네
   군왕임다정
   訖   마친다
   흘

○ 2拍 : 鄕唐交奏(향당교주)
   향당교주를 연주한다.
○ 3拍 : 舞作垂手雙拂[125]. (무작수수쌍불)
   춤동작으로 손을 드리웠다가 떨쳐 뿌린다.
○ 4拍 : 左右小轉[126][左右各一轉(좌우소전[좌우각일전)]
   좌우로 조금 돈다.(좌우로 각각 1번씩 돈다)

---

124) 향섭족도(響屧足蹈) : 나막신을 신고 걸어가는 느낌으로 발을 디디는데, 발이 땅에 닿을 때 자석(磁石)이 쇠에 척 붙듯이 디딘다.
125) 수수쌍불(垂手雙拂) : 손을 아래로 드리웠다가 머리 위로 올려 떨쳐 뿌리든 뒤 아래로 내려 뒤로 여민다.
126) 소전(小轉) : 90°씩 돈다.

○ 5拍 : 小垂手[半垂手拂](소수슈[반수수불])
　　　　한 팔씩 들어 뒤로 뿌린다.(한 팔씩 들었다가 뿌려 내린다)
○ 6拍 : 掉袖兒(先右次左) (도수애[선우차좌])
　　　　한 팔씩 어깨에 원형으로 올린다.[오른팔을 먼저 하고 다음에 왼팔을 한다]
○ 7拍 : 斜曳裾[側身左右步先左次右](사예게[측신좌우보선좌차위])
　　　　옷자락을 끈다[몸을 옆으로 걷는데 먼저 왼쪽으로 가고 다음에 오른쪽으로 간다]
○ 8拍 : 廻鸞左右一大轉(회란좌우일대젼)
　　　　새가 두 날개를 활짝 편 듯이 두 팔을 양쪽으로 펴 들고 돈다.
　　　　[좌우로 크게 한 바퀴 돈다]
○ 9拍 : 低昻袖[而袖高低](저앙슈[이수고제])
　　　　한 팔씩 앞으로 내린다.(소매를 높였다 낮춘다)
○ 10拍 : 折腰理腰[127] (절요이요)
　　　　허리를 굽혔다 편다.
○ 11拍 : 飛履[128][先擧右趾次擧左趾]비리[선거우지차거좌지])
　　　　날아오르듯 발을 가볍게 올린다.[먼저 오른쪽 발꿈치를 들고 다음에 왼쪽 발꿈치를 든다.]
○ 12拍 : 擡袖[擧足時隨足擡袖](대슈[거족시수족대슈])
　　　　한 팔씩 어깨에 얹는다.[발을 들 때 발을 따라서 대수한다]
○ 13拍 : 回頭[129][隨擡袖 欹頭側目[130]](회두[슈대수 의두측목])
　　　　머리를 돌린다.[대수하는 것을 따라서 머리와 시선을 돌린다]
○ 14拍 : [擧袖惺([거슈 졍)
　　　　[두 팔을 든다[팔을 천천히 一자 모양으로 든다.
○ 15拍 : 塔塔高[舞進三步][131] (탑탑고[무진삼보])
　　　　탑을 높이 쌓아가는 모양으로[춤추며 세 걸음 나아간다]
○ 16拍 : 打鴛鴦場[132][落袖] (타원앙장[낙수])

127) 절요이요(折腰理腰) : 두 손을 모으고 몸을 굽혔다 폈다 하면서 몸을 앞으로 숙였다가 뒤로 젖히며 춤춘다.
128) 비리(飛履) : 마치 신발이 구름 위를 날아오르는 듯 발을 살짝 들어 올린다.
129) 회두(回頭) : 머리를 돌리며 향기를 맡고 순간 놀라서 고개를 옆으로 돌리는 느낌.
130) 의두측목(欹頭側目) : 손을 안으로 돌려 한삼을 뿌릴 때 고개를 돌려 시선을 주는 모양.
131) 탑탑고 무진삼보(塔塔高 舞進三步) : 마치 탑을 쌓아 올라가듯이, 두 팔을 점점 위로 올리면서 세 걸음 나아간다.

원앙이 마당에서 노닌다(소매를 뿌려 내린다)

○ 17拍 : 搖袖[擧袖揮之](요슈[거수휘지])
　　　　 소매를 흔든다[소매를 들어 휘두른다]

○ 18拍 : 花前態133)[媚弄](화전태[미롱])
　　　　 꽃 앞에 서 있는 모양[미소를 살짝 짓는다]

○ 19박 : 轉花持[三轉身](전화지[삼전신])
　　　　 회전하는 꽃잎을 잡으려는 모양(세 번 몸을 돌린다)

○ 20拍 : 當退立(당퇴립)
　　　　 물러나 선다.

○ 21拍 : 小閃袖134)[乍翻](소섬슈[사번])
　　　　 소매를 작게 번뜩인다.[잠깐 번뜩인다]

○ 22拍 : 洛花流水[左右一拂一轉](낙화유슈[좌우일불일전])
　　　　 흐르는 물에 떨어지는 꽃잎처럼 한다.
　　　　 [좌우로 한 번 떨쳐 뿌리고, 한 번 돈다]

○ 23拍 : 大閃袖[翻袖135)]) (대섬슈[번슈])
　　　　 소매를 크게 나부낀다.(소매를 번뜩인다)

○ 24拍 : 傞傞步136)[如意風[隨樂節舞](사사보[여의풍[수악절무])
　　　　 바람에 흔들리듯 비틀거리는 걸음[악절을 따라 춤춘다]

○ 25拍 : 後抛袖[擡袖後拂](후포슈[대수후불])
　　　　 소매를 뒤로 뿌린다(소매를 들어 뒤로 뿌린다)

○ 26拍 : 風流枝137)[隨身腰合節舞之](풍류지[수신요합절무지])

---

132) 타원앙장(打鴛鴦場) : 마치 원앙이 땅을 치고 올라가는 듯한 모습을 묘사한 시적인 표현인데, 용어는 "불수(拂手)". "후불(後拂)"처럼 모두 소매를 떨쳐 뿌리며 춤을 춘다는 의미이다.

133) 화전태(花前態)/미롱(媚弄) : 흔히 춘앵전의 백미로 꼽는 장면인데, 침향정에 가득 핀 모란꽃 앞에 있는 양귀비가 꽃향기에 취하여 빙긋이 웃는 요염한 미소라 할 수 있다. 백거이의 "장한가(長恨歌)"에
回眸一笑百媚生(회모일소백미생) 눈웃음 한 번에 모든 애교가 나오니
六宮粉黛無顏色(육궁분대무안색) 육궁에 단장한 미녀들의 안색을 가렸다오

134) 소섬수(小閃袖) : 고저가 생기게 어깨춤을 좌우로 살짝 움직인다.

135) 번수(翻袖) : 이수고저((以袖高低)와 같다.

136) 사사보(傞傞步) : 술에 취해 비틀 거리며 걷는 걸음으로 양귀비가 술에 취한 모습을 묘사한 표현이다. 당(唐) 현종(玄宗)이 양귀비의 가장 좋아하는 모습이 술 취한 모습이었다고 한다.

137) 풍류지(風流枝) : 마치 바람에 나무의 끝가지만 흔들리는 모양을 표현한 시어(詩語)이다. 실제 동작은 두 손을 여미고 앞뒤

　　　　　　바람에 흔들리는 나뭇가지[몸의 움직임에 따라 허리를 절주에 맞춰 춤춘다]
○ 27박 : 飛金沙[138][進退](비금사[진퇴])
　　　　　　금빛 모래가 날리는 모양(진퇴 한다)
○ 28拍 : 拂花簾[139](左右擡袖拂) (불화렴[좌우대수불])
　　　　　　꽃잎의 끝이 떠는 모양.[좌우로 소매를 들어 뿌린다]
○ 29拍 : 回波身[140][左右一轉(회파신[좌우일전])
　　　　　　물결이 돌듯이 몸을 돌린다.[좌우로 한번 돈다]
○ 30拍 : 過橋仙[141][左右一大轉(과교선[좌우일대전])
　　　　　　신선이 다리를 건너다.[좌우로 크게 한번 돈다]
○ 31拍 : 尖袖斂手(첨수[렴수])
　　　　　　소매를 뾰족하게 한다.(두 손을 모은다)
○ 32拍 : 燕歸巢[142][舞退]樂止(연귀소[무퇴]악지)
　　　　　　제비가 집으로 돌아간다[춤추며 물러난다] 음악이 그친다.

무릎을 구부렸다 편다.
138) 비금사(飛金沙) : 마치 파도가 밀려 왔다 물러 날 때 사금(금빛모래가루)이 제자리로 돌아가는 모습을 표현함.
139) 불화렴(拂花簾) : 마치 난초 잎에 묻은 티끌을 조심스레 닦아내는 듯한 느낌으로 소매를 부려서 살며시 내린다.
140) 회파신(回波身) : 몸을 좌우로 도는데 마치 물결을 타듯이 한다.
141) 과교선(過橋仙) : 신선(神仙)을 보통 남선(男仙)으로 해석하나, 여선(女仙) 특히 직녀(織女)로 해석한다면, 신선이 건너는 다리는 보통 다리가 아닌 오작교(烏鵲橋)가 되고, 홍예(무지개 모양의 다리)가 된다. 송나라의 유행가라 할 수 있는 사패 중에 "작교선(鵲橋仙)"이 있는데, 유영(柳永)과 같은 많은 사인(詞人)들의 작품이 제목은 같으나 내용은 다른 사(詞)가 전해지고 있다. 칠월칠석(七月七夕)이 우리에겐 견우와 직녀가 1년에 한 번 오작교에서 만나는 날로 알려져 있지만, 신선사상을 숭배하는 도교에서는 서왕모 인간세계로 내려오는 날로 되어 있다.
142) 연귀소(燕歸巢) : 이왕직이 아악부 시절에 "마치 어미제비가 먹이를 물고 보금자리로 돌아가는 감정을 표현한다."고 가르쳤다고 한다.

13. 춘광호(春光好) / 자고천(鷓鴣天)

1) 주석(註釋)

○ 『연감류함(淵鑑類函)』에 "당 현종(玄宗)이 친히 지었다. 2월에 복사꽃 살구꽃이 꽃망울을 터트리려 하는데 이 곡을 연주하자 정신이 시원하였는데 돌아보자 이미 꽃망울을 터트렸다"
○ 무동 2인이 북쪽에 있고, 2인은 남쪽에 있고, 1인은 동쪽에 있고, 1인은 서쪽에 있으면서 다함께 서로 마주보고 춤춘다.

2) 악장(樂章)

瞳瞳日出大明宮[143] (동동일출대명궁)	환하게 해가 대명궁에 떠오르는데
天樂遙聞在碧空 (천악요문재벽공)	천악이 멀리 푸른 하늘에서 들려 오누나
禁樹無風正和暖 (금수무풍정화난)	금원의 나무엔 바람 한 점 없고 매우 따스하니
玉樓金殿曉光中 (옥루금전효광중)	옥루와 금전은 새벽빛 속에 있네

3) 의주/차비/복식

구분(區分)	내용(內容)
의주(儀註)	細吹作鷓鴣天呈春光好舞 進湯 樂止 세취가 자고천을 연주하고 춘광호를 올릴 때 왕세자에게 탕을 올린다
정재차비 (呈才差備)	○ 무(舞) : 진대길, 신삼손, 신광협, 김명풍, 진계업, 김형식
복식(服飾)	아광모, 홍라포, 백질흑선중단의, 남질흑선상, 주전대, 흑화 (※ 첩승무, 최화무와 같음)

---

143) 대명궁(大明宮) : 당나라 수도인 장안(長安)에 있던 황궁으로 현재의 중국 산시성 시안시의 북동쪽에 있다.

【장구 이야기】

갈고(羯鼓)는 가운데 부분이 가는 나무통의 양쪽 면에 가죽을 붙인 타악기이다. 장구와 유사하게 생겼지만, 양쪽 면에 같은 재질의 가죽을 사용하는 점이 장구와 다르다.

양쪽 면의 가죽은 줄로 연결되어 있고, 사다리꼴 모양의 축수(조이개)가 줄과 줄 사이에 끼워져 있다. 축수를 양쪽 가죽 면 쪽으로 옮기거나 또는 울림통의 가운데 쪽으로 옮기면서 양쪽 면의 가죽 사이의 줄을 당기거나 푸는 효과를 내서 음정을 조절한다. 연주자의 정면에 울림통이 가로로 오도록 놓고, 가는 나무로 만든 채를 양손에 들고 양쪽 면의 가죽을 두드려서 울림통을 울려 소리를 낸다.

장구와 크기나 모양이 거의 같다. 다만 장구는 오른쪽은 말가죽을 매어 채로 치고, 왼쪽은 쇠가죽을 매어 손으로 치는 데 반하여, 갈고는 양쪽 다 말가죽으로 매어 양손에 채를 들고 친다. 또 장구는 음절을 조절하는 축수(縮綬)가 한쪽에만 있는 데 반하여, 갈고는 양쪽 모두가 축수로 죄어진다. 두 손에 채를 들고 친다고 하여 양장고(兩杖鼓)라고도 한다.

장구는 오른손에 대쪽으로 만든 가는 채를 가지고 그 채편을 치며, 왼손으로는 맨손이나 궁글채를 들고 북편을 치는데, 양편을 동시에 치는 것은 "쌍"이라 하고, 채로 채편만 치는 것을 "편", 왼손으로 북편만 치는 것을 "고", 그리고 채로 잠시 치고 굴리는 소리를 내는 것은 "요"라고 한다.

장구에게도 음양(陰陽)이 구현되어 있다고들 하는데, 장구의 가죽이 말가죽과 소가죽으로 되어있다는 것만 설명하고 보다 구체적인 설명은 찾지 못했다.

곰곰이 생각해보니 말과 소는 정말 음양으로 대비되는 것이 너무 많았다.

말은 빠르고 소는 느리다. 말의 울음소리도 빠르고 높은 반면 소의 울음소리는 낮고 길다. 말가죽은 얇고 소가죽은 두꺼우니 말가죽은 높은 소리가 나고 소가죽에서는 낮은 소리가 난다. 말(가죽)은 채(채찍)로 치고 소(가죽)는 손으로 친다. 말은 빠르므로 채로 쳐야 빠른 박자를 쪼개는데도 효과적이고, 소는 느리므로 손바닥만으로 쳐도 충분하다.

말은 전장이 주무대라 채찍으로 쳐야 기동성이 확보되지만 소는 논밭이 주무대라 빠르면 농사를 지을 수 없다. 말은 채찍질 해가며 달리지만 소는 엉덩이를 손바닥으로 "척" 치기만 해도 갈 길을 알아서 간다. 그리고 음인 소가죽은 양인 왼손으로 치고, 양인 말가죽은 음인 오른손으로 친다. 장구가 중국의 갈고 보다 훨씬 뛰어난 악기인 이유다.

4) 춤 : 춘광호(春光好)

춘광호는 당(唐)의 악부곡인데 『갈고록(羯鼓錄)』에 "갈고는 모양이 칠통(漆桶)과 비슷하며 그 밑에는 아상(牙床)을 받쳐 놓고 두 개의 막대기로 치는데, 높은 누각과 새벽 경치와 밝은 달과 맑은 바람이 아주 좋은 배경이다. 명황이 이를 가장 좋아하여, 봄비가 막 개고 경치가 아름다울 적에는 손수 갈고를 가지고 난간에 올라 마음껏 치곤했다." 하고,

『광기(廣記)』에 "작은 전정(殿亭) 안에 버들꽃과 살구꽃이 피려고 할 적에 임금이 갈고를 마음껏 쳤는데, 그 곡(曲)을 '춘광호(春光好)'라 하였다"는 기록은, 당(唐) 현종(玄宗)이 일찍이 2월 초순에 버들개지와 살구꽃이 몽우리 진 것을 보고는 환관인 고역사(高力士)를 시켜 갈고[144]를 가져다가 둥둥 두드리면서 스스로 '춘광호(春光好)' 곡조를 지어 노래하고 나서 돌아보니, 버들개지와 살구꽃이 활짝 피었다는 고사를 말하는 듯하다.

춘광호가 악부곡임을 알 수 있는 대목을 성현(成俔)의 ≪허백당 시집≫에서도 확인할 수 있는데, 『용재총화(慵齋叢話)』[145]로 잘 알려진 성현(成俔)은 〈쌍화점(雙花店)〉 등의 고려가사(高麗歌詞)를 바로잡았는가 하면 ≪악학궤범(樂學軌範)≫을 편찬한 뛰어난 음악가이도 했다.

密臺賞春(밀대상춘)

성현(成俔), 조선(朝鮮)

雲間錦繡山光濃 (운간금수산광농)	금수산에 구름 걷혀 산 빛이 농후하여라
牡丹紫翠環重峯 (모단자취환중봉)	모란봉은 울긋불긋 겹겹이 둘러서 있네
臺空石老荒蘇合 (대공석로황선합)	대는 텅 비고 돌은 늙어 이끼만 더부룩해라
仙子一去尋無蹤 (선자일거심무종)	한번 떠난 신선 종적은 찾을 길이 없구려
東風幻出韶機早 (동풍환출소기조)	동풍이 봄의 조화를 재빨리 환출해 내니

---

144) 갈고(羯鼓) : 원래 서역(西域)의 악기로서, 장구와 크기나 모양이 거의 같다. 다만 장구는 오른쪽은 말가죽을 매어 채로 치고, 왼쪽은 쇠가죽을 매어 손으로 치는 데 반하여, 갈고는 양쪽 다 말가죽으로 매어 양손에 채를 들고 친다. 또 장구는 음절을 조절하는 축수(縮綬)가 한쪽에만 있는 데 반하여, 갈고는 양쪽 모두가 축수로 죄어진다. 두 손에 채를 들고 친다고 하여 양장고(兩杖鼓)라고도 한다.

145) 용재총화(慵齋叢話) : 조선 전기의 역사, 인물, 풍속 등 온갖 것을 실은 성현(成俔)의 잡록집.

爛熳群紅覆芳草	붉은 꽃이 만발하여 방초를 내리덮었네
都人絲管競良辰	도성 사람들은 좋은 때라 풍악 놀이 서로 다퉈
酒酣齊唱春光好	거나하게 취하자 일제히 〈춘광호〉를 제창하누나

춘광호 춤은 무동(舞童) 6명이 추는데 춤의 진행은 6명이 북쪽에 2인, 남쪽에 2인, 동쪽에 1인, 서쪽에 1인이 사각형으로 서서 들어와 앞으로 나와 서로 보고 돌아서 등을 대고 좌우(左右)로 돌며 춤추고 각기 위치를 바꾸기도 하고 서로 보며 한 손씩 뿌려 내리며 돌고 무릎을 꾸부렸다 폈다 하고 먼저 위치로 다시 돌아와 앞을 향하고 있다가 두 손을 여미고 뒤로 물러나와 춤을 끝낸다.

[사진 36] 〈춘광호〉, 2000년

춘광호는 1996년 10월 10일 국립국악원 주최 "전통무용 발표회"에서 이흥구 재현안무와 하루미의 지도로 국악원 소극장에서 초연되었다.

5) 음악 : 자고천(鷓鴣天)

자고천은 사(詞)의 악곡명의 하나인데 효명세자가 춘광호의 악곡명으로 지은 까닭은 무엇일까? 자고새는 꿩과(科)의 새로서 메추라기와 비슷하고 날개 길이는 약 17㎝이며, 가을에 떼를 지어 다닌다.

이스라엘 사해(死海) 부근에도 자고새 많이 서식한다. 그래서인지 '구약성서'에도 자고새 이야기가 나온다. 선지자 예레미야는 불의한 방법으로 재산을 모은 자들을 자고새에 비유하였다. "불의로 치부하는 자는 자고새가 낳지 아니한 알을 품은 것 같아서 그의 중년에 그것이 떠나겠고 마침내 어리석은 자가 되리라"(렘 17:11). 즉, 훔쳐온 알을 부화시켜 키웠지만 새끼가 자란 뒤 둥지를 떠나 버림으로써 그 동안의 모든 노력이 헛된 것처럼 불의한 방법으로 재물을 모은 자는 종말에 가서 허망한 결과를 얻게 될 뿐이라는 비유다.

자고새는 남의 알을 훔치다가 자기 알처럼 품어서 부화시킨다고 한다. 서로 다른 둥지에서 암컷과 수컷이 나누어 부화한 다음에 서로 새끼를 번갈아 훔친다고 하는데, 남의 알을 자기 것으로 생각하고, 품안에 품고서 20여 일간을 먹지도 마시지도 않으며 정성을 다하여 새끼가 알에서 깨어 나오게 한다. 자고새 어미는 알에서 깨어 나온 새끼가 잘 자라도록 먹이를 물어다 주고, 외부의 공격으로부터 보호해 주며, 극진한 정성으로 돌보고 키워 준다. 그런데 자고새의 품에서 자란 새끼들은 스스로 생활할 수 있게 되면 자기 어미가 아닌 것을 알고서 자고새의 둥지를 떠난다.

또, 자고새가 둥지에다가 알을 품고 있으면 뻐꾸기가 살짝 와서 자고새 알을 둥지 밖으로 떨어뜨리고 자기 알을 그 둥지에 넣어둔다고 한다. 그러면 자고새는 그게 뻐꾸기 알인지 자기의 알인지 구분하지 못하고 계속 품고 있다가 보면, 자고새도 알을 까고 뻐꾸기 새끼도 둥지에서 알을 깐다. 뻐꾸기 새끼는 자고새 새끼보다 커서 자꾸 자고새 새끼를 밀어 떨어뜨려 죽인다. 그러나 어미 자고새는 이 새끼가 뻐꾸기 새끼인줄 전혀 모르고 부지런히 먹이를 갖다 준다. 하지만 어느 정도 자라면 뻐꾸기 새끼는 자고새 밑에 머물지 않고 어미 자고새를 떠나 날아가 버린다.

왕조시대에 권력은 왕에게 있는 것인데 왕권이 허약한 틈을 타서 그 권력을 빼앗아가 세도정치[146]를 하고 있는 안동 김씨에게 "자고새가 나는 하늘"이 결코 오래가지 못할 것이라는 효명세자의 메시지가 아닐까?

---

146) 세도정치(世道政治) : 원래 世道政治란 '정치는 널리 사회를 교화시켜 세상을 올바르게 다스리는 도리'라는 사림(士林)의 통치이념에서 나온 이상적인 정치 도의를 의미하였으나, 외척이나 신하들이 강력한 권세를 잡고 전권을 휘두르는 부정적 정치 형태인 勢道政治를 지칭하는 말로 더 많이 쓰이고 있다

越中覽古(월중남고)

이백(李白), 당(唐)

越王勾踐破吳歸　　월나라 왕 구천이 오나라를 부수고 돌아오자
월 왕 구 천 파 오 귀

義士還家盡錦衣　　의로웠던 장병들은 금의환향하고,
의 사 환 가 진 금 의

宮女如花滿春殿　　궁녀들은 꽃처럼 봄 궁전에 가득 찼으련만
궁 녀 여 화 만 춘 전

只今惟有鷓鴣飛　　이제는 오직 자고새만 날고 있구나.
지 금 유 유 자 고 비

오(吳)와 월(越)은 서로 원수의 사이여서, 오월동주(吳越同舟)147)라는 말이 있을 정도이다. 월왕 구천은 회계산에서 오왕 부차에게 붙잡혀 3년을 치욕 속에 지내다가 풀려나와 미인 서시(西施)를 바쳐 오왕 부차가 서시에 빠져 있는 동안 군사력을 키워 결국에는 오나라를 쳐서 멸망시킨 바가 있다. 그 당시 군사들은 모두 금의환향하고 월나라 궁중에는 봄철 꽃 같은 고운 궁녀들이 가득찼을 터인데, 오랜 세월이 지난 지금 그 모두 흔적 없이 사라지고 오직 자고새만이 적막감을 더해 줄 뿐인 불교에서 말하는 제행무상(諸行無常)148)을 읊은 명작이다.

鷓鴣天(자고천)

소식(蘇軾). 만당(晩唐)

林斷山明竹隱牆　　숲이 끊어지니 산이 환하고 대나무는 담장을 뒤덮었는데
임 단 산 명 죽 은 장

亂蟬衰草小池塘　　조그만 연못가엔 매미 소리 어지럽고 풀은 시들었네
난 선 쇠 초 소 지 당

翻空白鳥時時見　　오르내리며 나는 흰 새가 때때로 보이고
번 공 백 조 시 시 견

照水紅蕖細細香　　물에 비친 붉은 연꽃 향기가 은은하다
조 수 홍 거 세 세 향

村舍外　古城旁　　동네 저 바깥　옛 성터 옆에
촌 사 외　고 성 방

---

147) 오월동주(吳越同舟) : 오와 월나라 사람이 한 배를 타고 있음 곧 사이가 나쁜 사람끼리 같은 장소나 처지에 함께 놓여 있음을 말함.

148) 제행무상(諸行無常) : 인생의 덧없음. 우주 만물은 항상 돌고 변하여 같은 모습으로 정착해 있지 않음.

杖藜徐步轉斜陽 _{장려서조전사양}	지팡이 짚고 천천히 걷다보니 해가 저물었네
殷勤昨夜三更 _{은근작야삼경우}	은근히 내린 어제 밤 비 덕분에
又得浮生一日涼 _{우득부생일일량}	떠도는 인생에 또 하루 신선함을 얻었구나

【그리스 신화 이야기 2】

그리스 신화에 나오는 다이달로스(Daedalus)은 크레타 섬의 왕 미노스(Minos)의 궁전 크노소스(Knossos)의 미로(迷路)를 만든 전설적인 장인(匠人)으로 어린 나이에도 생선의 등뼈를 보고 톱을 만들고, 또 콤파스를 만드는 등 유별난 천재성을 보인 조카 페르딕스(Perdix)를 시샘해서 그를 높은 곳에서 아래로 떨어뜨려 죽게 만들었다. 그러나 이를 목격한 아테나(Athena) 여신은 페르딕스를 가엽게 여겨 그를 자고새로 환생시켜주었다. 그러나 자고새는 전생에 높은 곳에서 떨어져 죽은 기억 때문에 절대 하늘 높게 날지 않으며, 높은 나무 꼭대기에도 집을 짓지 않는다고 한다.

다이달로스는 아들 이카로스(Icalus)와 함께 밀랍으로 날개를 만들어 크레타섬의 미궁을 탈출하였는데, 이카로스가 태양에 너무 가까이 가는 바람에 밀랍이 녹아 에게해(Aegean Sea)에 떨어져 죽고 말았다. 다이달로스가 아들의 시신을 수습하여 장사지낼 때 자고새 한 마리가 이를 지켜보며 즐거워하였다고 한다.

6) 춘광호 무도홀기(春光好 舞圖笏記)

〈춘광호〉의 무도홀기는 연대미상의『장서각 정재무도홀기』에는 하나는 창사가가 없고,『여령 무도홀기』도 없어, 창사가 있는『외진연시무동각 정재무도홀기』를 올린다.

[그림 27] 〈춘광호〉
『순조무자진작의궤』
≪부편≫〈정재도〉

① 『무동각정재무도홀기』

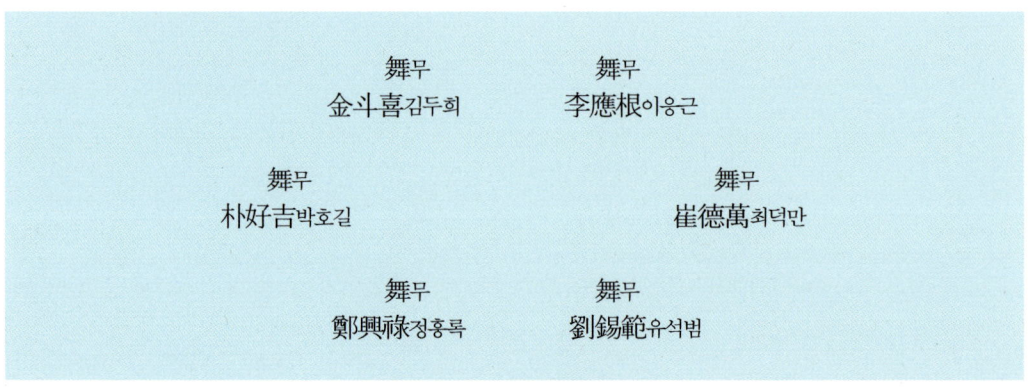

[무동 초입 배열도]

◎ 樂奏 萬花新之曲[鄕唐交奏](악주 만화신지곡[향당교주])
　　음악은 만화신지곡을 연주한다.(향당교주)
○ 1拍 : 舞六人舞進(무육인무진)
　　　　무동 6인이 춤추며 나아간다..
○ 2拍 : 小退而舞(소퇴이무)
　　　　조금 물러나면서 춤춘다.
○ 3拍 : 相向而舞(상향이무)
　　　　서로 마주보며 춤춘다.
○ 4拍 : 相背而舞(상배이무)
　　　　서로 등을 지고 춤춘다.
○ 5拍 : 左右旋轉而舞(좌우선전이무)
　　　　좌우로 돌면서 춤춘다.
○ 6拍 : 以袖高低而舞(이수고저이무)
　　　　이수고저의 춤을 춘다.
○ 7拍 : 垂手而舞(수수이무)
　　　　손을 드리우고 춤춘다.
○ 8박 : 飜袖而舞(번수이무)
　　　　소매를 빠르게 휘두르며 춤춘다.
○ 9拍 : 相對而舞(상대이무)
　　　　서로 마주보고 춤춘다.
○ 10拍 : 各還其隊而舞(각환기대이무)
　　　　각자 자기의 대열로 돌아가 춤춘다.
○ 11拍 : 相向而舞(상향이무)
　　　　서로 향하여 춤춘다
○ 12拍 : 一拂一轉而舞(일불일전이무)
　　　　한번 떨쳐 뿌리고 한번 돌며 춤춘다.
○ 13拍 : 隨身腰合節而舞(수신요합저이무)
　　　　몸의 움직임에 따라 절주에 맞춰 춤춘다.
○ 14拍 : 還復其隊而舞(환복기대이무)
　　　　자기의 대열로 돌아가며 춤춘다.

○ 15拍 : 北向小退(북향소퇴)
　　　　　북쪽을 향하여 조금 물러난다
○ 16拍 : 舞進而立(무진이립)
　　　　　춤추며 나아가 선다
○ 17拍 : 斂手足蹈(염수족도)
　　　　　두 손을 모으고 족도한다.
○ 18拍 : 舞退 樂止(무퇴 악지)
　　　　　춤추며 물러나면 음악이 그친다.

② 『외진연시무동각정재무도홀기)』

```
           舞무              舞무
          金千萬김천만       朴壽吉박수길

     舞무                          舞무
    黃雲龍황운룡                  金南山김남산

           舞무              舞무
          金九一김구일       吳石英오석영
```

[무동 초입 배열도]

◎ 樂奏 萬花新之曲[鄕唐交奏](악주 만화신지곡[향당교주])
　　음악은 만화신지곡을 연주한다.[향당교주]
○ 1拍 : 舞六人舞進而立 樂止 唱詞(무6인무진이립 악지 창사)
　　　　　박을 치면 무동 6인이 춤추며 나아가서면 음악을 그치고 창사를 한다.

　　瞳瞳日出大明宮　환하게 해가 대명궁에 떠오르는데
　　동 동 일 출 대 명 궁
　　天樂遙聞在碧空　천악이 멀리 푸른 하늘에서 들려오는구나
　　천 악 요 문 재 벽 공

禁樹無風正和暖　금원의 나무엔 바람 한 점 없고 따스하니
금수무풍정화난

玉樓金殿曉光中　옥루금전은 새벽빛 속에 있네
옥루금전효광중

訖　　　　　　　마친다
흘

○ 2拍 : 鄉唐交奏(향당교주)
　　　향당교주를 연주한다.
○ 3拍 : 小退而舞(소퇴이무)
　　　조금 물러나면서 춤춘다.
○ 4拍 : 相向而舞(상향이무)
　　　서로 마주보며 춤춘다.
○ 5拍 : 相背而舞(상배이무)
　　　서로 등을 지고 춤춘다.
○ 6拍 : 左右旋轉而舞(좌우선전이무)
　　　좌우로 돌면서 춤춘다.
○ 7拍 : 以袖高低而舞(이수고저이무)
　　　이수고저의 춤을 춘다.
○ 8拍 : 垂手而舞(수수이무)
　　　손을 드리우고 춤춘다.
○ 9박 : 飜袖而舞(번수이무)
　　　소매를 빠르게 휘두르며 춤춘다.
○ 10拍 : 相對而舞(상대이무)
　　　서로 마주보고 춤춘다.
○ 11拍 : 各還其隊而舞(각환기대이무)
　　　각자 자기의 대열로 돌아가 춤춘다.
○ 12拍 : 相向而舞(상향이무)
　　　서로 향하여 춤춘다
○ 13拍 : 一拂一轉而舞(일불일전이무)
　　　한번 떨쳐 뿌리고 한번 돌며 춤춘다.

○ 14拍 : 隨身腰合節而舞(수신요합저이무)
　　　　몸의 움직임에 따라 절주에 맞춰 춤춘다.
○ 15拍 : 還復其隊而舞(환복기대이무)
　　　　자기의 대열로 돌아가며 춤춘다.
○ 16拍 : 北向小退(북향소퇴)
　　　　북쪽을 향하여 조금 물러난다
○ 17拍 : 舞進而立(무진이립)
　　　　춤추며 나아가 선다
○ 18拍 : 斂手足蹈 염수족도)
　　　　두 손을 모으고 족도한다.
○ 19拍 : 舞退 樂止(무퇴 악지)
　　　　춤추며 물러나면 음악이 그친다.

14. 예제 첩승무(睿製 疊勝舞) / 목란화만(木蘭花慢)

1) 주석(註釋)

○ 무동 1인은 앞에 있고, 1인은 뒤에 있고, 2인은 왼쪽에 있고, 2인은 오른쪽에 있으면 서로 변화하면서 춤춘다.

2) 예제(睿製) 악장(樂章)

1첩	翠樓春日捲珠簾 취루춘일권주렴	비취빛 누각에서 봄날 주렴을 걷으니
	紫鳶雙飛近畫簷 자연쌍비근화첨	어린 제비가 단청처마 가까이 짝지어나네
2첩	雕欄灼爍百花光 조란작삭백화광	아로새긴 난간은 온갖 꽃빛으로 빛나는데

	畫院春沈十二香	화원엔 봄이 깊어 열 두 향기 풍기누나
3첩	春近昭陽殿裏人	봄이 가까우니 소양전 안의 여인은
	仙裙風動好輕身	선녀치마 나부끼며 사뿐사뿐 거니네
4첩	玉樓春月正遲遲	옥루에 둥근달 천천히 떠 오르니
	碧繡簷前花影移	푸른 휘장 처마 앞으로 꽃 그림자 옮겨오네
5첩	玉礎花甎築歌臺	옥 주춧돌 꽃무늬 벽돌로 노래 대를 쌓고
	玳瑁盤中軟舞來	대모반 안으로 사뿐사뿐 춤추며 나아오네
6첩	春光先到百花樓	봄빛이 먼저 찾아와 온갖 꽃 핀 누각에서
	軟舞雙雙弄彩毬	사뿐사뿐 춤추며 쌍쌍이 채색공을 희롱하네
7첩	朝日曈曈興慶池	아침 해 환하게 흥경지에 떠오르니
	梨園弟子奏新詞	이원149)의 제자들 신곡을 연주하네
8첩	弟子部中奏新樂	이원의 제자들 신곡을 연주하는데
	沈香亭上半捲箔	침향정의 주렴은 반쯤 말아 있네
9첩	妃子春遊臨玉塘	양귀비께서 봄놀이 나와 연못에 임하시니
	梨園新奏荔芰香	이원이 다시금 여지향150)을 연주하네
10첩	羯鼓聲催御苑花	갈고소리 어원의 꽃 재촉해 피우니
	紫衣宮女按琵琶	자색옷 궁녀들은 비파를 연주하네
	[十疊 竝唱]	

---

149) 이원(梨苑) : 당 현종이 악공과 궁녀에게 음악과 춤을 연습 시키던 곳으로 재능있는 악사 후보를 30명 정도 선발하여 현종이 직접 가르쳤다고 함.

150) 여지향 : 어느 날 당(唐) 현종(玄宗)이 그들이 처음으로 정을 나누었던 여산(驪山)의 화청궁에 온천욕을 하러 갔었다. 마침 양귀비의 생일이었기에 이원의 악공들에게 기념이 될 만한 신곡을 연주하게 하였으나 적당한 제명(題名)이 떠오르지 않아 고민하던 순간에 마침 양귀비에게 진상하는 여지가 도착하여 바구니를 열자마자 주위에 여지의 향이 퍼져나갔기에 이 신곡의 이름을 ≪여지향≫이라고 붙였다고 함.

3) 의주/차비/복식

구분(區分)	내용(內容)
의주(儀註)	細吹作木蘭花慢呈疊勝舞 進茶 樂止 세취가 목란화만을 연주하고 첩승무를 올릴 때 왕세자에게 차을 올린다
정재차비 (呈才差備)	○ 무(舞) : 진대길, 신삼손, 신광협, 김명풍, 진계업, 김형식

복식(服飾)	○ 무동 : 아광모, 홍라포, 백질흑선중단의, 남질흑선상, 주전대, 흑화
	    (※ 춘광호, 최화무와 같음)
	○ 여령 : 화관, 초록단의, 황초단삼(黃綃單衫), 남색상(藍色裳), 홍초상
	    홍단금루수대, 오채한삼, 초록혜(1829기축진찬의궤)

4) 춤 : 첩승무(疊勝舞)

  향악정재(鄕樂呈才)로 당악정재(唐樂呈才)인 〈육화대(六花隊)〉가 노래 중심의 정재인 것처럼 첩승무도 춤보다 노래에 치중하고 있다. 이 춤의 인원은 전 1인, 후 1인, 좌 2인, 우 2인, 모두 6인으로 〈향당교주(鄕唐交奏)〉가 연주되면 6명의 무원(舞員)이 나아가 제1첩(第一疊) 창사(唱詞)로 시작하여 제10첩(第十疊)의 창사를 부르면서 춤의 형태를 바꾸어 가며 추는 것이 이 춤의 특징이다.

[사진 37] 〈첩승무〉, 1983년 국립극장 대극장

첩승무는 1981년 11월 9일 심무회가 주최한 "김천흥 무용생활 60주년 기념 무용발표회"에서 문예회관 대극장에서 김천흥 재현 안무 및 지도로 국립국악원 무용단에 의해 초연되었고, 이 때 박접무, 보상무, 무산향, 만수무, 경풍도 등도 처음으로 공연되었다

5) 음악(音樂) : 목란화만(木蘭花慢)

황제의 명에도 꽃을 피우지 않은 모란, 화중지왕(花中之王)!

당(唐) 측천무후가 아들인 황태자를 폐하고, 신하들의 추대를 받아 즉위한 겨울날, 연회가 한창일 때 밖을 내다보니 납매(蠟梅)[151]가 핀 것을 보고, 취기가 오른 그녀가 꽃구경을 가겠노라고 총신들을 데리고 황궁의 화원으로 행차를 하였다. 그러나 아직 겨울이라서 수선이나 동백을 말고는 꽃구경을 즐길 수 있는 상태가 아니었다. 측천무후가 "어째서 다른 꽃은 피지 않았느냐?"는 하문에 한 신하가 "아뢰옵기 황송하오나 아직 꽃이 필 시기가 아니기 때문이옵니다."라고 답하자, 옆에 있던 딸 태평공주가 모후의 비위를 맞추기 위하여 말하길, "꽃들이 감히 피지 않은 것은 폐하의 명이 없었기 때문이옵니다. 만일 폐하께서 명을 내리신다면 꽃들을 관장하는 신들이 즉시 명에 따를 것이옵니다."고 말하자 측천무후가 "납매가 추위를 두려워하지 않고 짐에게 기쁨을 주었으니, 다른 꽃들도 당연히 짐을 기쁘게 해줄 것이다. 꽃을 피우는 작은 일쯤이야 어찌 짐의 뜻대로 되지 않겠느냐? 설령 짐이 자연의 조화를 거슬러 모든 꽃을 일제히 피우게 명한들 어찌 거역할 수 있겠느냐?" 하였다.

"明朝遊上苑   내일 아침에 화원에 놀러 나올 것이니
명조유상원

火急報春知   빨리 봄을 알리라
화급보춘지

花須連夜發   밤을 이어 꽃을 피워
화수연야발

莫時曉風吹   새벽을 기다리는 일이 없도록 하라"
막시효풍취

측천무후는 다음날까지 꽃을 피우라는 어지(御旨)를 써서 상림원에 걸어두게 하고 자리를 떠났다. 이튿날 아침 태평공주가 궁녀를 보내 화원의 모습을 살피게 하니, 꽃이 피기 시작했다는 소식

---

151) 납매(蠟梅) : 음력 섣달에 꽃이 피는 매화.

을 보고 받고는 측천무후에게도 알렸다. 측천무후가 총신들과 함께 화원을 다시 방문하니 과연 매화는 물론 해당화, 작약, 장미, 자두, 살구 등 온갖 꽃들이 형형색색 자태를 뽐내고 있었으나 오직 모란만이 꽃을 피우지 않고 있었다. 분노한 측천무후가 어떻게 하던지 모란을 꽃피우게 하라는 명령을 받은, 화원을 관리하는 관리들은 화원에 아무리 불을 때도 모란은 끝내 꽃을 피우지 않았고, 모란꽃 보기를 포기한 측천무후는 홧김에 모란을 모두 뽑아서 낙양으로 추방해 버렸다. 그 후 모란은 낙양화(洛陽花)라 불렸고, 불에 타서 줄기가 검게 그을린 모란의 자손을 초골목단(焦骨牧丹)이라 부르게 되었다고 한다. 불을 때서 꽃의 개화시기를 앞당겼다는 이야기는 당시의 원예기술을 말하는 것인데, 조선시대에도 온실에 대한 기록이 있다.

성종(成宗) 2년(1471) 궁궐에 쓰이는 꽃을 키우는 기관인 장원서(掌苑署)에서 철쭉과의 일종인 영산홍(暎山紅) 한 분(盆)을 임금께 올리자, 왕은 "초목의 꽃과 열매는 천지의 기운을 받는 것으로 각각 그 시기가 있는데, 제때에 핀 것이 아닌 꽃은 인위적인 것으로서 내가 좋아하지 않으니 앞으로는 바치지 말라"[152]고 하였다.

木蘭花 (목란화)

안수(晏殊), 북송(北宋)

綠楊芳草長亭路 (록양방초장정로)	푸른 버들, 꽃다운 풀 우거진 기다란 정자길
年少抛人容易去 (년소포인용이거)	젊을 적에는 사람을 버리고 쉽게도 떠나갔네
樓頭殘夢五更鐘 (루두잔몽오경종)	누각 머리 취한 꿈에 한 밤중 종소리
花底離愁三月雨 (화저리수삼월우)	꽃그늘 아래 이별의 근심이 춘삼월에 비 같아라.
無情不似多情苦 (무정불사다정고)	무정한 마음은 다정한 괴로움만 못하더니
一寸還成千萬縷 (일촌환성천만루)	한 조각 마음 천만갈래 실타래를 이루는구나.
天涯地角有窮時 (천애지각유궁시)	하늘 끝과 땅 끝은 막다른 때가 있으나
只有相思無盡處 (지유상사무진처)	다만 서로를 그리워함에는 다하는 곳이 없어라.

---

152) 『성종실록』 권 13. 성종 2년 11월 21일 기미 2번째 기사.

【한국의 명시 이야기 한편】

모란이 피기까지는

김영랑

모란이 피기까지는
나는 아직 나의 봄을 기다리고 있을테요
모란이 뚝뚝 떨어져버린 날
나는 비로소 봄을 여읜 설움에 잠길테요
오월 어느 날, 그 하루 무덥던 날
떨어져 누운 꽃잎마저 시들어 버리고는
천지에 모란은 자취도 없어지고
뻗쳐 오르던 내 보람 서운케 무너졌느니
모란이 지고 말면 그뿐, 내 한 해는 다 가고 말아
삼백 예순 날 하냥 섭섭해 우옵내다
모란이 피기까지는
나는 아직 기다리고 있을테요
찬란한 슬픔의 봄을

 김영랑은 모란이 필 시기가 되면 동료 시인들을 모아 시 창작대회를 즐겼다고 하는데, 1930년대 어느 초봄의 시 창작대회에서 영랑이 모란을 보고 시를 썼지만 시가 마음에 들지 않아 공개하기도 전에 쓰레기통에 버렸다고 한다. 그런데 이 모습을 본 춘원 이광수가 쓰레기통에 버린 종이를 다시 꺼내 보니 놀랄만한 대작이라고 생각해 낭독해 참석자들의 큰 박수를 받았다고 한다. 하마터면 김영랑의 대표작이 사장될 뻔한 일화이다.

6) 첩승무 무도홀기(疊勝舞 舞圖笏記)

[그림 28] 〈첩승무〉
『순조무자진작의궤』
≪부편≫ 〈정재도〉

① 『무동각정재무도홀기』 10첩 창사가 없다

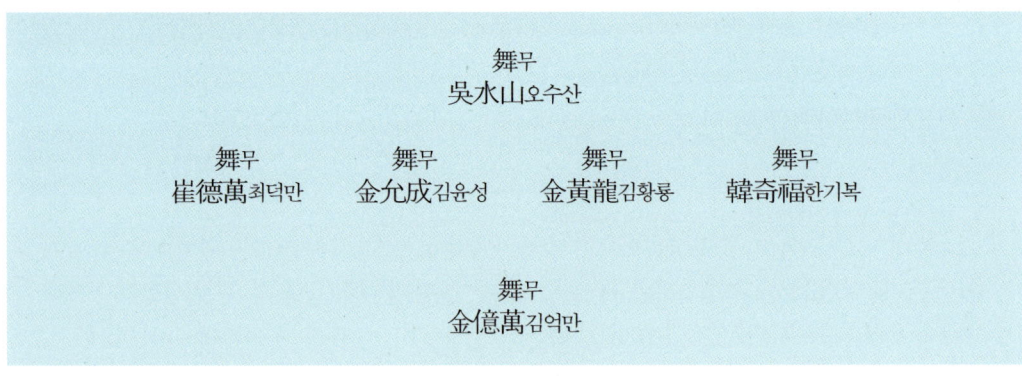

[무동 초입 배열도]

◎ 樂奏慶春花之曲[鄕唐交奏](악주경춘화지곡[향당교주])
　　음악은 경춘화지곡을 연주한다.[향당교주]
　○ 1拍 : 舞六人舞進而立(무육인무진이립)
　　　　　무동 6인이 춤추며 나아가 선다.

○ 2拍 : 小退而舞(소퇴이무)
　　　　조금 물러나면서 춤춘다.
○ 3拍 : 相向而舞(상향이무)
　　　　서로 마주보며 춤춘다.
○ 4拍 : 相背而舞(상배이무)
　　　　서로 등을 지고 춤춘다.
○ 5拍 : 回旋而舞(회선이무)
　　　　돌면서 춤춘다.
○ 6拍 : 分二隊左右旋轉而舞(분이대좌우선전이무)
　　　　좌우 2대로 나뉘어 돌면서 춤춘다.
○ 7拍 : 分南北相背而舞(분남북상배이무)
　　　　남북으로 나뉘어 등을 지고 춤춘다.
○ 8拍 : 相隊而舞(상대이무)
　　　　박을 치면, 서로 마주보고 춤춘다.
○ 9拍 : 分東西相向而舞(분동서상향이무)
　　　　박을 치면, 동서로 나뉘어 마주보고 춤춘다.
○ 10拍 : 相背換隊而舞(상배환대이무)
　　　　서로 등지고 대를 바꾸어 가며 춤춘다.
○ 11拍 : 還復其隊而舞(환복기대이무)
　　　　본래의 대 자리로 돌아가며 춤춘다.
○ 12拍 : 北向而舞(북향이무)
　　　　북향하여 춤춘다.
○ 13拍 : 齊行進退而舞(제행진퇴이무)
　　　　나란히 서서 나아갔다 물러났다 하며 춤춘다.
○ 14拍 : 以袖高低而舞(이수고저이무)
　　　　이수고저하며 춤춘다.
○ 14拍 : 左右第一人出隊而舞(좌우제일인출대이무)
　　　　좌우의 1인이 대에서 나와서 춤춘다.
○ 15拍 : 左右第二人隨前隊而舞(좌우제이인수전대이무)
　　　　좌우 제 2인이 전대의 동작을 따라하며 춤춘다.

○ 16拍 : 左右第三人隨二隊而舞(좌우제삼인수이대이무)
　　　　　좌우 제 3인이 2대의 동작을 다라하며 춤춘다.
○ 17拍 : 竝斂手而舞(병염수이무)
　　　　　나란히 손을 모으고 춤춘다.
○ 18拍 : 回旋而舞(회선이무)
　　　　　빙글빙글 돌면서 춤춘다.
○ 19拍 : 還復初列以舞(환복초열이무)
　　　　　처음 대열로 돌아가면서 춤춘다.
○ 20拍 : 舞進以立(무진이립)
　　　　　춤추며 나아가 선다.
○ 21拍 : 斂手足蹈(염수족도)
　　　　　염수족도 한다.
○ 22拍 : 無退樂止(무퇴악지)
　　　　　춤추며 물러나면 음악이 그친다.

② 『여령각정재무도홀기』 고종(高宗) 광무 5년 신축(辛丑) 1901년

		舞무 醫女 錦娘 의녀 금낭		
舞무 醫女 暎月 의녀 영월	舞무 醫女 翡翠 의녀 비취	舞무 醫女 飛燕 의녀 비연		舞무 醫女 玉葉 의녀 옥엽
		舞무 醫女 彩喜 의녀 채희		

[여령 초입 배열도]

◎ 樂奏凝祥花之曲[鄕唐交奏](악주응상화지곡[향당교주])
　음악은 응상지곡지곡을 연주한다.[향당교주]

○ 1拍 : 舞六人舞進而立 樂止 第一疊唱詞(무육인무진이립 악지 제일첩창사)
　　　　무기 6인이 춤추며 나아가 서고, 음악이 그치면 제1첩 창사를 한다.

　　　翠樓春日捲珠簾　　비취빛 누각에서 봄날 주렴을 걷으니
　　　취 루 춘 일 권 주 렴
　　　紫鳶雙飛近畵簷　　어린 제비가 단청처마 가까이 짝지어나네
　　　자 연 쌍 비 근 화 첨
　　　訖　　　　　　　　마친다.
　　　흘

○ 2拍 : 樂奏前樂(악주전악)
　　　　음악은 앞의 음악을 연주한다.
○ 3拍 : 小退而舞(소퇴이무)
　　　　조금 물러나면서 춤춘다.
○ 4拍 : 相向而舞(상향이무)
　　　　서로 마주보며 춤춘다.
○ 5拍 : 相背而舞(상배이무)
　　　　서로 등을 지고 춤춘다.
○ 6拍 : 回旋而舞(회선이무)
　　　　돌면서 춤춘다.
○ 7拍 : 俱北向而舞 樂止 第一疊唱詞(구북향이무 악지 제이첩창사)
　　　　모두 북쪽을 향하여 춤추고, 음악이 그치면 제 2첩 창사를 한다.

　　　雕欄灼爍百花光　　아로새긴 난간은 온갖 꽃빛으로 찬란한데
　　　조 란 작 삭 백 화 광
　　　畵院春沈十二香　　화원엔 봄이 깊어 열두 향기 풍기누나
　　　화 원 춘 심 십 이 향
　　　訖　　　　　　　　마친다.
　　　흘

○ 8拍 : 樂奏前樂(악주전악)
　　　　음악은 앞의 음악을 연주한다
○ 9拍 : 分隊左右旋轉而舞(분대좌우선전이무)
　　　　대가 좌우로 나뉘어 돌면서 춤춘다.

○ 10拍 : 分南北相背而舞(분남북상배이무)
　　　　남북으로 나뉘어 등을 지고 춤춘다.
○ 11拍 : 後隊北向而舞 樂止 第三疊唱詞(후대북향이무 악지 제삼첩창사)
　　　　후대가 북향하여 춤추고, 음악이 그치면 제 3첩 창사를 한다.

　　　春近昭陽殿裏人　　봄이 가까우니 소양전 안의 여인은
　　　춘 근 소 양 전 리 인

　　　仙裙風動好輕身　　선녀치마 나부끼며 사뿐사뿐 거니네
　　　선 군 풍 동 호 경 신

　　　訖　　　　　　　　마친다.
　　　흘

○ 12拍 : 樂奏前樂(악주전악)
　　　　음악은 앞의 음악을 연주한다
○ 13拍 : 相隊而舞(상대이무)
　　　　서로 마주보고 춤춘다.
○ 14拍 : 分東西相向而舞(분동서상향이무)
　　　　동서로 나뉘어 마주보고 춤춘다.
○ 15拍 : 相背換隊而舞(상배환대이무)
　　　　서로 등지고 대를 바꾸어 가며 춤춘다.
○ 16拍 : 還復其隊而舞(환복기대이무)
　　　　본래의 대 자리로 돌아가며 춤춘다.
○ 17拍 : 北向而舞 樂止 第四疊唱詞(북향이무 악지 제사첩창사)
　　　　북향하여 춤추고 음악이 그치면 제 4첩 창사를 한다.

　　　玉樓春月正遲遲　　옥루에 둥근달 천천히 떠오르니
　　　옥 루 춘 월 정 지 지

　　　碧繡簷前花影移　　푸른 휘장 처마 앞으로 꽃 그림자 옮겨 오네
　　　벽 수 첨 전 화 영 이

　　　訖　　　　　　　　마친다.
　　　흘

○ 18拍 : 樂奏前樂(악주전악)
　　　　음악은 앞의 음악을 연주한다

○ 19拍 : 翻袖而舞(번수이무)
　　　　소매를 번득이며 춤춘다.
○ 20拍 : 齊行進退而舞(제행진퇴이무)
　　　　나란히 서서 나아갔다 물러났다 하며 춤춘다.
○ 21拍 : 八手而舞 樂止 第五疊唱詞(팔수이무 악지 제오첩창사)
　　　　팔수무를 춤추고, 음악이 그치면 제 5첩을 창사한다.

　　　玉礎花甎築歌臺　　　옥 주춧돌 꽃무늬 벽돌로 노래 대를 쌓고
　　　　옥 초 화 전 축 가 대
　　　玳瑁盤中軟舞來　　　대모반 안으로 사뿐사뿐 춤추며 나아오네
　　　　대 모 반 중 연 무 래
　　　訖　　　　　　　　　마친다.
　　　　흘

○ 22拍 : 樂奏前樂(악주전악)
　　　　음악은 앞의 음악을 연주한다
○ 23拍 : 左右第一人出隊而舞 樂止 第六疊唱詞(좌우제일인출대이무 악지 제육첩창사)
　　　　좌우의 1인이 대에서 나와서 춤추고, 음악이 그치면 제 6첩을 창사한다.

　　　春光先到百花樓　　　봄빛이 먼저 찾아와 온갖 꽃 핀 누각에서
　　　　춘 광 선 도 백 화 루
　　　軟舞雙雙弄彩毬　　　사뿐사뿐 춤추며 쌍쌍이 채색공을 희롱하네
　　　　연 무 쌍 쌍 농 채 구
　　　訖　　　　　　　　　마친다.
　　　　흘

○ 24拍 : 樂奏前樂(악주전악)
　　　　음악은 앞의 음악을 연주한다
○ 25拍 : 左右第二人隨前隊而舞 樂止 第七疊唱詞(좌우제이인수전대이무 악지 제칠첩창사)
　　　　좌우 제 2인이 전대의 동작을 따라하며 춤추고, 음악이 그치면 7첩을 창사한다.

　　　朝日曈曈興慶池　　　아침 해 환하게 홍경지에 떠 오르니
　　　　조 일 동 동 흥 경 지
　　　梨園弟子奏新詞　　　이원의 제자들 새노래를 부르네
　　　　이 원 제 자 주 신 사
　　　訖　　　　　　　　　마친다.
　　　　흘

○ 26拍 : 樂奏前樂(악주전악)
　　　　음악은 앞의 음악을 연주한다
○ 27拍 : 左右第三人隨前隊而舞 樂止 第七疊唱詞(좌우제삼인수전대이무 악지 제팔첩창사)
　　　　좌우 제 2인이 2대의 동작을 따라하며 춤추고, 음악이 그치면 8첩을 창사한다.

　　弟子部中奏新樂　　이원의 제자들 신곡을 연주하는데
　　제 자 부 중 주 신 악

　　沈香亭上半捲箔　　침향정 정자의 주렴은 반쯤 말아 있네
　　침 향 정 상 반 권 박

　　訖　　　　　　　　마친다.
　　흘

○ 28拍 : 樂奏前樂(악주전악)
　　　　음악은 앞의 음악을 연주한다.
○ 29拍 : 北向而舞(북향이무)
　　　　북쪽을 향하여 춤춘다.
○ 30拍 : 斂手而舞(염수이무)
　　　　손을 모으고 춤춘다.
○ 31拍 : 回旋而舞(회선이무)
　　　　돌면서 춤춘다.
○ 32拍 : 北向而舞 樂止 第九疊唱詞(북향이무 악지 제구첩창사)
　　　　북향하여 춤추고, 음악이 그치면 9첩을 창사한다.

　　妃子春遊臨玉塘　　양귀비께서 봄놀이 나와 연못에 임하시니
　　비 자 춘 유 임 옥 당

　　梨園新奏荔芰香　　이원이 다시금 여지향을 연주하네
　　이 원 신 주 여 기 향

　　訖　　　　　　　　마친다.
　　흘

○ 33拍 : 樂奏前樂(악주전악)
　　　　음악은 앞의 음악을 연주한다.
○ 34拍 : 齊行進退而舞(제행진퇴이무)
　　　　나란히 하여 앞으로 나아갔다 뒤로 물러났다 하면서 춤춘다.

○ 35拍 : 還復初列而舞(환복초열이무)
　　　　　처음 대열로 돌아가며 춤춘다.
○ 36拍 : 舞進而立 樂止 第十疊唱詞(무진이립 악지 제십첩창사)
　　　　　춤추며 앞으로 나아가 서고, 음악이 그치면 10첩을 창사한다.

　　　羯鼓聲催御苑花　　　갈고소리 어원의 꽃 재촉해 피우니
　　　갈 고 성 최 어 원 화
　　　紫衣宮女按琵琶　　　자색옷 궁녀들 비파를 연주하네
　　　자 의 궁 녀 안 비 파
　　　訖　　　　　　　　　마친다.
　　　흘

○ 37拍 : 鄕唐交奏(향당교주)
　　　　　향당교주를 연주한다.
○ 38拍 : 舞退樂止(무퇴악지)
　　　　　춤추며 물러나고, 음악이 그친다.

15. 최화무(催花舞) / 염노교(念努嬌)

1) 주석(註釋)

○ 『도서집성』에 송나라 태종이 ≪소석조(小石調)≫를 직접 지었는데, 아홉 번째가 "최화발(催花發)이다"
○ 무동 6인이 줄서서 북향하여 춤춘다.

2) 악장(樂章)

1첩　梨園弟子簇池頭　　　이원제자[153]들 연못가에 빽빽이 모여
　　　이 원 제 자 족 지 두

---

153) 이원제자 : 당 현종이 악공과 궁녀에게 음악과 춤을 연습 시키던 곳으로 재능 있는 악사 후보를 30명 정도 선발하여 현종이

| | 小樂携來候鷰遊
소 악 휴 래 후 연 유 | 악기를 들고 제비 나타나길 기다리네 |

| 2첩 | 試挾銀箏先按拍
시 협 은 쟁 선 안 박 | 은쟁을 시험삼아 끼고서 몇 곡조 타보는데 |
| | 海棠花下合梁州
해 당 화 하 합 량 주 | 해당화 아래에서 타던 양주곡154)이라네 |

| 3첩 | 興慶池南柳未開
흥 경 지 남 류 미 개 | 홍경지의 남쪽 버들가지 싹트지 않았는데 |
| | 太眞先把一枝梅
태 진 선 파 일 지 매 | 태진155)은 벌써 매화꽃 한 가지를 꺾어 들었네 |

| 4첩 | 內人已唱春鶯囀
내 인 이 창 춘 앵 전 | 나인들이 이미 춘앵전을 노래하고 |
| | 花下傞傞軟舞來
화 하 사 사 연 무 래 | 꽃 아래로 사뿐사뿐 춤추며 나오는구나 |

3) 의주/차비/복식

구분(區分)	내용(內容)
의주(儀註)	細吹作念奴橋呈催花舞 退御饌(退匙楪, 揮巾) 세취가 염노교를 연주하고 최화무를 올릴 때 어찬을 물린다(시접, 휘건도 물린다)
정재차비 (呈才差備)	○ 무(舞) : 진대길, 신삼손, 신광협, 김명풍, 진계업, 김형식
복식(服飾)	아광모, 홍라포, 백질흑선중단의, 남질흑선상, 주전대, 흑화 (※ 춘광호, 첩승무와 같음)

직접 가르쳤다고 함.
240) 양주곡 : 당나라 악부곡의 하나.
155) 태진(太眞) : 당 현종이 며느리인 양옥환(양귀비)을 바로 비(妃)로 맞아들일 수 없어, 잠시 도교의 여도사(女道士)로 출가시키고 태진이라는 호를 내려 궁안에 태진궁이라는 도교사원을 관리하는 여관(女官)으로 삼은 후 밀회를 나눔.

4) 춤 : 최화무(催花舞)

봄의 피어나는 꽃들의 아름다움을 찬양하는 내용의 노래를 부르며 추는 춤으로, 창사의 일부와 후구호를 〈육화대〉로부터 가져왔다. 순조 28년(1828) 『무자진작의궤』의 기록에 의하면 무동정재로서 처음엔 죽간자 없이 무(舞) 6인(人)이 춘 향악정재였으나 이듬해 순조 29년(1829) 『기축진찬의궤』에서는 당악정재의 양식을 도입하여 무원은 죽간자(竹竿子) 2인, 중무(中舞) 1인, 협무(挾舞) 4인으로 모두 무동 7인으로 구성되어 있다.

1828년 6월에 연경당 진작 때 진상된 악장이 예조(禮曹)에서 마련한 악장이라면 1829년 6월 설행된 진찬 때는 효명세자의 예제 악장으로 불렀다.

최화무는 1981년 10월 27일 국립국악원 주최 "궁중무용 발표회"에서 김천흥 재현 안무로 국립극장 대극장에서 초연되었다.

[사진 38] 〈최화무〉, 1996년

5) 음악 : 염노교(念奴嬌)

염노교란 사패(詞覇)의 하나로 음조가 높기로 유명한데, 당(唐) 현종(玄宗)의 총애를 받던 노래를 잘하는 기녀인 염노가 있었는데, 그 노래 소리는 마치 해맑은 아침의 노을 위에서 들리는 것 같아서 오히려 종이나 북을 울리고 생황이나 피리를 불어도 그 악기의 소리가 그녀의 목소리만 못하였다고 한다. 그래서 아리따울 교를 붙여서 염노교라 하였다는 기록이 『개원천보유사(開元天保遺事)』≪안색미인≫에 전한다. 그녀는 100자로 된 노래가사를 불렀는데 이름하여 "백자요(百字

謠)"라고 한다.

  당나라 5대 한림원 학사를 역임한 왕인유(王仁裕)가 당 현종(玄宗) 시기에 장안에 민간에서 전하는 고사(古事)들을 엮은 『개원천보유사(開元天保遺事)』에서 염노(念奴)를 평하길 "자색이 뛰어나고 노래를 잘 불렀다 한시도 황제의 곁을 떠나지 않았다"고 하였고,

  원진(元稹)의 ≪연창궁사(連昌宮詞)≫에서
"이 여인은 요염하고 예쁘다. 눈이 사람을 홀린다. 매번 노래를 하면 목소리는 아침 안개에서 나오고 여러 악기의 잡소리도 그녀의 목소리를 막지 못한다"라고 하였다.

  연창궁은 당나라 황제의 행궁(行宮) 중의 하나로 당 고종(高宗) 3년(658)에 지어졌는데, 지금의 하남성(河南省) 의양현(宜陽縣) 서쪽에 있었다. 818년 원진이 통주사마(通州司馬)였을 때에 이 유명한 장편 서사시 ≪연창궁사(連昌宮詞)≫를 지었는데, 연창궁의 흥망성쇠를 통하여 안사(안록산과 사사명)의 난을 전후로 한 당나라 정치의 어지러운 원인을 묘사하였다.

  연창궁사 장편 중에서 현종(玄宗)과 양귀비 그리고 염노 부분만 발췌하여 싣는다.

連昌宮詞(연창궁사)

원진(元稹), 당(唐)

上皇正在望仙樓 (상황정재망선루)	상황이 바로 망선루에 있으니
太眞同憑欄干立 (태진동빙난간립)	태진156)이 함께 난간에 기대어 있네
樓上樓前盡珠翠 (누상루전진주취)	누상과 누 앞에 모두 진주와 비취로 장식하니
炫轉熒煌照天地 (현전형황조천지)	현란하고 휘황하여 천지에 비추네
力士傳呼覓念奴 (역사전호멱염노)	역사157)가 전하여 소리쳐 염노를 찾으니
念奴潛伴諸郞宿 (염노잠반제랑숙)	염노는 몰래 악공들과 짝하여 자고 있었네.

---

156) 태진(太眞) : 당 현종은 며느리인 양옥환을 화산의 도사로 출가시켜 아들인 이모에게서 떼어놓고 궁내에 도교 사원인 태진궁(太眞宮)을 짓고 양옥환을 다시 이곳을 관리하는 여관(女官)으로서 불러들였고 자를 태진이라 하였다.

157) 고력사(高力士) : 당 현종의 최측근인 환관.

須臾覓得又連催 (수유멱득우연최)　　얼마 후 찾아내고 연달아 재촉하니
特勅街中許然燭 (특칙가중허연촉)　　특명으로 길거리에 등불을 밝혔네
春嬌滿眼睡紅綃 (춘교만안수홍초)　　아리따운 자태 눈 가득하고 붉은 비단 이불에서 자다가
掠削雲鬟旋粧束 (약삭운환선장속)　　구름 같은 머리 빗질하고 곧바로 단장하여 띠를 묶고는
飛上九天歌一聲 (비상구천가일성)　　구천158)으로 날아올라 한 소리로 노래하니
二十五郎吹管逐 (이십오랑취관축)　　이십오랑159)의 노래에 맞추어 피리를 부네

아래는 염노교(念奴橋)에 실은 소식(蘇軾)의 최고의 절창으로 불리는 사(詞)이다.

赤壁懷古(적벽회고)

　　　　　　　　　　소식(蘇軾), 당(唐)

大江東去 浪淘盡 (대강동거 랑도진)　　양자강 물은 동으로 물결 따라 사라져 갔네
千古風流人物 (천고풍류인물)　　아득한 옛날을 풍미하던 인물들과 함께
故壘西邊 人道是 (고루서변 인도시)　　옛 성 서쪽편 사람들은 이렇게 말하지
三國周郎赤壁 (삼국주랑적벽)　　삼국시대 주유(周瑜)의 적벽대전 터라고
亂石穿空 (난석천공)　　험난한 바위 절벽 하늘을 뚫을 듯 솟아있고
驚濤拍岸 (경도박안)　　기슭을 부숴 버릴 듯한 파도
捲起千堆雪 (권기천퇴설)　　천 겹의 물보라로 휘감아 올린다
江山如畵 (강산여화)　　강산은 그림 같은데

---

158) 구천(九天) : 구중궁궐을 말함.
159) 이십오랑(二十五郞) : 스물다섯 번째 랑(郞)이라는 뜻으로 빈왕(邠王) 이승녕(李承寧)을 가리킨다. 현종(玄宗)의 아우인데 피리의 명수였다.

一時多少豪傑 일시다소호걸	그 시절 호걸은 몇몇이었던가!
遙想公瑾當年 요상공근당년	아득히 당시의 주유(周瑜)를 떠올리니
小喬初嫁了 소교초가료	소교가 처음 시집왔을 때
雄姿英發 웅자영발	영웅의 풍채 당당했었네
羽扇綸巾談笑間 우선윤건담소간	깃털 부채에 윤건 쓴 제갈량과 담소하는 사이
强虜灰飛煙滅 강로회비연멸	강력한 조조의 군대는 재 되어 날고 연기처럼 사라졌네
故國神游 고국신유	적벽을 거닐며 옛일을 회상하노라니
多情應笑我 다정응소아	정이 많은 내가 참으로 우습구나
早生華髮 조생화발	이렇게 일찍 머리 세어버린 내 모습
人生如夢 인생여몽	인생은 꿈과 같은 것
一尊還酹江月 일준환뢰강월	한잔 술을 들어 강물 속의 달님에게 부어 주노라

6) 최화무 무도홀기(催花舞 舞圖笏記)

[그림 29] 〈최화무〉
『순조무자진작의궤』
≪부편≫〈정재도〉

① 『무동각정재무도홀기』

| 舞무
金億萬
김억만 | 舞무
韓奇福
한기복 | 舞무
金允成
김윤성 | 무舞
崔德萬
최덕만 | 舞무
金黃龍
김황룡 | 舞무
朴鳳男
박봉남 |

[무동 초입 배열도]

◎ 樂奏艶陽春之曲[鄕唐交奏](악주염양춘지곡[향당교주])
　음악은 염양춘지곡을 연주한다.(향당교주)
○ 1拍 : 舞六人竝齊行舞進而立(무육인병제행무진이립)
　　　무동 6인이 나란히 춤추면서 나와서 선다.
○ 2拍 : 小退而舞(소퇴이무)
　　　조금 물러나며 춤춘다.
○ 3拍 : 左右第一人小退而舞(좌우제일인소퇴이무)
　　　좌우의 제 1인이 조금 물러나며 춤춘다.
○ 4拍 : 斂手足蹈(염수족도)
　　　박을 치면 손을 모으고 족도한다.
○ 5拍 : 左右第二人舞進一隊之前(좌우제이인무진일대지전)
　　　좌우 제 2인이 춤추며 나아가 제 1대 앞에 선다
○ 6拍 : 斂手足蹈(염수족도)
　　　손을 모으고 족도한다.
○ 7拍 : 左右第三人舞進二隊之前(좌우제삼인무진이대지전)
　　　좌우 제 3인이 춤추며 나아가 제 2대 앞에 선다
○ 8拍 : 斂手足蹈(염수족도)
　　　손을 모으고 족도한다.
○ 9拍 : 竝舞作相對而舞(병무작상대이무)
　　　모두 무작하여 마주보고 춤춘다.
○ 10拍 : 相背而舞(상배이무)
　　　　서로 등지고 춤을 춘다.

- 11拍 : 北向而舞(북향이무)
    북향하며 춤춘다.
- 12拍 : 左隊左旋右隊右旋而舞(좌대좌선우대우선이무)
    좌대는 왼쪽으로 돌고, 우대는 오른쪽으로 돌며 춤춘다.
- 13拍 : 齊行進退而舞(제행진퇴이무)
    나란히 서서 앞으로 나아갔다 뒤로 물러났다 하며 춤춘다.
- 14拍 : 以袖高低而舞(이수고저이무)
    이수고저하며 춤춘다.
- 15拍 : 舞六人分二隊南北相向而舞(무육인분이대남북상향이무)
    무동 6인이 남북으로 2대로 나뉘어 서로 바라보고 춤춘다.
- 16拍 : 相背而舞(상배이무)
    서로 등지고 춤을 춘다.
- 17拍 : 後隊北向而舞(후대북향이무)
    후대는 북향하여 춤춘다.
- 18拍 : 前隊南向而舞(전대남향이무)
    전대는 남향하여 춤춘다.
- 19拍 : 換隊而舞(환대이무)
    대를 바꾸며 춤춘다.
- 20拍 : 後隊北向而舞(후대북향이무)
    후대는 북향하여 춤춘다.
- 21拍 : 前隊南向而舞(전대남향이무)
    전대는 남향하여 춤춘다.
- 22拍 : 還復其隊而舞(환복기대이무)
    다시 본대로 돌아가며 춤춘다.
- 23拍 : 北向而舞(북향이무)
    북향하여 춤춘다.
- 24拍 : 還復初列而舞(환복초열이무)
    처음의 대열로 돌아가며 춤춘다.
- 25拍 : 舞進而立(무진이립)
    춤추며 나아간다.

○ 26拍 : 斂手足蹈(염수족도)
　　　　　손을 모으고 족도한다
○ 27拍 : 舞進樂止(무진악지)
　　　　　춤추며 물러나고 음악이 그친다.

② 『여령각정재무도홀기』 고종(高宗) 광무 5년 신축년(辛丑年) 1901년

```
                竹竿子죽간자                    竹竿子죽간자
                醫女 玉喜 의녀 옥희              醫女 점홍 의녀 점홍

                              中舞중무
                              醫女 錦娘 의녀 금낭

       무舞            무舞            무舞            무舞
       醫女 彩喜        醫女 山月        醫女 花香        醫女 暎月
       의녀 채희        의녀 산월        의녀 화향        의녀 영월
```

[여령 초입 배열도]

◎ 樂奏長春不老之曲[步虛子令](악주장춘불로곡[보허자령])
　음악은 장춘불로지곡을 연주한다.(보허자령)
○ 1拍 : 竹竿子二人足蹈而進立樂止口號(죽간자이인족도이진립악지구호)
　　　　　죽간자 2인이 족도하면서 나아와 서고, 음악이 그치면 구호를 노래한다.

　　　宮鶯嬌聲　　　　　궁궐의 꾀꼬리가 아름답게 노래하며
　　　궁 앵 교 성
　　　弄上都之春　　　　도성의 봄을 희롱한다
　　　농 상 도 지 춘
　　　羯鼓新腔　　　　　갈고의 새로운 노래
　　　갈 고 신 강
　　　催宸苑之花　　　　궁궐의 꽃들을 재촉한다
　　　최 신 원 지 화
　　　敢進香階　　　　　감히 향기나는 계단에 나아가니
　　　감 진 향 계
　　　幸預呈才　　　　　정재를 즐기시는도다
　　　행 예 정 재

　　　訖　　　　　　　　마친다
　　　흘

○ 2拍 : 步虛子令(보허자령)
　　　　　보호자령을 연주한다.
○ 3拍 : 中舞與左右挾舞進而立樂止中舞致語(중무여좌우협무진이립악지중무치어)
　　　　　중무와 좌우협무가 춤추며 나아가 서면 음악이 그치고 중무가 치어를 노래한다.

竹枝調美 죽지조미	죽지사의 곡조가 아름다워
弄玉簫而轉聲 농옥소이전성	옥피리를 희롱하여 소리를 굴리네
桃葉情多 도엽정다	복숭아 잎은 정이 많아
疊花拍而催腔 첩화박이최강	겹겹이 꽃이 부딪치며 노랫가락 재촉하네
且奏梨園之雅樂 차주이원지아악	이원의 아악을 연주하여
宜遊瓊林之曲宴160) 의유경림지곡연	경림의 곡수연을 즐기도다
來歌來舞 래가래무	노래하고 춤추며
式燕以娛 식연이오	연회를 즐기도다
訖 흘	마친다.

○ 4拍 : 鄕唐交奏(향당교주)
　　　　　향당교주를 연주한다.
○ 5拍 : 中舞舞作小退(중무무작소퇴)
　　　　　중무가 춤추며 조금 물러난다.
○ 6拍 : 左右挾舞作小進而立樂止中舞左後挾舞唱詞
　　　　　(좌우협무작소진이립악지중무좌후협무창사)
　　　　　좌우협무가 춤추며 조금 나아가 서면(중무의 왼쪽 뒤) 협무가 창사한다.

---

160) 곡연(曲宴) : 임금이 궁중내원에서 베푸는 소연(小宴). 보통 음력 3월 3일에 문무백관이 곡수(曲水)의 가에 여기저기 자리를 잡고 앉았다가 상류에서 띄운 술잔이 자기 앞에 오기 전에 시를 짓고 잔을 들어 술을 마셨음.

金刀初剪露痕新 금도로 처음 자르니 이슬 흔적 새롭고
금도초전로흔신

輕疊羅黃密綴均 가볍게 포개진 누런 비단은 촘촘히 꿰매어 있네
경첩나황밀철균

碧玉枝頭開遍到 벽옥의 가지 두루 열리고
벽옥지두개편도

裊嬈偏稱上都春161) 아리따운 이가 치우쳐서 도성의 봄을 말하노라
뇨요편칭상도춘

訖 마친다.
흘

○ 7拍 : 鄕唐交奏(향당교주)
　　　향당교주를 연주한다.
○ 8拍 : 中舞小退挾舞小退而舞(중무소퇴협무소퇴이무)
　　　중무가 조금 물러나고 협무가 조금 물러나며 춤춘다.
○ 9拍 : 中舞與挾舞相對進退而舞(중무여협무상대진퇴이무)
　　　중무와 협무가 서로 바라보며 앞으로 나아갔다가 뒤로 물러나며 춤춘다.
○ 10拍 : 中舞在中挾舞分四隅而舞(중무재중협무분사우이무)
　　　중무가 가운데 있고, 협무가 넷으로 나뉘어 네 모퉁이에서 춤춘다.
○ 11拍 : 中舞與挾舞各各相對而舞(중무여협무각각상대이무)
　　　중무와 협무가 각각 서로 바라보며 춤춘다
○ 12拍 : 相背而舞(상배이무)
　　　서로 등지고 춤춘다.
○ 13拍 : 挾舞換北向小進而舞樂止挾舞唱詞(협무환북향소진이무악지협무창사)
　　　협무가 바뀌어서 북향하고 조금 나아가 춤추면 음악이 그치고 협무가 창사를 한다.

春光且莫去 봄빛이 떠나지 못하고
춘광차막거

留與醉人看 머물러 취한 이를 보는구나
유여취인간

訖 마친다.
흘

---

161) 상도(上都) : 수도를 뜻하는 말로 황제나 왕이 있는 곳을 가리킨다.

○ 14拍 : 鄕唐交奏(향당교주)
　　　향당교주를 연주한다.
○ 15拍 : 中舞與左右挾舞作(중무여좌우협무작)
　　　중무와 좌우협무가 춤동작을 한다.
○ 16拍 : 中舞與左右挾舞落袖回轉齊行而舞(중무여좌우협무낙수회전제행이무)
　　　중무와 좌우 협무가 소매를 떨어뜨리고 돌면서 나란히 춤춘다
○ 17拍 : 並舞作(병무작)
　　　함께 무작한다.
○ 18拍 : 分五方而舞(분오방이무)
　　　다섯 방향으로 나뉘어 춤춘다.
○ 19拍 : 俱北向而舞樂止挾舞唱詞(구북향이무악지협무창사)
　　　모두 북향하여 춤추고 음악이 그치면 협무가 창사를 한다.

淸曉牧丹芳 청효목단방	맑은 새벽에 목단꽃 향내 나고
乍占錦江春 사점금강춘	언뜻 떨어지니 금강의 봄이리
紅艶疑金蕊 홍염의금예	붉고 탐스러우니 아마도 국화런가
永認笙歌地 영인생가지	생황과 노래임을 아노라
訖 흘	마친다.

○ 20拍 : 鄕唐交奏(향당교주)
　　　향당교주를 연주한다.
○ 21拍 : 並舞作小退而舞(병무작소퇴이무)
　　　양팔을 옆으로 펴 들고 조금 물러나며 춤춘다.
○ 22拍 : 並小進而舞(병소진이무)
　　　모두 조금 나아가며 춤춘다.
○ 23拍 : 並拂袖回旋齊行而舞(병불수회선제행이무)
　　　모두 소매를 떨쳐 뿌리며 돌면서 나란히 하여 춤춘다.

○ 24拍 : 並手舞進退霎步而舞樂止挾舞唱詞(병수무진퇴삽보이무악지협무창사)
모두 손춤을 추면서 앞으로 나아갔다가 뒤로 물러나며 가랑비가 내리듯
사뿐사뿐 춤추고 음악이 그치면 협무가 창사를 한다.

感人心爲物瑞 인심을 감동시키는 것은 만물의 상서로움인데
감 인 심 위 물 서

戴上玉釵時   옥비녀 머리에 꽂을 때
대 상 옥 채 시

爛熳煙火裏   따듯이 피어나는 연화들은
난 만 연 화 리

迥凡花異   뭇 꽃들과는 멀리 다르도다
형 범 화 이

訖   마친다.
흘

○ 25拍 : 鄕唐交奏(향당교주)
향당교주를 연주한다.

○ 26拍 : 並手舞小退而舞(병수무소퇴이무)
양팔을 옆으로 펴 들고 조금 물러나며 춤춘다.

○ 27拍 : 中舞出隊而舞(중무출대이무)
중무가 대열에서 나오며 춤춘다.

○ 28拍 : 中舞與挾舞相隊而舞(중무여협무상대이무)
중무와 협무가 마주보고 춤춘다.

○ 29拍 : 並一拂一轉齊行而舞(병일불일전제행이무)
모두 소매를 떨쳐 뿌리며 돌면서 나란히 춤춘다.

○ 30拍 : 並左右一大轉而舞(병좌우일대전이무)
모두 좌우로 크게 한 바퀴 돌면서 춤춘다.

○ 31拍 : 手舞傞傞進退而舞(수무사사진퇴이무)
손춤을 추면서 사뿐사뿐 앞으로 나아갔다 뒤로 물러나며 춤춘다.

○ 32拍 : 中舞出隊右旋而舞左右挾舞次次右旋懽轉而回舞
(중무출대우선이무좌우협무차차우선환전이회무)
중무가 대열에서 나오며 오른쪽으로 돌며 춤추고, 좌우 협무는 차례로 오른쪽으로
돌면서 기뻐하며 빙글빙글 돌고, 둥글게 원을 그리며 춤춘다.

○ 33拍 : 俱北向而舞(구북향이무)
　　　　함께 북향하여 춤춘다.
○ 34拍 : 還復初列而舞樂止竹竿子二人口號(환복초열이무악지죽간자이인구호)
　　　　처음 대열로 돌아가며 춤추고, 음악이 그치면 죽간자 2인이 구호를 창한다.

嬌紅嫩綠競 _{교 홍 눈 록 경}	아리따운 붉은 빛과 옅은 푸르름이 다투니
娟姸於麗景 _{연 연 어 려 경}	예쁘고 고운 것은 화려한 경치일세
淸歌妙舞獻 _{청 가 묘 무 헌}	맑은 노래와 오묘한 춤사위를 바치고
媚姿於華筵 _{미 자 어 화 연}	아름다운 자태는 대자리에서 꽃 피우고
雅樂旣成 _{아 악 기 성}	아악이 다하니
拜辭以退 _{배 사 이 퇴}	절하여 인사하고 물러나도다.
訖 _흘	마친다.

○ 35拍 : 步虛子令(보허자령)
　　　　보허자령을 연주한다.
○ 36拍 : 竹竿子二人足蹈而退立(죽간자이인족도이퇴립)
　　　　죽간자 2인이 족도하며 물러나 선다.
○ 37拍 : 中舞足蹈小退而立樂止中舞致詞(중무족도소퇴이립악지중무치사)
　　　　중무가 족도하며 조금 물러나 서면 음악이 그치고, 중무가 창사를 한다.

幸在盛世 _{행 재 성 세}	태평성세에
庸瞻華宴 _{용 첨 화 연}	화려한 연회를 보노라
席上之歌檀曲終 _{석 상 지 가 단 곡 종}	석상의 노래를 마치니
凝行雲而徘徊 _{응 행 운 이 배 회}	지나가던 구름도 멈추어 이리저리 흐르고
花間之簫鼓聲催 _{화 간 지 소 고 성 최}	꽃 사이에 피리와 갈고 소리로 재촉하네

知回雪之將飄	백설이 머뭇거림을 알고 빠르게 달리네
자회설지장표	
未敢自專	감히 스스로 전하지 못하고
미감자전	
伏候宸旨	엎드려 임금의 뜻을 기다리노라
복후신지	

○ 38拍 : 步虛子令(보허자령)
　　　　보허자령을 연주한다.
○ 39拍 : 中舞斂手足蹈小退而立(중무렴수족도소퇴이립)
　　　　중무가 손을 모으고 족도하여 조금 물러나 선다.
○ 40拍 : 中舞與左右挾舞進而立(중무여좌우협무진이립)
　　　　중무와 좌우 협무가 나아가 선다.
○ 41拍 : 斂手足蹈(염수족도)
　　　　손을 모으고 족도한다.
○ 42拍 : 舞退樂止(무퇴악지)
　　　　춤추며 물러나면 음악을 그친다.

【궁사(宮詞) 이야기】

최화무 악장의 3첩과 4첩은 당나라 시인 장호(張祜)가 지은 〈춘앵전〉인데, 그는 궁원시(宮怨詩)와 궁사(宮詞)를 잘 써서 유명했다.

- 集靈臺 其一(집영대 기 1) -

日光斜照集靈台(일광사조집영대)　지는 햇빛 비스듬히 집영대를 비추고
紅樹花迎曉露開(홍수화영효로개)　나무의 붉은 꽃은 새벽이슬 맞아 피어난다.
昨夜上皇新授錄(작야상황신수록)　어젯밤 황제가 새로이 책봉록을 내리니
太真含笑入簾來(태진함소입렴래)　태진이 웃음 머금고 주렴으로 들어온다.

※ 해제(解題)

당 현종은 산시성 여산(驪山)에 화청궁(華淸宮)을 양귀비와 함께 자주 찾았는데, 궁 안에 도교의 신에게 제사 지내는 장소가 바로 장생전이며 곧 집영대이기도 했다. 이 곳 화청지에서 목욕을 하고 난 양귀비를 본 현종은 그녀의 눈부신 모습에 반하여 귀비(貴妃)로 삼았다고 한다.

1·2구는 집영대의 해질 무렵부터 새벽녘까지의 모습을 묘사하고 있고,
3··4구는 양귀비가 밤사이 승은을 입고 총애를 받은 것을 그려내었다

- 集靈臺 其二(집영대 기 2) -

虢國夫人承主恩(괵국부인승주은)　괵국부인은 임금의 은총을 받아
平明騎馬入宮門(평명기마입궁문)　날새면 말타고 궁문에 드는데
卻嫌脂粉汚顏色(각혐지분오안색)　연지분에 고운 얼굴 상할까 봐
淡掃蛾眉朝至尊(담소아미조지존)　눈썹만 엷게 그리고 지존을 뵌다

※ 해제(解題)

당 현종은 양귀비의 첫째 언니를 한국부인(韓國夫人)[162], 셋째 언니를 괵국부인(虢國夫人), 여덟째 언니를 진국부인(秦國夫人)로 봉했는데, 괵국부인이 현종(玄宗)의 총애를 빌미로 새벽에 화청궁의 궁문을 말타고 들어가고 화장도 하지 않은 채 황제를 만나는 장면을 묘사한 것인데, 괵국부인의 미모와 교만함을 비꼬는 내용이다.

16. 가인전목단(佳人剪牧丹) / 탐춘령(貪春令)

1) 주석(註釋)

○ 『연감유함』에 송나라 악무 십대(十隊)의 네 번째가 "가인전목단"이다. 홍생색체의를 입고 금봉관을 쓰고 모란꽃을 자른다.
○ 모란화준을 반에 설치한다. 무동 4인이 두 대(隊)로 나뉘어 각각 항아리의 꽃 한 가지를 취하여 진퇴선전(進退旋轉)하며 춤을 춘다.

『송사(宋史)』 ≪악지(樂誌)≫에 기록되기를, 송나라에는 궁중무대(宮中舞隊)가 어린아이로 구성된 소아대와 여제자로 구성된 여제자대가 각각 10대(隊)씩 있다고 하는데, 여제자대의 제 4대가 가인전목단을 전문적으로 하는 집단이라고 한다.

[표 9] 송나라 궁중 무대(舞隊)

무대(舞隊)	무대명(舞隊名)
소아대(小兒隊)	① 자지대(柘枝隊), ② 검기대(劍器隊), ③ 파라문대(婆羅門隊), ④ 취호등대(醉胡騰隊), ⑤ 원신만세악대(諢臣萬歲樂隊), ⑥ 아동감성악대(兒童感聖樂隊), ⑦ 옥면혼탈대(玉免渾脫隊), ⑧ 이역조천대(異域朝天隊) ⑨ 아동해홍대(兒童解紅隊) ⑩ 사조회매대(射鵰回鶻隊)
여제자대(女弟子隊)	① 보살만대(菩薩蠻隊), ② 감화악대(感化樂隊), ③ 포구락대(抛毬樂隊), ④ 가인전목단대(佳人剪牧丹隊), ⑤ 불예상대(拂霓裳隊), ⑥ 채련대(採蓮隊) ⑦ 봉영(鳳迎樂隊), ⑧ 보살헌향화대(菩薩獻香花隊,) ⑨ 채운선대(彩雲仙隊) ⑩ 타구악대(打毬樂隊)

※ ① 보살만대(菩薩蠻隊) → 장생보연지무(長生寶宴之舞)
　③ 포구락대(抛毬樂隊) → 포구락(抛毬樂)
　④ 가인전목단대(佳人剪牧丹隊) → 가인전목단(佳人剪牧丹)

162) 국부인(國夫人) : 앞에 모(某)를 붙여 부르는 정1품 또는 정2품의 외명부 품계이다.

2) 악장(樂章)

停杯醉折 (정배취절)	술잔 멈추고 취하여 꺾어드니
多情多恨 (다정다한)	다정스럽고 안타깝지만
絕艷眞香 (절염진향)	너무도 어여쁘고 향기로워서
只恐去爲 (지공거위)	두려운 건 꺾어 가면
雲雨夢魂 (운우몽혼) 163)	운우를 꿈꾸었던 양왕
時惱襄王 (시뇌양왕) 164)	양왕의 넋을 괴롭힐까 하노라

3) 의주/차비/복식

구분(區分)	내용(內容)
의주(儀註)	細吹作探春令呈佳人剪牧丹舞 退饌盤【退匙楪及揮巾】樂止 세취가 탐춘령을 연주하고 가인전목단무를 올린다. 찬반을 물린다 【시접과 휘건도 물림】음악이 그친다.
정재차비 (呈才差備)	○ 무(舞) : 진대길, 진계업, 신삼손, 김형식
복식(服飾)	아광모, 홍라포, 백질흑선중단의, 남질흑선상, 주전대, 흑화 (※ 춘광호, 최화무와 같음)

---

163) 전국시대 초나라의 회왕(懷王)이 무산(巫山)이라는 산에 놀러갔을 때 고당관(高唐觀)이라는 누대에 잠시 머물러 낮잠이 들었는데. 그 때 꿈에서 자신을 신농의 딸이라 밝힌 아름다운 여인이 나타나 정(精)을 나누었다고 한다. 그녀가 떠나려 할 때 회왕이 아쉬워 다시 만날 수 없냐고 하자 그 여인이 "아침에는 산봉우리에 구름이 되어 걸려 있다가 저녁이면 산기슭에 비가 되어 내리는데 그게 바로 저랍니다"라고 하며 사라졌다. 그러면서 회왕은 잠에서 깼는데 저녁이 되자 정말 산기슭에 비가 내렸다고 한다. 회왕은 그를 기념하여 무산의 남쪽에 조운관(朝雲觀)이라는 누대를 지었다고 한다.

164) 초나라 회왕의 아들 양왕이 궁정시인 송옥과 운몽대에서 노닐 때, 고당관에 구름이 수시로 변하는 것을 보고 송옥에게 묻자 송옥이 선왕인 양왕과 무산신녀에 대한 이야기를 전한다.(송옥의 고당부) 회왕(懷王)의 고사인데 양왕(襄王)으로 된 것은 한자의 오기(誤記)인 것 같다.

4) 춤 : 가인전목단(佳人剪牧丹)

가인전목단을 직역하면 "아름다운 여인이 목단을 꺾는다"는 의미이다. 팔각 소반 위에 삼지화(三枝花)를 꽂은 꽃병을 놓고, 그 둘레에서 8명이 추는데 그 가운데 4명은 꽃병에 꽂힌 삼지화의 모란을 꺾으며 즐기고, 사이사이에 낀 4명은 꽃은 꺾지 않고 춤만 함께 춘다. 꽃을 꺾은 무원은 원무(元舞)라 하고 나머지는 협무(挾舞)라고 한다.

현재는 8명이 추고 있으나 순조 28년(1828) 『무자진작의궤(戊子進爵儀軌)』에 의하면 무동 4명이 추었고, 순조 29년(1829) 『기축진찬의궤(己丑進爵儀軌)』에 따르면, 집박(執拍) 2명을 포함하여 14명의 기녀들이 추는 그림과 무동 18명이 추는 그림이 있는 것으로 보아, 그 무원의 수에 융통성이 있었음을 알 수 있다.

[사진 39] 〈가인전목단〉, 1990년 / 2000년

5) 음악(音樂) : 탐춘령(貪春令)

가인전목단의 반주음악의 악곡명인 탐춘령은 사패의 명칭에는 없어 효명세자가 작명한 것으로 보이는데, 직역하면 "봄을 찾으라는 령"이 되는데, 봄에 피는 목단을 찾으라는 뜻도 가능하다.

探春(탐춘)

대익(戴翼), 송(宋)

終日尋春不見春	하루 종일 봄을 찾았으나 보지 못하고
종일심춘불견춘	
杖黎踏破幾重雲	지팡이 짚고 구름 낀 험한 길 헤매 다니다
장려답파기중운	
歸來試把梅梢看	돌아와 시험 삼아 매화가지 잡아보니
귀래시파매초간	
春在枝頭己十分	봄이 이미 가지 끝에 완연히 와 있네
춘재지두기십분	

6) 가인전목단 무도홀기(佳人剪牧丹舞圖笏記)

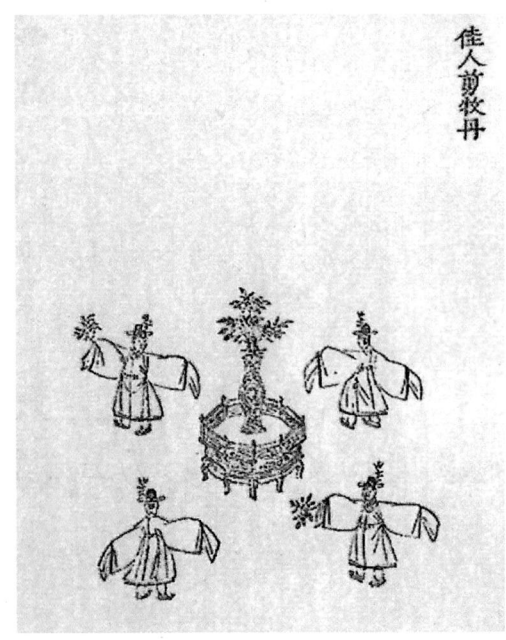

[그림 30] 〈가인전목단〉
『순조무자진작의궤』
≪부편≫ 〈정재도〉

① 『무동각정재무도홀기』

舞武	舞武
金黃龍김황룡	吳水山오수산
舞武	舞武
朴鳳男박봉남	金億萬김억만
舞武	舞武
崔德萬최덕만	韓奇福한기복
舞武	舞武
李應根이응근	金允成김윤성

[무동 초입 배열도]

◎ 樂奏探春令[鄕唐交奏](악주 탐춘령[향당교주])
    음악은 탐춘령(향당교주)을 연주한다.
◎ 樂師帥花樽奉擧舞童二人入置於殿內而出(악사수화준봉거무동이인입치어전내이출)
    악사가 화준을 받든 무동 2인을 거느리고 전(殿) 안에 들어와 놓고 나간다.
○ 1拍 : 舞八人分左右舞進而立[花樽在中](무팔인분좌우무진이립[화준재중])
        무동 8인이 좌우로 나누어 춤추며 나와 선다.(화준이 중앙에 있다)
○ 2拍 : 左隊外回右隊內回(좌대외회우대내회)
        좌대는 바깥쪽으로 돌고, 우대는 안쪽으로 돈다.
○ 3拍 : 向花而圓舞(향화이원무)
        꽃을 향하여 원을 만들어 춤춘다.
○ 4拍 : 向外而背舞(향외이배무)
        바깥을 향하여 등지고 춤춘다.
○ 5拍 : 各各相對而舞(각각상대이무)
        각각 마주보며 춤춘다.
○ 6拍 : 竝弄花而舞(병롱화이무)
        꽃을 희롱하며 춤춘다.

○ 7拍 : 花枝剪執盤轉懽舞或背或面一拂一轉而舞(화지전집반전권무혹배혹면일불일전이무)
　　　　모두 꽃가지를 반에서 꺾어 들고 돌면서 기뻐하며 춤추는데, 등지기도 하고 마주 보기도 하는데 한 번 소매를 뿌리고 한 번 돌면서 춤춘다.
○ 8拍 : 竝如初列而舞(병여초열이무)
　　　　모두 처음의 대열로 돌아가며 춤춘다.
○ 9拍 : 舞退樂止(무퇴악지)
　　　　춤추며 물러나면 음악을 그친다.

② 『여령각정재무도홀기』 고종(高宗) 30년 신축(辛丑) 1901년

花樽화준

舞(무)　　　　　　　　　　　舞무
醫女 明玉 의녀 명옥　　　　　醫女 紅桃 의녀 홍도

舞무　　　　　　　　　　　　舞무
醫女 月香 의녀 월향　　　　　尙方 花姸 상방 화연

舞무　　　　　　　　　　　　舞무
醫女 芙蓉 의녀 부용　　　　　醫女 玉仙 의녀 옥선

舞무　　　　　　　　　　　　舞무
醫女 仙紅 의녀 선홍　　　　　醫女 柳色 의녀 유색

舞무　　　　　　　　　　　　舞무
醫女 鳳喜 의녀 봉희　　　　　醫女 柳綠 의녀 유록

醫女 綠珠　醫女 眞玉　醫女 花鳳　醫女 梨花　醫女 杏花　奉花樽
의녀 녹주　의녀 진옥　의녀 화봉　의녀 이화　의녀 행화　봉화준

[여령 초입 배열도]

◎ 樂奏五雲開瑞朝探春令(鄕唐交奏)(악주 오운개서조[향당교주])
　　음악은 오운개서조(향당교주)를 연주한다.
◎ 樂師帥花樽奉擧妓二人入置於殿內而出(악사수화준봉거기이인입치어전내이출)
　　악사가 화준을 받든 여기 2인을 거느리고 전(殿) 안에 들어와 놓고 나간다.
○ 1拍 : 舞十人分左右舞進而立[花樽在中](무십인분좌우무진이립[화준재중])
　　　　무기 10인이 좌우로 나누어 춤추며 나와 선다.(화준이 중앙에 있다)
○ 2拍 : 左隊外回右隊內回(좌대외회우대내회)
　　　　좌대는 바깥쪽으로 돌고, 우대는 안쪽으로 돈다.
○ 3拍 : 並斂手北向立樂止諸妓唱詞(병렴수북향립악지제기창사)
　　　　모두 손을 모으고 북향하여 서고, 음악이 그치면 모든 여기가 창사를 한다.

　　　萬朶先開照殿紅　　만개의 꽃송이가 먼저 피어 궁전을 붉게 비추고
　　　만 타 선 개 조 전 홍
　　　姚黃魏紫妬玲瓏　　요황과 위자[165]가 서로 영롱함을 시샘하는구나
　　　요 황 위 자 투 영 롱
　　　新翻玉笛淸平樂　　청평악을 연주하는 옥피리 새롭게 울려 퍼지고
　　　신 번 옥 적 청 평 악
　　　別樣仙香撲蝶風　　나비날개 팔락이자 기이한 선향이 흩날리네
　　　별 양 선 향 박 접 풍
　　　訖　　　　　　　　마친다.
　　　흘

○ 4拍 : 鄕唐交奏(향당교주)
　　　　향당교주를 연주한다.
○ 5拍 : 左右挾舞作向花而圓舞(좌우협무작향화이원무)
　　　　좌우 협무가 무작하며 꽃을 향하여 원을 만들어 춤춘다.
○ 6拍 : 向外而背舞(향외이배무)
　　　　바깥을 향하여 등지고 춤춘다.
○ 7拍 : 各各相對而舞(각각상대이무)
　　　　각각 마주보며 춤춘다.
○ 8拍 : 並大轉當花而歡舞(並大轉當花而歡舞)
　　　　모두 크게 돌면서 꽃에 다다가 기뻐하며 춤춘다.

165) 요황위자(姚黃魏紫) : 낙양의 요씨 집에서 키우던 노란 모란과 위씨 집에서 키우던 자주 모란이 아름답기로 유명하였음.

○ 9拍 : 弄花而舞(병롱화이무)
　　　　　꽃을 희롱하며 춤춘다.
○ 10拍 : 並花枝剪執盤轉懽舞或背或面一拂一轉而舞
　　　　　(병화지전집반전권무혹배혹면일불일전이무)
　　　　　모두 꽃가지를 꺾어 들고 반을 돌면서 기뻐하며 춤추는데, 혹은 등지기도 하고 혹은 마주 보기도 하는데 한 번 소매를 뿌리고 한 번 돌면서 춤춘다.
○ 11拍 : 還復初列而舞(병여초열이무)
　　　　　다시 처음의 대열로 돌아가며 춤춘다.
○ 12拍 : 舞進而立(무진이립)
　　　　　춤추며 나아간다.
○ 13拍 : 斂手足蹈(염수족도)
　　　　　손을 모으고 족도한다.
○ 14拍 : 舞退樂止(무퇴악지)
　　　　　춤추며 물러나면 음악을 그친다.

17. 예제 무산향(睿製 舞山香)

1) 주석(註釋)

○ 당나라 여남왕 진(璡)이 항상 아견모(砑絹帽)를 쓰고 곡을 연주하였다. 상(上)이 스스로 홍근화를 따서 모첨(帽簷)에 올려놓고는 한 곡조를 연주하게 하였다.
○ 『도서집성』에 수록된 『동파지림(東坡志林)』[166]에 이도(李陶)의 아들 시에 "누구와 함께 아광모(砑光帽)를 쓰고 무산향을 연주할까"라고 하였다.
○ 대모반을 설치하는데 침상(寢牀)처럼 만든다. 무동 1인이 반(盤)에 올라 춤춘다.

---
166) 동파지림(東坡志林) : 중국문학사상 가장 위대한 문인이라는 동파(東坡) 소식(蘇軾)이 주로 유배생활 중에 쓴 에세이 형태의 소품 모음집이다.

『구지필기(仇池筆記)』에 의하면 송나라 때 서주 통판(徐州 通判) 이도(李陶)에게 17~18세쯤 되는 아들이 있었는데, 평소 시 짓기를 좋아하지 않다가 갑자기 "낙화(落花)"라는 시를 읊기를 "유수는 끝까지 바라보기 어렵고, 석양은 창자를 끊기 쉽도다. 뉘라서 아광모를 쓰고, 한 곡조 무산향을 똑같이 연주할꼬.[流水難窮目, 斜陽易斷腸. 誰同砑光帽, 一曲 舞山香.]"라고 하였다. 이에 이도가 깜짝 놀라 물으니, 마치 무엇에 홀린 듯 대답하기를 "서왕모(西王母)가 신선들에게 주연을 베풀었는데, 아광모(砑光帽)를 쓰고 춤을 추는 이가 있었습니다. 그런데 모자 위의 잠화(簪花)가 무산향 한 곡조가 끝나기도 전에 꽃이 모두 떨어졌습니다."라고 하였는데, 이 고사를 원용하여 한 말이다.

중국의 전통잡기에 정화(頂花)·정모(頂帽)·정수배(頂水杯)라는 춤이 있는데, 머리 위에 꽃이나 모자, 술잔을 얹고 춘다고 한다.

『갈고록(羯鼓錄)』에 왕련(王璉)이라는 예인의 재주 두 가지가 소개되어 있는데, 아견모(砑絹帽)와 홍근화(紅槿花)를 머리에 이고 춤을 춘 것이다. 이 두 가지는 매우 미끄러운 물건이어서 일반인들은 머리 얹는 것 자체가 힘들지만, 그녀는 머리에 얹고 무산향(舞山香) 곡이 끝나도록 춤을 추었다고 한다.

왕련(王璉)이 머리에 얹고 춤추었다는 홍근화는 우리나라의 국화(國花)인 무궁화를 말하는 것으로 우리나라에 무궁화가 많이 자라고 있다는 기록은 중국의 춘추전국시대에 저술된 동양 최고(最古)의 지리서인 ≪산해경(山海經)≫에서 찾아볼 수 있다. 이에 따르면 "군자의 나라에 훈화초가 있어 아침에 피었다가 저녁에 진다(君子國有薰花草 朝生暮死)"고 하였다. 여기서 말하는 군자국은 우리나라를 가리킨 것이고 훈화초는 무궁화의 한자명이다. 이로 미루어 우리나라에 무궁화가 자라고 있었던 것은 2천 년이 훨씬 넘는 아주 오랜 옛날부터임을 알 수 있다.

그리고 『지봉유설(芝峯類說)』[167]에서 인용하고 있는 중국의 고전인 ≪고금기(古今記)≫에는 "군자의 나라는 지방이 1,000리인데 무궁화가 많이 핀다(君子之國 地方千里 多木槿花)"고 하여 우리나라에 무궁화가 많이 피는 것을 예찬하였다.

훈화초(薰花草)는 ≪산해경≫에서 우리나라를 군자국으로 일컫는 항목에서 처음으로 등장한 무궁화의 별칭이다. ≪산해경≫은 동진(東晉) 때 곽박(郭璞, 318~324)이 지은 지리서인데 이때는 고구

---

167) 지봉유설(芝峯類說) : 광해군 6년. 1614년에 이수광이 편찬한 한국 최초의 백과사전적인 저술임.

려의 미천왕(美川王)[168] 때에 해당한다. 이로 미루어 고구려에 무궁화가 자생하고 있었음을 알 수 있다.

이 훈화초가 무궁화라는 것은 ≪산해경≫에서 '훈(薰)'자 대신에 '근(堇)'자를 사용하기도 한다 하였고 또 그 꽃은 조생모사(朝生暮死)한다는 기록으로 알 수 있다. 무궁화를 훈화초라 한 것은 그윽한 향기를 지니고 있고 눈부시게 화려한 꽃이라는 뜻에서 붙여진 것으로 보인다.

무궁화(無窮花)란 우리나라에서만 쓰던 용어인데 신라의 최치원은 "근화향(槿花香)"이란 용어를 쓴 사실이 있고, 고려 때에는 이규보의 시에 등장한다.

무궁(無窮)이란 끝이 없다는 뜻인데, 무궁화 꽃봉오리 하나하나는 아침에 피어 저녁에 지고 말지만 나무 전체로 보면 한 꽃이 피고 다음날에는 다른 꽃이 계속하여 피어 여름 내내 꽃을 이어간다. 생명력이 강하여 가지를 꺾어 거꾸로 꽂아도 살아난다고 한다.

---

168) 미천왕(美川王) : 고구려 15대 왕(300~331)으로 현도군과 대방군을 몰아내 고조선의 옛 땅을 회복함.

【무궁화 이야기】

『매천야록(梅泉野錄)』을 쓴 순국시인 황현(黃玹)이 1910년 8월 29일 경술국치(庚戌國恥)의 소식을 듣고 음독 자결하면서 남긴 "절명시(絕命詩)"에 우리나라를 무궁화의 세계라고 지칭하였다.

절명시(絕命詩)

황현(黃玹), 조선 고종(高宗)

鳥獸哀鳴海獄嚬 새와 짐승도 슬피 울고 바다와 산악도 찡그리는데
조 수 애 명 해 옥 빈

槿花世界已沈淪 무궁화 세계가 이미 물에 가라앉았네
근 화 세 계 기 침 륜

秋燈掩卷懷千古 가을 등불 아래 책을 덮고 천고를 회상하니
추 등 엄 권 회 천 고

難作人間識字人 인간세상에서 지식인 노릇하기 어렵도다
난 작 인 간 식 자 인

황현(黃玹)이 1910년 9월 10일 절명시를 남기고 소주에 아편을 타서 마시고 자결하면서 무궁화가 우리 민족을 상징하는 꽃으로 널리 알려지자 일본은 나라꽃 무궁화를 '눈에 피꽃'이라 하여 보기만 해도 눈에 핏발이 선다고 거짓 선전하였으며, '부스럼 꽃'이라 하여 손에 닿기만 해도 부스럼이 생긴다고 하는 등 온갖 거짓말로 탄압하여 전국의 무궁화를 베어 불태워 버린다.

그러나 나라꽃 무궁화에 관한 수난이 가중되면 될수록 우리 민족은 더욱 우리의 정신을 대변하는 무궁화를 사랑하고 숨겨가면서까지 키웠는데 독립운동가이자 ≪황성신문≫ 사장이었던 남궁억은 무궁화 말살을 위해 광분하는 일제의 눈을 피해 무궁화 묘목을 길러 전국에 나눠 주고, 무궁화 자라는 것을 지켜보면서 식어 가고 꺼져 가는 구국혼(救國魂)을 불러 일으키는 데 선봉적 역할을 하였다.

2) 악장(樂章)

衆中偏得君王笑 (중중편득군왕소)	여러 궁녀 가운데 홀로 임금의 미소를 얻어
催換香羅窄袖衣 (최환향나착수의)	서둘러 향기 나는 비단의 좁은 소매 옷으로 갈아입었네
遊響新歌鶯囀樹 (유향신가앵전수)	아름다운 새 노래는 꾀꼬리가 나무에서 지저귀는 듯 하고
欹風輕舞拂雲飛 (의풍경무불운비)[169]	바람에 가볍게 움직이는 춤사위는 구름을 스치며 나는 듯하네

악장의 첫 구인

"衆中偏得君王笑 (중중편득군왕소) 여러 궁녀 가운데 홀로 임금의 미소를 얻어"는 마치,

이백의 ≪청평조사 3≫의

"常得君王帶笑看 (상득군왕대소간)   임금은 언제나 웃음 머금고 바라 보네"와 같고,

아울러 백거이의 ≪장한가≫ 중

"後宮佳麗三千人 (후궁가려삼천인)   빼어난 후궁들 미녀만 삼천 명 있었지만

三千寵愛在一身 (삼천총애재일신)   삼천 명에 내릴 총애를 혼자서만 받는구나."를 합하여 표현한 듯하다.

이는 효명세자가 당 현종(玄宗)과 양귀비에 대한 수많은 시인묵객들의 시를 섭렵하고 있음을 방증하는 것이다.

악장 넷째 구절의 불운비(拂雲飛)는 여러 시구에 보이는데, 당나라 시인인 나은(羅隱)은 자연을 사랑하는 서정적 시인으로 봄이 오는 입춘을 묘사하며,

| 萬木生芽始今日 (만목생아시금일) | 만목이 싹을 틔우는 오늘 |
| 遠天歸雁拂雲飛 (원천귀안불운비) | 먼 하늘 돌아가는 기러기는 구름을 가르고 날아가네" |

라고 표현 하였다.

---

169) 불운비(拂雲飛) : 전국시대 월(越)나라 왕 구천이 탔던 말로 호랑이가 무릎을 굴었다는 명마(名馬)가 있었음.

그리고 조선 전기의 학자인, 성운(成雲)은 가을의 정경을 묘사한 만추서사(晚秋書事)란 시에서

敗葉衰荷傾雨側　　잎이 상하고 시들은 연꽃은 비오는 쪽으로 기울고
패엽쇠하경우측
逸翰新鴈拂雲飛　　힘차게 날개 짓하는 기러기는 구름 가르며 날아가네
일한신안불운비

라고 하였다.

3) 의주(儀註)/차비(差備)/복식(復飾)

구분(區分)	내용(內容)
의주(儀註)	細吹作春曉謠呈舞山香 세취가 춘효요를 연주하고 무산향을 올린다
정재차비 (呈才差備)	○ 무(舞) : 김형식
복식(服飾)	아광모, 홍라포, 백질흑선중단의, 남질흑선상, 주전대, 흑화 (※ 춘광호, 최화무와 같음)

【명마(名馬)에 얽힌 고사】

전국시대 제(齊) 환공(桓公)이 타던 말의 이름은 "불운비(拂雲飛)"이다. 전설에 따르면, 그와 총신 관중이 사냥을 나갔을 때, 호랑이가 이 말을 보고는 놀라서 땅에 바짝 엎드렸다고 한다. 당나라 황실의 후예이며, 두보(杜甫)의 먼 친척이기도 한 이하(李賀)의 마시(馬詩)에 그 내용이 담겨 있다.

- 馬詩二十三數 중 15 수 -

不從桓公獵(부종환공엽) 환공의 사냥을 따르지 않고서
何能伏虎威(하능복호위) 어찌 호랑이를 굴복시킨 위세를 알 수 있으리오
一朝溝隴出(일조구롱출) 하루아침에 평원에서 나와
看取拂雲飛(간취불운비) 구름을 떨치고 날아가는 모습을 볼 수 있으리라

전마(戰馬)는 고대 전투에서 필수불가결한 무기의 하나이며, 특히 좋은 말은 더욱 전투에 나서는 장수들의 사랑을 받았다.

기록에 따르면, 말에게 이름을 붙여준 것은 주(周)나라 때부터 시작했고, 수(隋), 당(唐)대 성행했다. 『습유기』《주목왕》에는 왕이 서왕모를 만나러 갈 때 탔던 마차를 끄는 여덟 마리의 말(馬), 팔룡지준(八龍之駿)을 열거하고 있다.

"첫째는 절지(絕地)로 발이 땅을 밟지 않으며, 둘째는 번우(飜羽)로 달리는 것이 새를 앞서고, 셋째는 분소(奔宵)로, 밤에 만 리를 달리며, 넷째는 초영(超影)으로 해를 뒤쫓아 달리고, 다섯째는 유휘(逾輝)로 털색이 빛이 나며, 여섯째는 초광(超光)으로 하나의 몸에 열개의 그림자가 있으며, 일곱째는 등무(騰霧)로 구름을 타고 달리며, 여덟째는 협익(挾翼)으로 몸에 살로 된 날개가 나 있다."고 하여 말의 위용을 설명하고 있고, 실제 이름은 화류(華騮), 녹이(綠耳), 적기(赤驥), 백의(白義), 유륜(踰輪), 거황(渠黃), 도려(盜驪), 산자(山子)이다.

【말 이야기】

　　명장(名將)들이 말의 이름을 지어주는 것도 재미있다. 진나라말기의 서초패왕 항우는 그의 보마에게 "추(騅)"라는 이름을 지어 주었고, 삼국지가 배경인 나오는 동한(東漢) 말기 동탁이 여포에게 선물하고, 나중에 관우가 얻은 명마의 이름은 "추풍적토마(追風赤兎馬)"이다.

　　삼국시대 촉의 군주인 유비(劉備)가 타는 전마의 이름은 "적로(的盧)"이다. 장비(張飛)는 성격이 조급하지만 말의 이름은 우아하다. "옥추(玉追)"라고 한다. 조조(曹操)가 타는 말의 이름은 "절영(絶影)"인데 그 뜻은 말의 속도가 빨라서 그림자도 따라오지 못한다는 의미이다.

　　명나라를 멸망시킨 농민반란군의 우두머리인 이자성이 타는 말의 이름은 "오룡구(烏龍駒)"이다 마찬가지로 용맹한 것으로 유명하다.

　　고구려 유민으로 당나라에서 태어난 고선지는 불과 20세에 당나라 장군이 되어 실크로드를 관장하는 안서 절도사에 올랐고, 후에 세계의 지붕이라 일컫는 파미르 고원을 넘어 아프가니스탄을 공격하였고, 해발 4,703m인 다르코트산 정상을 넘어 파키스탄을 점령하여 나폴레옹 보다 위대한 원정이란 평가를 받았고, 이슬람제국과 당나라가 맞붙은 세계 최초의 동서양 전쟁이라 불리는 '탈라스 전투'의 총사령관으로 활약하였다.

　　비록 전투에는 졌지만 동서양 교류에 커다란 영향을 미쳤으며, 그가 서역과 중동을 누비며 혁혁한 전과를 올릴 때 탔던 말은 청총마(靑驄馬)인데, 두보(杜甫)의 시(詩)에도 실려 실재 존재했던 말로 알려진다.

　　"소릉육준(昭陵六駿)"은 당태종 이세민이 자주 타던 여섯 필의 전마이다. 여섯 필의 전마의 명칭은 "삽로자(颯露紫), 권모왜(拳毛騧), 청추(靑騅), 십벌적(什伐赤), 특륵표(特勒驃), 백제오(白蹄烏)"이다. 당태종 이세민이 겪은 가장 주요한 6번의 전쟁에 모두 이들 말이 있었다.

　　당 현종도 말을 아주 좋아했고 그리고 말에게 이름을 지어주기를 좋아했다. 그는 외국에서 진상한 여섯필의 말에 각각 이름을 붙였는데, "홍옥련(紅玉輦), 자옥련(紫玉輦), 평산련(平山輦), 능운련(凌雲輦), 비향련(飛香輦), 백화련(百花輦)"이라고 한다.

　　◇ 말테우리를 아십니까?
　　제주도 말목장에서 말을 키우는 목자(牧者)를 일컫는 순우리말이다.

【신화적 역사 이야기】

주나라 목왕이 서왕모를 만나 요지연을 하는 장면을 묘사한 글 중, 『열자(列子)』≪주목왕편(周穆王編)≫

遂賓于西王母 _{수 빈 우 서 왕 모}	드디어 서왕모의 빈객이 되어
觴于瑤池之上 _{상 우 요 지 지 상}	요지에서 술잔을 나누었다
西王母爲王謠 _{서 왕 모 위 왕 요}	서왕모는 왕을 위하여 노래를 부르고
王和之 _{왕 화 지}	왕은 그에 화창을 하니
其辭哀焉 _{기 사 애 언}	그 가사는 슬픈 것이었다.

『선전습유』에는 다음과 같이 전한다.

서왕모가 노래하여 말했다.
"흰 구름은 하늘에 떠 있고 길은 아득히 멀다네. 산천이 가로막고 있으니 그대 죽지 말고 언제든지 다시 오소서"

이에 목왕이 대답하여 말했다.
"내가 동쪽 땅으로 돌아가 여러 나라를 조화롭게 다스려 만민이 편안해지면 그대를 보러 오겠소."

『仙傳拾遺』
_{선 전 습 유}

"王母謠曰:"白云在天, 道里悠遠。 山川間之, 將子無死, 尙能復來。"
_{왕모요왈   백운재천   도리유원   산천간지 장자무사 상능부내}

王答曰:"余歸東土, 和洽諸夏, 萬民平均, 吾顧見汝。"
_{왕답왈   여귀동토 화흡제하 만민평균 오고견여}

【이성계의 팔준마 이야기】

무장(武將)에게 말은 없어서는 안될 존재이며 특히 일각을 다투는 전쟁터에서는 자신의 다리와도 같은 존재로 목숨을 나누는 사이이다.

태조 이성계와 함께 전장을 누비며 전쟁을 승리로 이끌었던 여덟마리의 명마들이 있었고 조선 개국 후에 외적을 토벌하러 다닐 때 타고 다니던 여덟 필의 말을 '팔준마'라 했는데, 첫째는 여진 산 황운골(橫雲鶻)로 납씨(納氏)를 패주시키고 홍건적을 평정할 때 탔던 말이고, 둘째는 함흥 산 유린청(游麟靑)으로 홍건적을 토벌할 때 탔던 말이고, 셋째는 여진 산 추풍오(追風烏), 넷째는 안변 산 발전자(發電赭), 다섯째는 단천 산 용등자(龍騰紫)로 해주에서 왜구를 물리칠 때 탔던 말이고, 여섯째는 제주 산 응상백(凝霜白)으로 위화도 회군 때 탔던 말이고, 일곱째는 강화 산 사자황(獅子黃)으로 강화도 매도산과 지리산에서 왜구를 물리칠 때 탔던 말이고, 여덟째는 함흥 산 현표(玄豹)로 토아동에서 왜구를 물리칠 때 탔던 말로 이성계가 각종 전투에서 혁혁한 공을 세울 때 함께 했던 말이다.

유린청은 이성계가 죽은 후 관을 짜서 장사를 지내 줄만큼 가장 아끼던 애마였다고 하는데, 사랑을 받으면 힘이 난다고 그런지 유린청은 전쟁에서 화살을 세 번이나 맞았음에도 불구하고 31년을 살았다고 한다.

세종(世宗)은 할아버지 이성계의 팔준마에 대한 사랑을 기리기 위해 성삼문에게 유린청에 대한 칭송의 시를 짓게 했는데, 그 내용이다.

游麟靑體峯生 유 린 청 체 봉 생	유린청, 그대 신체는 봉우리처럼 늠름하며
地之類銅之英 지 지 류 동 지 영	땅의 무리이고 동의 명예이다.
振振之仁瑞聖明 진 진 지 인 서 성 명	떨치는 어진 인품은 성스러운 이름을 드높였고
齒歷延長藝老成 치 력 연 장 예 로 성	나이를 먹을수록 노련미가 돋보인다.
四踣艱頑邦以寧 사 북 간 완 방 이 녕	사방의 오랑캐를 물리치고 나라는 편안하고
踣三十一祀耀厥靈 북 삼 십 일 사 요 궐 령	삼십일 년 동안 그 영기가 빛남을 축복한다.
死有石槽留雄名 사 유 석 조 류 웅 명	죽어서도 석조에 영웅의 이름 남기는데
踣游麟靑德焉稱 북 유 린 청 덕 언 칭	유린청의 덕을 어떻게 칭송하지 않겠는가.

【이성계의 왜구 토벌 이야기】

"有一賊將, 年纔十五六, 骨貌端麗, 驍勇無比, 乘白馬, 舞槊馳突,
유일적장　연재십오륙　골모단려　효용무비　승백마　무삭치돌
所向, 披靡莫敢當, 我軍稱阿只拔都, 爭避之."
소향　피미막감당　아군칭아지발도　쟁피지

적(敵)은 박혀 있는 듯이 서서 움직이지 않았다. 나이 겨우 15, 16세가량 되어 보이는 적장 한 명은 얼굴이 단정하고 고우며 빠르고 날래기가 비할 데 없었다. 백마를 타고 창을 휘두르며 달려와 부딪치고 가는 곳마다 쫓기고 쓰러져서 감히 당해낼 자가 없었다. 우리 군사들은 아기발도(阿只拔都)라고 부르며 피하기 바빴다.

≪고려사절요(高麗史節要)≫ 권31, (1380년)

아지발도(阿只拔都)라는 이름은 고려군이 붙인 것으로 정식 이름은 알려져 있지 않으며, 아지발도의 명칭을 한국어의 「아지(아기)」와 몽골어 「바토르(용맹한 자)」의 한자 음차표기인 「발도」가 합쳐진 것이라고 보는 설이 유력한데, 남원을 포위한 아지발도는 "광주(光州)의 금성(金城)에서 말의 물을 먹이고 북쪽으로 치고 올라가겠다."고까지 할 정도로 기세가 등등했고, 이들을 토벌하는 임무를 맡은 고려군의 장수는 이성계였는데, 기록에 따르면 당시 전투 와중에 이성계가 왼쪽 다리에 화살을 맞을 정도로 당시 왜구의 기세는 격렬한 것이었다고 묘사하였다.

당시 이성계는 아지발도의 용맹하고 날쌘 모습을 가상히 여겨 생포할 것을 명했지만, 이지란이 "생포하자면 반드시 사람이 다칠 것이다. 그 사람은 얼굴에까지 갑옷을 둘러서 활을 쏠 만한 틈도 없다(其人至於面上, 皆被堅甲, 無隙可射)"며 반대하였다. 이에 이성계는 "내가 그의 투구의 꼭지를 쏘아 투구가 떨어지거든 네가 곧 쏘아라." 하고는 말을 달려 나가며 쏘아 투구 꼭지를 맞혔다. 투구 끈이 끊어져 기울어지자 아지발도는 급히 바로 썼지만, 이성계가 다시 쏜 화살에 투구가 떨어지고, 뒤이어 이지란이 쏘아 죽였다고 한다.

4) 춤 : 무산향(舞山香)

무산향은 사패의 악곡명의 하나인데, 효명세자는 정재의 제목으로 차용하고 있다. 더구나 이전에는 없었던 독무(獨舞)로 안무하고 나아가 대모반(玳瑁盤)이라는 이동식 무구(舞具)를 만들어 그 위에서 춤추게 하였다.

대모반이라는 무구 자체가 무대와 같은 역할을 하는데, 다른 정재가 군무(群舞)로서 화려함을 보여 주었다면 무산향은 대모반이라는 무구(舞具)와 독특한 복식으로 독무의 왜소함을 대신할 수 있었다.

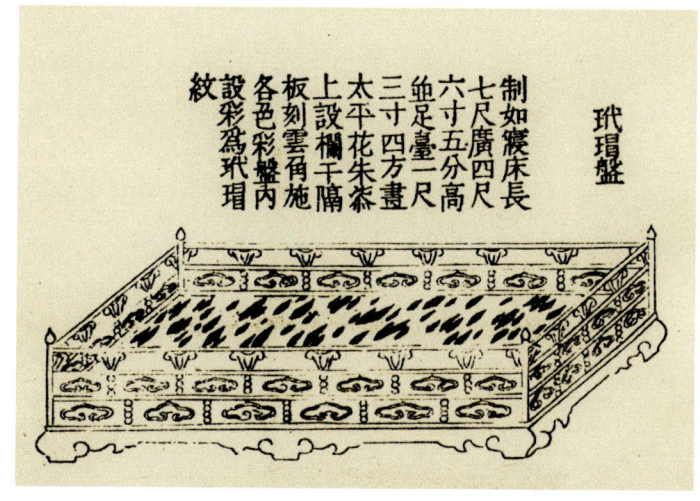

[그림 31] 〈대모반〉
『순자무지진각의궤』
≪부편≫ 〈악기도〉

대모반(玳瑁盤)의 규격은 깊이 7척, 높이 1척 3촌, 넓이 4척 6촌 5푼이다. 바닥에는 바다거북의 등껍질 문양이 그려져 있고, 난간 아래의 둘레에는 태평화가 그려져 있다. 태평화가 그려져 있는 격판의 윗면에는 7개, 아랫면에는 6개의 풍혈(風穴)이 있는데, 위는 양(陽)이니 홀수요, 아래는 음(陰)이니 짝수로 배열하였다. 이를 사방에 새겼으니 위 풍혈은 28개로 하늘 별자리 28숙(宿)[170]을 뜻하는 것으로, 동방 7수(청룡)는 角(각)·亢(항)·氐(저)·房(방)·心(심)·尾(미)·箕(기)이고, 서방 7수(백호)는 奎(규)·婁(루)·胃(위)·昴(묘)·畢(필)·觜(자)·參(삼)이며, 남방 7수(주작)는 井(정)·鬼(귀)·柳

---

170) 28宿 : 천문학에서 하늘의 별자리를 28자리로 나눈 것.

(유)·星(성)·張(장)·翼(익)·軫(진)이고, 북방 7수(현무)는 斗(두)·牛(우)·女(여)·虛(허)·危(위)·室(실)·壁(벽)이다.

아래 풍혈은 24개이니 땅의 생물을 키우는 24절기[171]를 뜻하는 것으로, 하늘과 땅 그리고 사람, 결국. 춘대옥촉의 윤대와 같이 천지인의 삼재(三才)[172]를 대모반에 구현해 놓은 것이다.

한편, 『순자무지진각의궤』≪부편≫ 〈악기도〉의 대모반을 보면서 두 가지 의문이 생긴다.

첫째는, 대모반 위에 무동이 어떻게 올라갔을까?
앞의 [그림 31] 『순조무자진작의궤』≪부편≫ 〈정재도〉에서 보듯이 무동이 들어가는 입구가 보이지 않는다. 그렇다면 높이가 불과 40cm 정도이니 난간을 넘어 들어간 것일까? 예학적 입장에서 무엇을 넘어 간다는 것은 금기이기 때문에 그건 불가능했을 것이다. 만약에 난간을 넘어가는 것이 아니라 바다거북을 타고 내린다는 개념이라면 가능할 수도 있으나, 딱히 여닫이 부분이 있는 것도 아닌 것 같아 의문이다.

둘째는, 춘대옥촉과 같은 바퀴가 왜 없을까?
대모반이 비록 가로 210cm × 세로 140cm × 높이 40cm 밖에 되지 않는 작은 규모이지만 사람이 올라가 춤을 추기 위해서는 바닥의 견고성이 담보 되어야 한다. 그렇다면 받침이나 가로세로의 받침목과 바닥 판재의 두께를 감안하면 한두 사람의 인력으로 운반하기에는 버거워 보인다. 앞의 [그림 31]을 보면 무동이 작게 표현된 것인지, 대모반이 과장된 것이 알 수 없지만 여하튼 바퀴가 없이는 쉽게 이동할 수 있는 무구가 아닌 듯싶다.

악곡의 제목을 춤의 이름으로 사용하였고, '대모반은 침상(寢牀)처럼 만든다'라고 하였으나 실제 모양은 전통적인 침상과 거리가 멀다. 난간은 추락 방지가 목적이다. 아래 [사진 40]과 [사진 41]을

---

171) 24절기 : 태양의 움직임(황도)에 따라 1년을 24개로 나누어 정한 날들로, 24절기는 태양의 움직임을 이용해 만들었으므로 실제 태양의 운행에 맞춘 태양력과 연관되어 있으며 태양력에서 24절기의 날짜는 매년 거의 일정하다. 잘못알기 쉬운데 24절기는 양력의 연장선이지, 절대 음력으로 정하는 게 아니다. 조선 이전에는 음력을 중심으로 사용하였으나 음력은 기후와 차이가 크기 때문에 음력 달력만으로는 농사를 짓기 힘들다는 단점이 있다. 그래서 이를 보완하기 위해 양력의 요소를 도입한 것이 24절기라고 할 수 있다. 그렇기 때문에 24절기는 음력이 아닌 양력과 잘 맞는다.
172) 삼재(三才) : 우주와 인간 세계의 기본적인 구성 요소이면서 그 변화와 움직임의 원인으로 작용하는 천(天)·지(地)·인(人)을 일컫는 말.

비교해 보면 난간에서 확실한 차이를 보이고 있는데, 침상은 교란난간(交欄欄干)[173]이고 정자는 계자난간(鷄子欄干)[174]이다. 대모반은 정자나 누각과 같은 계자난간이다.

[사진 40] 침상

[사진 41] 부용정

대모반은 바닥에 거북 문양을 하였다. 흔히 육각형의 무늬를 귀갑문(龜甲紋)이라 하는데 장수(長壽)를 상징하는 문양이다. 대모(玳瑁)는 바다거북의 등껍질인데, 중종(中宗) 26년(1531) 6월 11일에 그동안 용(龍)의 비늘로 알려진 것이 사실은 대모임을 기록하도록 전교하는 내용이 실록에 전한다.

"전에 내가 들으니 나라에 용의 비늘(龍鱗)이 두 개가 있는데, 조종조로부터 하나는 내탕고(內帑庫)에 간직하고, 하나는 상의원(尙衣院)에 간직했다고 하였다. 지금 꺼내보니 용의 비늘이 아니고 대모(玳瑁)이다. 그대로 용의 비늘이라 이름한다면 뒷날 말과 사실이 다르다고 여길 것이니, 대모라고 고쳐서 장부에 적어두라."

용의 비늘을 본 적이 없으니 바다거북의 등껍질의 일부를 용의 비늘로 오해해 빚어진 일로 치부할 수 있으나 내탕고에서 보관했다는 것은 보물적 가치로 인식했다는 것이고, 상의원에서 보관했다는 것은 왕이나 왕비의 복식 장식품으로서의 가치를 인정했다는 것을 말한다.

한편, 무산향은 두 가지의 중국 고사와 관련이 있는 것으로 추측할 수 있다.

---

[173] 교란난간 : 난간동자 사이에 살을 짜서 장식한 난간인데 그 살의 종류에 따라 亞자교란, 卍자교란, 빗살교란 등으로 구분된다.
[174] 계자난간 : 난간동자주를 두꺼운 판재를 이용하여 휘어지게 깎고 초각도 첨가한 것으로, 닭의 다리 모양을 닮았다 하여 계자각이라 한다.

첫째는, "무산신녀 이야기"이다.

삼황오제의 일인인 염제(炎帝)의 셋째 딸 요희(瑤姬)가 요절하여 사천성 무산(巫山)에 묻혀 신녀가 되었는데, 전국시대 초나라 회왕(懷王)이 무산에 유람 와서 그곳에 있는 고당관의 누대에서 깜빡 잠이 들었는데, 꿈속에 나타난 아리따운 여인과 정을 나누고 헤어지기 아쉬운 회왕이 "언제 다시 볼 수 있겠오?"라고 묻자 대답하기를 "아침에는 산봉우리에 구름이 되어 있다가 저녁이면 비가 되어 산기슭에 내리는 것이 저랍니다"라고 하였다. 이리하여 "운우지정(雲雨之情)"이란 말은 곧 남녀가 사랑하는 행위를 의미하게 되었다고 한다.

무산(巫山)과 무산(舞山)은 같은 발음으로 읽히고 무녀(巫女)는 신녀(神女)이며 기본적으로 무녀(巫女)는 신탁(神託)을 위해서는 춤을 추는 존재이다.

『주자어류(朱子語類)』에 의하면 '무'는 춤을 통하여 신을 접하기 때문에 공(工)자의 양측에 두 사람이 춤을 추는 형상을 취한 '巫(무)'자를 쓰게 되었다고 하였다.

무교(巫敎)는 우리 민족의 가장 오래된 종교 형태로 고대의 제천의식에서 신의(神意)를 정확히 이해하고 인의(人意)를 정확히 신에게 전달할 수 있는 사람이 신과 인간 사이에 등장 하는데 이가 무당(巫堂)이다.

제정일치(祭政一致)사회에서 무(巫)는 곧 군(君)이었고, 제의(祭儀) 또는 굿에서 무당은 격렬한 음악과 춤으로써 엑스타시(Ecstasy)의 경지에 돌입하여 탈혼(脫魂)의 과정을 거쳐서 신과 접하게 되고, 그러한 과정에서 무당은 인간의 소망을 신에게 고하고, 또 신의 의사를 신탁 받아 이를 인간에게 계시해주는 영매자(靈媒者)로서의 구실을 맡게 된다.

둘째는 "양귀비와 안록산의 이야기"이다.

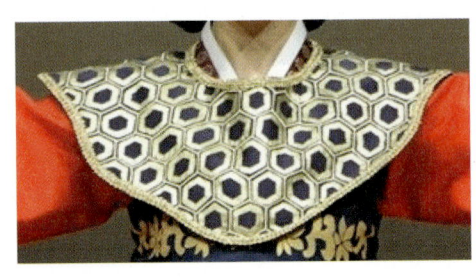

[사진 42] 금가자

무산향 복식은 궁중 정재복식 중 유일하게 앞가리개인 금가자가 있는데, 양귀비의 민간야사 속에 그와 관련된 이야기가 나온다.

안록산은 양귀비보다 16살 정도가 많음에도 현종(玄宗)의 허락을 받아 양귀비의 양자가 되었다. 그러나 두 사람의 불륜설은 끝없이 제기되었는데,

어느 날 밀회를 즐기던 양귀비가 안록산이 던진 모과에 맞아서 가슴에 상처가 나자 그 상처를 현종(玄宗)이 볼까 두려워 가슴을 가리는 가리개를 만들었는데 그것이 바로 "금가자"라고 한다.

중국에는 남자가 여자에게 구애를 할 때 과일을 던지는 "척과(擲菓)"풍습이 있다고 하니 신빙성 있는 이야기이다.

당 현종(玄宗)과 양귀비, 초 회왕(懷王)과 무산신녀!

이 두 쌍의 사랑이야기를 스토리텔링(Storytelling) 하여 효명세자는 '무산향'이라는 춤을 만들었을지도 모른다.

한편, 대모반의 바닥과 금가자의 문양이 바다거북의 등껍질 문양인 귀갑문인 것에 주목해 보자. 효명세자의 의도는 무엇일까? 거북 등을 밟고 거북 옷을 입고 춤을 추는 것은 누구일까? 어머니의 40세 생신을 축하하기 위하여 아들이 만든 춤 무산향! 어쩌면 효명세자는 자신의 아바타(Avatar)를 세워 춤을 추게 하는 것은 아닐까?

[사진 43] 〈무산향〉, 1999년 박준규 / 2018년 최경자

무산향은 1969년 12월 6~7일 "김천흥 회갑기념 제 4회 무용발표회"가 명동 국립극장에서 공연되었고, 1974년 8월 14일 "광복 29주년기념공연"에 공연 되었으며, 1979년 8월에 영국에서 공연되

어 첫 해외 공연사례가 있었고, 1983년 6월 7일 국립국악원 주최 "전통무용발표회"에서 국립국악원 무용단원으로는 처음 공연하게 되었다.

현재 어느 공연을 보다라도 무산향 공연시 대모반은 바닥이 있는 것이 아니고 난간만을 설치하고 춤을 춘다. 설치와 철수의 편의성과 시간의 절약을 위한 고육지책이겠지만 난간만을 설치하게 되면 실제의 바닥에는 대모 문양이 없게 된다. 바다거북의 등을 밟고 추는 무산향은 어버이의 장수를 기원하는 춤이다. 그런데 그 상징성이 없다면 어떻게 되는 것일까? 공연을 볼 때마다 아쉬움이 남는다.

5) 음악(音樂) : 춘효요(春曉謠)

무산향의 반주 음악의 악곡명이 이다. "봄날 새벽의 노래"로 해석할 수 있는데, 음악은 전해지지 않아서 모르지만 악장의 내용은 여러 궁녀중 총애받는 한 궁녀가 비단옷으로 갈아입고 어여쁘게 춤추는 모습을 묘사 하였다.

송사(宋詞)에서 동일한 명칭을 찾지 못하였지만 당나라 맹호연의 ≪춘효(春曉)≫라는 유명한 오언절구를 비교해 보면 〈춘효요〉와 〈춘효〉가 뜻은 거의 같으나 내용은 전혀 다름을 알 수 있다.

春曉(춘효)

　　　　　　　　　　맹호연(孟浩然), 당(唐)

春眠不覺曉　　　　봄 잠에 날 밝는 줄 몰랐는데
춘면불각효

處處聞啼鳥　　　　여기저기서 새 소리 들려온다.
처처문제조

夜來風雨聲　　　　간밤에 비바람 소리 들렸으니
야래풍우성

花落知多少　　　　꽃잎은 얼마나 떨어졌을까?
화락지다소

맹호연의 〈춘효〉가 봄날 새벽의 정경을 절묘하게 묘사하였다면 효명세자의 〈춘효요〉는 당 현종(玄宗)의 총애를 받는 양귀비가 침향정으로 오는 모습을 묘사한 것으로 보인다. 따라서 음악은 밝고 경쾌하였을 것으로 짐작된다.

6) 무산향 무도홀기(舞山香 舞圖笏記)

무산향 무도홀기는 두 가지를 서술하였는데 『무동각정재무도홀기』는 고종(高宗) 30년(1893) 계사년 홀기이고, 『여령각정재무도홀기』는 고종 50년(1901) 신축년 홀기이다.

『무동각정재무도홀기』에는 효명세자가 지은 악장이 기록되지 않았고 무동이 춤추었으나, 『여령각정재무도홀기』는 악장이 기록된 점이 다르다.

[그림 32] 〈무산향〉
『순조무자진작의궤』
≪부편≫〈정재도〉

① 『무동각정재무도홀기』

舞무
吳水山오수산

[무동 초입 배열도]

◎ 樂奏慶春光之曲[鄕唐交奏](악주경춘광지곡)[향당교주]
　음악은 경춘광지곡(향당교주)을 연주한다.
◎ 樂師帥代瑁盤奉擧舞童入置於殿內而出(악사수대모반봉거기입치어전내이출)
　악사는 대모반을 든 무동을 인솔하여 전(殿) 가운데 설치하고 나간다.

○ 1拍 : 舞一人斂手足蹈進玳瑁盤詞(무일인렴수족도진대모반)
　　　　무동이 염수족도하여 나아가 대모반 가운데에 선다.
○ 2拍 : 先擧右手次擧左手右一轉小進(선거우수차거좌수우일전소진)
　　　　오른손을 먼저 들고 다음에 왼손을 들어 오른쪽으로 한바퀴 돌아 조금 나아간다.
○ 3拍 : 左一轉至盤邊(좌일전지반변)
　　　　왼쪽으로 한바퀴 돌아 대모반 가장자리에 이른다.
○ 4拍 : 擧袖後拂先右次左(거수후불선우차좌)
　　　　손을 들어서 뒤로 뿌린다.[오른손을 먼저하고 다음에 왼손을 한다]
○ 5拍 : 擧袖回旋足蹈而退一步還北向而舞(거수회선족도이퇴일보환북향이무)
　　　　소매를 들어 돌고서, 족도하며 한 걸음 물러나 다시 북향하여 춤춘다.
○ 6拍 : 以袖高低而舞(이수고저이무)
　　　　이수고저 하며 춤춘다.
○ 7拍 : 拂袖回旋而退盤邊(불수회선이퇴반변)
　　　　소매를 뿌리며 돌아서 대모반 가장자리로 물러난다.
○ 8拍 : 隨身腰合節而舞(수신요합절이무)
　　　　몸을 따라 허리를 굽히며 악절에 맞추어 춤춘다.
○ 9拍 : 轉歡盤邊而舞(전환반변이무)
　　　　기쁘게 돌면서 대모반의 가장자리에서 춤춘다.
○ 10拍 : 側身足蹈進退而舞(측신족도진퇴이무)
　　　　몸을 옆으로 빗겨서서 족도하고 앞으로 나왔다 뒤로 물러났다 하며 춤춘다.
○ 12拍 : 舞作一拂一轉而舞(무작일불일전이무)
　　　　춤동작으로 한 소매를 뿌려 내리며 한 바퀴 돌면서 춤춘다.
○ 13拍 : 左右擡袖各一轉而舞(좌우대수각일전이무)
　　　　좌우로 대수하며 각각 한 바퀴 돌면서 춤춘다.
○ 14拍 : 後抛袖先右次左(후포수선우차좌)
　　　　소매를 뒤로 뿌려 내린다(오른쪽 먼저하고 다음에 왼쪽 한다)
○ 15拍 : 隨身腰合節而舞(수신요합절이무)
　　　　몸을 따라 허리를 굽히며 악절에 맞추어 춤춘다.
○ 16拍 : 舞作進退而舞(무작진퇴이무)

춤 동작으로 앞으로 나왔다 뒤로 물러났다 하며 춤춘다.
○ 17拍 : 轉歡盤邊而舞(전환반변이무)
기쁘게 돌면서 대모반의 가장자리에서 춤춘다.
○ 18拍 : 擡袖而舞(대수이무)
팔을 위로 들어 오른손, 왼손을 머리에 메었다 떨쳐 뿌리며 춤춘다.
○ 19拍 : 翻袖而舞(번수이무)
소매를 빠르게 휘두르며 춤춘다.
○ 20拍 : 左右乍轉(좌우사전)
좌우로 몸을 45°돌린다.
○ 21拍 : 左右一旋退至盤下(좌우일선퇴지반하)
좌우로 한바퀴 돌면서 물러나 대모반 뒤쪽에 이른다.
○ 22拍 : 斂手足蹈[175](염수족도)
손을 모으고 족도한다.
○ 23拍 : 舞退 樂止(무퇴 악지)
춤추며 물러나면 음악이 그친다.

② 『여령각정재무도홀기』 고종(高宗) 30년 신축(辛丑) 1901년

舞무
醫女 翡翠 의녀 비취

[여령 초입 배열도]

◎ 樂奏慶春光之曲[鄕唐交奏](악주경춘광지곡)[향당교주]
음악은 경춘광지곡(향당교주)을 연주한다.
◎ 樂師帥代瑁盤奉擧妓入置於殿內而出(악사수대모반봉거기입치어전내이출)
악사는 대모반을 든 여기 2인을 인솔하여 전(殿) 가운데 설치하고 나간다.
○ 1拍 : 舞一人斂手足蹈進代瑁盤中而立 樂止 唱詞(무일인렴수족도진대모반중이립악지 창사)
여기가 염수족도하여 나아가 대모반 가운데 서면 음악이 그치고 창사를 한다.

175) 염수족도(斂手足蹈) : 염수는 손을 모으는 것이고 족도는 걷거나 제자리에서 무릎을 굽혔다 폈다 하며 춤추는 것.

衆中偏得君王笑 여러 궁녀 가운데 홀로 군왕의 미소를 얻어
중중편득군왕소

催換香羅窄袖衣 서둘러 향기 나는 비단의 좁은 소매 옷으로 갈아입었네
최환향나착수의

遊響新歌鶯囀樹 아름다운 새 노래는 꾀꼬리가 나무에서 지저귀는 듯하고
유향신가앵전수

倚風輕舞拂雲飛 바람에 가볍게 움직이는 춤사위는 구름을 스치며 나는 듯하네
의풍경무불운비

訖   마친다.
흘

○ 2拍 : 鄕唐交奏(향당교주)
       향당교주를 연주한다.
○ 3拍 : 舞作小退(무진소퇴)
       춤추면서 조금 물러난다.
○ 4拍 : 右一轉小進(우일전소진)
       오른쪽으로 한바퀴 돌고 조금 나아온다.
○ 5拍 : 左一轉至盤邊(좌일전지반변)
       왼쪽으로 한바퀴 돌아 대모반 가장자리에 이른다.
○ 6拍 : 擧袖後拂先右次左(거수후불선우차좌)
       손을 들어서 뒤로 뿌린다.[오른손을 먼저하고 다음에 왼손을 한다]
○ 7拍 : 擧袖回旋足蹈而退一步還北向而舞(거수회선족도이퇴일보환북향이무)
       소매를 들어 돌고서, 족도하며 한 걸음 물러나 다시 북향하여 춤춘다.
○ 8拍 : 以袖高低而舞(이수고저이무)
       이수고저하며 춤춘다.
○ 9拍 : 拂袖回旋而退盤邊(불수회선이퇴반변)
       소매를 뿌리며 돌아서 대모반 가장자리로 물러난다.
○ 10拍 : 隨身腰合節而舞(수신요합절이무)
        몸을 따라 허리를 굽히며 악절에 맞추어 춤춘다.
○ 11拍 : 轉歡盤邊而舞(전환반변이무)
        기쁘게 돌면서 대모반의 가장자리에서 춤춘다.
○ 12拍 : 側身足蹈進退而舞(측신족도진퇴이무)
        몸을 옆으로 빗겨 서서 족도하고 앞으로 나왔다 뒤로 물러났다 하며 춤춘다.

○ 13拍 : 舞作一拂一轉而舞(무작일불일전이무)
　　　　춤동작으로 한 소매를 뿌려내리며 한 바퀴 돌면서 춤춘다.
○ 14拍 : 左右擡袖各一轉而舞(좌우대수각일전이무)
　　　　좌우로 대수하며 각각 한 바퀴 돌면서 춤춘다.
○ 15拍 : 後抛袖[先右次左](후포슈선우차좌)
　　　　소매를 뒤로 뿌려 내린다(오른쪽 먼저하고 다음에 왼쪽 한다)
○ 16拍 : 隨身腰合節而舞(수신요합절이무)
　　　　몸을 따라 허리를 굽히며 악절에 맞추어 춤춘다.
○ 17拍 : 舞作進退而舞(무작진퇴이무)
　　　　춤 동작으로 앞으로 나왔다 뒤로 물러났다 하며 춤춘다.
○ 18拍 : 轉歡盤邊而舞(전환반변이무)
　　　　기쁘게 돌면서 대모반의 가장자리에서 춤춘다.
○ 19拍 : 擡袖而舞(대수이무)
　　　　팔을 위로 들어 오른손, 왼손을 머리에 메었다 떨쳐 뿌리며 춤춘다.
○ 20拍 : 翻袖而舞(번수이무)
　　　　소매를 빠르게 휘두르며 춤춘다.
○ 21拍 : 左右乍轉(좌우사전)
　　　　좌우로 몸을 45°돌린다.
○ 22拍 : 左右一旋退至盤下(좌우일선퇴지반하)
　　　　좌우로 한 바퀴 돌면서 물러나 대모반 뒤쪽에 이른다.
○ 23拍 : 斂手足蹈(염수족도)
　　　　손을 모으고 족도한다.
○ 24拍 : 舞退 樂止(무퇴 악지)
　　　　춤추며 물러나면 음악이 그친다.

제10장 효명세자의 은밀한 사랑

1. 왕세자와 궁녀의 사랑
2. 효명세자의 은밀한 사랑

1. 왕세자와 궁녀의 사랑

　세종(世宗) 때 세자인 양녕대군이 결국 동생인 충녕대군에게 세자의 자리를 빼앗긴 것은 여러 가지 정치적 이유가 있지만 그 중에 한 가지가 양녕대군의 호색(好色)에 대한 문제였다. 양녕대군은 이미 혼인한 상태였지만 조정의 노신(老臣)인 중추부사 곽선의 첩 어리를 동궁에 데리고 와 숨겨놓고 밀회를 즐기며 임신까지 시키는 사건이 발각되어 아버지 태종(太宗)의 돌이킬 수 없는 분노를 사게 된 것이다.

　연산군은 장녹수가 노래와 춤에 뛰어나다는 소식을 듣고 장녹수를 궁으로 불러들였고, 마치 당 현종(玄宗)이 양귀비에 빠진 것처럼 연산군도 장녹수에게 푹 빠져서 그녀가 원하는 모든 것을 들어주었다. 비록 폭군이기는 하지만 예술적 감성이 뛰어났던 연산군은 장녹수를 통하여 예술적 정신적 교감을 하였고, 자신의 생모 폐비 윤씨의 비극적 사건의 전말을 알게 된 연산군은 생모를 그리워하는 연산군의 모성애를 장녹수가 채워 주었다. 그러한 이유로 입궁 직후 종4품인 숙원의 내명부 품계를 주었고, 1년 후에는 종3품의 숙용으로 삼아 둘 사이에 딸까지 낳았다.

　연산군은 아무리 노했다가도 장녹수만 보면 웃음을 되찾았고, 이러한 연산군의 총애를 믿고 권력을 휘두르게 된 장녹수는 결국 무절제한 뇌물수수와 부정축재, 남의 재산을 강제로 빼앗는 등 악행을 저지르다가 중종반정(中宗反正)[1]에 의해 참형되었고, 연산군은 강화도에 유배되었다가 병사하였다.

　광해군은 세자시절에 동궁 나인 있던 김개시에게 마음을 두고 있었는데, 어느 날 갑자기 아버지 선조(宣祖)의 나인으로 차출되었다가 임진왜란 중 의주로 몽진(蒙塵)[2]하였을 때 선조(宣祖)의 승은을 입은 승은상궁(承恩尙宮)[3]이었다. 선조(宣祖)가 죽자 다시 광해군의 궁녀로 돌아온 김개시

---

1) 중종반정 : 연산군의 폭정을 견디다 못해 박원종과 유순정, 성희안 등이 성종의 또다른 아들인 진성대군을 앞세워 연산군을 폐위시킨 사건(1506년 9월).
2) 몽진(蒙塵) : 머리에 먼지를 뒤집어쓴다는 뜻으로 임금이 난리를 피하여 다른 곳으로 옮겨감.
3) 승은상궁 : 왕의 총애를 얻어 잠자리를 함께한 궁녀로 궁여의 신분에서 "승은상궁"으로 특별대우를 받으며, 왕자나 공주를 생산할 경우 후궁의 직위를 얻어 별궁에서 생활하게 된다.

는 아버지의 승은을 입은 궁녀이기에 광해군이 함부로 할 수 있는 궁녀는 아니었지만 광해군은 세자시절에 맺은 인연으로 지밀(至密尙宮)⁴⁾으로 들여 절대적 신임을 하여 비선실세로 활약하게 된다. 김개시는 궁녀의 최고 직위인 제조상궁이 되어 왕권강화를 위한 광해군의 온갖 악역을 자임했고, 광해군의 정치적 위협이 되는 선조(宣祖)의 계비 인목대비와 이복동생인 영창대군을 죽이려 하였고, 결국 인목대비를 유폐시킨 계축옥사의 주모자이기도 하였다.

인조반정(仁祖反正)⁵⁾ 직후 사찰에서 불공을 드리고 있던 김개시는 민가에 숨어 있다가 잡혀 반정군에 의해 목이 잘렸다가 후에 능지처참의 형을 당하였다. 광해군은 강화도로 유배 갔다가 다시 제주도로 유배되어 병사하였다.

사도세자는 인원왕후(숙종의 세 번째 왕후)의 궁녀인 빙애(氷愛)를 마음에 두고 있다가 인원왕후 사후에 몰래 데리고 와서 취하였는데, 나중에 이 사실을 안 영조(英祖)가 대노하여 반대하였으나 우물에 몸을 던져 죽음을 불사하자 영조(英祖)도 어쩔 수 없이 특별상궁으로 삼아 종6품의 품계를 주어 허락하였다.

사도세자에게는 "의대증(衣帶症)"이라는 희귀병이 있었는데 곤룡포를 입을 때 불안하고 공포에 떠는 증세로 옷을 찢어 버리거나 광기에 휩싸여 시중을 드는 궁녀들에게 무자비한 폭력을 가한다는 것이다. 세자빈 이었던 혜빈 홍씨가 사도세자에게 위험을 느꼈던 것도 옷을 갈아입히는 이 때였다고 하는데, 빙애가 후궁이 된 후로는 이 역할을 빙애가 맡게 되었다.

사도세자는 정부인인 혜빈 홍씨보다 후궁 빙애를 진심으로 더 사랑했는데 사도세자의 광기가 점점 폭주할 때에 있어서는 안 될 비극이 일어난다. 어느 날 용포를 갈아입히는 순간 갑자기 발작한 사도세자가 궁녀들을 마구잡이로 때리는 것을 빙애가 말리자 감정을 조절하지 못한 사도세자가 그만 빙애를 때려죽이고 만 것이다.

사도세자의 광기가 자신이 그토록 사랑하는 여인까지 죽일 정도로 심해졌던 것이다. 후에 그녀는 경빈으로 추존되어 경빈 박씨로 기록된다.

사도세자는 혜빈 홍씨에게서 대군 산(정조)과 후궁 순빈 임씨에게서 은언군과 은신군의 두 아들,

---

4) 지밀상궁 : 지극히 비밀스럽다는 뜻으로 왕이나 왕비의 처소를 담당하는 상궁을 말한다.
5) 인조반정 : 1623년 4월 11일에 이서·이귀·김유 등 서인(西人) 세력이 정변을 일으켜 광해군을 왕위에서 몰아내고 능양군(綾陽君) 이종(李倧)을 왕으로 옹립한 사건.

그리고 경빈 박씨(빙애)에게서 은전군 등 5남 3녀를 두었다.

사도세자는 비록 자신은 왕이 되지 못하고 뒤주에 갇혀 죽는 비극의 왕세자였지만 그의 후손들은 조선말과 대한제국의 황제까지 조선의 왕통은 이어진다.

사도세자의 후궁인 순빈 임씨의 두 아들은 후기 조선의 왕위 계승과 밀접하게 연관되어 있는데, 정조(正祖)와 순조(純祖)에 이어 8살에 왕위를 이은 헌종(憲宗)이 22세에 후사 없이 사망하자 정순왕후는 사도세자의 아들이자 정조(正祖)의 이복형제인 은언군의 증손자, 소위 강화도령 이원범을 순조(純祖)의 양자로 입적하여 철종(哲宗)으로 왕위를 이었고, 철종(哲宗) 역시 후사가 없이 사망하자 왕실의 가장 웃어른인 조대비가 자신의 남편이었던 효명세자의 양자로 은신군의 증손자 흥선군의 둘째 아들 이명복을 입적하여 왕위를 잇게 했으니 그가 조선의 마지막 왕이자 대한제국의 초대 황제인 고종(高宗)황제이다.

2. 효명세자의 은밀한 사랑

효명세자에 후궁이 있거나 사랑하는 궁녀가 있다는 기록은 어디에도 없다. 하지만 효명세자와 은밀한 사랑을 나누었던 궁녀가 있었던 것은 아닌가 하는 단초를 제공하는 내용이 2013년 2월 22일 ≪동아일보≫ 신문 기사가 있었다.

≪동아일보≫ (2013년 2월 22일)

"20세기 초까지 구전됐던 조선시대 가사(歌辭) '화조가(花鳥歌)'의 지은이가 확인됐다. 화조가는 역사상 유례를 찾을 수 없는 세자와 궁녀의 합작품이었다.

신경숙 한성대 국문학과 교수는 21일 "서울대 규장각한국학연구소가 소장한 19세기 고서 '용가사' 등에서 화조가가 효명세자(孝明世子·1809~1830)와 조맹화라는 궁녀가 함께 지은 가사라는 사실을 입증하는 증거를 찾았다"고 밝혔다. 효명세자가 대리청정하던 시절에 진찬(進饌)에서 지어진 것이라는 설명이다.

화조가는 4음보 1행을 이루는 한글 가사. 실린 책에 따라 차이를 보이나 일반적으로 전체 44~48행 안팎이다. 태평성대를 맞아 왕실을 찬양하고 꽃과 새를 벗 삼아 살겠다는 내용이다. 1947년 '조선민요집성'에는 주로 영남에서 전해진 내방가사로 소개됐다. 다만 학계는 가사에 집춘문과 춘당대 같은 궁궐 구조가 등장한다는 점에서 궁궐 사정을 잘 아는 이가 지었을 것으로 짐작해 왔다.

그러나 신 교수는 화조가가 실린 고서 17종을 검토해 지은이를 유추할 수 있는 흔적 3가지를 발견했다. 먼저 가사 모음집인 '용가사'에 실린 '화쵸가' 서두에 "진장각 죠맹화는 화쵸가를 지은지라"는 대목이 나온다. 진장각(珍藏閣)은 창덕궁 연경당 터에 있던 건물로 선대 임금과 중국 황제의 어진(御眞)을 모시던 곳이다. 또 단국대가 소장한 19세기 두루마리 필사본은 제목 자체가 '익종대왕(효명세자) 화소가'다.

1940년 조선어학회가 발행한 '한글' 8권에도 단서가 있다. "우에 두 귀귤(2행)은 인종대왕(익종의 와전) 지으시고 사십육귀(46행)난 주맹희라 하는 궁녀 지은 게라"라는 부가설명이 나온다. 신 교수는 "세 자료를 종합하면 궁녀가 지어올린 가사에 세자가 화답해 두 문장을 하사한 것"이라고 말했다. 이후 민간으로 퍼지며 출처가 불분명해졌다는 설명이다.

남녀가 유별한 유교사회, 그것도 궁중에서 어떻게 이런 일이 가능했을까. 조명철 고려대 사학과 교수는 "지엄한 조선 왕실에서 세자와 궁녀가 공개적으로 함께 글을 짓는 건 불가능하다"며 "신분을 뛰어넘은 '은밀한 로맨스'로 읽히기도 한다"고 말했다.

하지만 신 교수는 시대상을 감안할 때 이 작품은 '정치적 산물'이라고 해석했다. 효명세자는 순조의 맏아들로 태어나 21세에 갑작스레 훙서(薨逝)했다. 세도정치가 기승을 부리던 19세기 초, 병약한 임금을 대신해 왕권을 회복하려 애썼다. 짧은 대리청정(4년)이었지만 인재를 등용하고 법 집행이 엄정했다는 평가를 받았다.

진장각 같은 주요 처소의 궁녀라면 이 상황을 모를 리 없다. 따라서 화조가는 왕실을 찬양한 '헌정사'였을 가능성이 높다. 가사 속 "요순성대 다시차자 태평화조 잔채(잔치)한다"가 이를 뒷받침한다. 대리청정을 요순시대로 묘사한 것이다.

뒷자락에 나오는 '대명화(大明花)'와 '대보단(大報壇)'도 같은 맥락이다. 대명화는 안평대군이 명나라에서 하사받은 꽃, 대보단은 창덕궁의 명 황제 제단을 말한다. 둘은 조선 임금이 '절대불변의 군신관계'를 강조할 때 즐겨 쓰던 정치적 아이콘이다. 명과의 의리를 지키듯 왕에게 충성하란 뜻이다. 조맹화도 이를 상기시키려는 의도였음이 분명하다.

명민한 효명세자는 이를 적극 활용했다. 겨우 두 문장을 달았으나 메시지는 심오하다.

'어와 가소롭다 남아평생 가소롭다/청춘사업 바랏드니 백두옹이 대단말가'는 얼핏 보면 노년의 한탄으로 들린다. 10대 세자 입에서 나올 말이 아니다. 신 교수는 "세월이 금세 흐르니 청춘사업(국정 쇄신의 대업)을 서두르겠다는 반어적 표현"이라고 말했다. 구전요로 묻힐 뻔한 가사에 왕권강화의 기치를 내걸었다 안타깝게 사그라진 왕세자의 복심(腹心)이 담겨있었던 것이다."

위 기사 내용만으로 효명세자와 조맹화라는 궁녀의 은밀한 사랑을 나누는 관계라고 단정할 수는 없다. 하지만, 조명철 교수가 지적하였듯이 효명세자와 궁녀가 공개적으로 글을 주고받을 수 있는 방법은 없다면 방법은 직접 대면하는 수밖에 없다. 글을 주고받는 것도 한 두 차례로 끝날 일이 아니다.

효명세자가 사가로 나간 여동생 복온공주와 서신을 주고받을 수 있는 것은 궁중과 사가를 오갈 수 있는 "색장나인(色掌內人)[6]"이나 "글월비자[7]"가 있기 때문에 가능하였다. 따라서 조맹화라는 궁녀는 세자궁에 속한 궁녀일 것이며, 글을 잘 알고 시작(詩作)에도 능한 그녀가 효명세자의 눈에 띠어 은밀한 관계 또는 기록에는 없지만 이미 세자의 후궁의 지위를 갖고 있을 수 있다는 개연성을 배제할 수 없다.

궁녀의 하루 일과 중 하나가 잠들기 전 글씨를 연습해야 한다. 주로 언문(한글)을 바르고 가지런하게 쓰는 연습인데, 이것이 오늘날 우리가 쓰고 있는 "궁서체"의 뿌리라고 할 수 있다. 글씨를 예쁘게 잘 쓰는 궁녀는 부수입도 얻을 수 있었는데, 그것은 책을 빌려 주는 세책방(貰册房)에서 유행하는 소설의 주문이 많으면 이를 공급하기 위해 은밀하게 궁을 출입하는 궁녀들을 통해 소설을 베껴 쓰게 하고 대가를 지불하였기 때문이다. 궁녀들의 글씨는 선이 맑고 곧으며 단정하고 아담하여 인기가 많았다고 한다.

궁서체의 시조는 세조(世祖) 때의 상궁 조두대라고 하는데, 그녀는 언문과 한문은 물론 이두와 범어(梵語)까지도 능해 『석보상절』[8], 『월인석보』[9] 발간에 관여하였고, 『능엄경 언해』[10], 『두시

---

6) 색장나인 : 빛장나인이라고도 한다. 각 전궁(殿宮)의 문안편지를 관장하며, 국혼(國婚)이 있을 때는 봉명상궁(奉命尙宮)을 따라 바깥 집에 왕비와 대비(大妃)의 친서(親書)나 예물을 가지고 가는 일을 맡았다.
7) 글월비자 : 궁궐의 색장나인(色掌內人) 밑에서 심부름을 하며 궁 밖에 문안 편지를 배달하던 나인.
8) 석보상절 : 세종 28년(1446)에 세종의 명으로 수양대군이 발간한 석가모니의 일대기를 찬술한 언해본.
9) 월인석보 : 1459년(세조 5)에 세조가 세종이 지은 『월인천강지곡』을 본문으로 하고 자신이 지은 『석보상절』을 설명 부분으로

언해』11) 등 언해본 발간에도 기여하였으며, 그 때가 종7품의 전언(典言)이었고, 특히 소혜왕후의 『내훈(內訓)』12)의 발문을 쓸 때는 정5품의 상궁 최고의 지위에 오를 정도로 뛰어난 서체를 가지고 있었다.

3. 화조가(花鳥歌)

花鳥歌(화조가)

가소(可笑)롭다 남아평생(男兒平生) 가소롭다
청운사업(靑雲事業) 바랬더니 백두옹(白頭翁)이 되단말가
요순성대(堯舜聖代) 다시 만나 태평화조(泰平花朝) 차지하니
강구연월(康衢烟月) 노인들은 격양가(擊壤歌)로 화답(和答)하네
낙양성(洛陽城) 동쪽 도리화(桃李花)는 가지가지 꽃이 피어
인왕산(仁旺山)에 뿌리박아 한강수(漢江水)로 물을 주어
사백년(四百年) 봄바람에 화조왕(花鳥王)이 되었어라

월궁(月宮)에 계수(桂樹)가지 뉘줄려고 피었는고
작작도화(灼灼桃花) 만발(滿發)하니 절대가인(絶代佳人) 거룩하다
장안호걸(長安豪傑) 소년(少年)들은 행화촌(杏花村)을 찾아가고
금년춘화(今年春花) 다모여서 목단화(牧丹花)에 조회(朝會)한다

하여 합편한 책.
10) 능엄경 : 불교 경전의 하나로 선종(禪宗)의 주요 경전으로, 인연(因緣)과 만유(萬有)를 설명하였다.
11) 두시언해 : 당(唐)나라 두보(杜甫)의 시 전편을 52부로 분류하여 한글로 번역한 시집(詩集).
12) 내훈 : 1475년(성종 6) 성종의 어머니인 소혜왕후가 당시의 부녀자들이 쉽게 읽을 수 있는 교양서적이 없음을 안타깝게 여겨, 중국의 ≪열녀전≫·≪소학≫·≪여교 女敎≫·≪명감 明鑑≫의 네 책에서 부녀자들의 훈육에 요긴한 대목을 뽑아서 부녀자의 훈육을 위하여 편찬한 책.

일장혼백(一將魂魄) 촉규화(蜀葵花)는 연엽주(蓮葉酒)로 헌수(獻酬)하고
한상구월(寒霜九月) 처사화는 도연명(陶淵明)을 벗을 삼고
줄기좋은 줄창화(茁蒼花)는 무슨일로 내쳤든고
오동계월(梧桐桂月) 봉순화는 소소구성(簫韶九成) 춤을 추고
알송달송 금음화(金銀花)는 당상관(堂上官)의 관대(冠帶)되고
붉고붉은 함박꽃은 삼천궁녀(三千宮女) 치마되고
당실당실 연적화는 미인(美人)마저 희롱(戲弄)하고
부석산중(浮石山中) 선비화는 부령부처 살이 되고
유초생정(幼草生庭) 명엽화는 세상춘추(世上春秋) 헤아리고
노릿노릿 송화(松花)꽃은 광풍(狂風)에 흩날리고
심양강(潯陽江) 양류화(楊柳花)는 도처사(陶處士)의 절개(節介)로다
두턴 우의(友誼) 질레꽃은 용문산(龍門山) 백설(白雪)이오
사람앞에 괴화(槐花)꽃은 과거(科擧)선비 재촉하고
마당같에 흰배꽃은 백설(白雪)이 분분(紛紛)하고
거리밭에 대추꽃은 꽃중에도 시어미라
감꽃피고 굄꽃피어 만지낙화(滿地落花) 가득하고
동구 밖에 느티꽃은 싸락싸락 흘러있고
산언덕에 복분화(覆盆花)는 점점(點點)이 자랑하고
앞 연당(蓮塘) 홍연화(紅蓮花)는 군자기상 거룩하고
상평하평(上平下平) 다래꽃은 부인방적(婦人紡績) 좋을시고
논둑 밑에 모매꽃은 병아가리 방불(彷彿)하고
뒷동산 모매꽃은 미인치마 염색(染色)하고
두리넙적 패리꽃은 상주(喪主)맵시 근사(近似)하고
만학천봉(萬壑千峰) 진달래는 동자(童子)머리 치장하고
명사십리(明沙十里) 해당화(海棠花)는 꽃중에도 이름좋다
뭉실뭉실 석류화(石榴花)는 기사치마 개갑구나

후원중(後園中)에 앵두꽃은 원정부에 이별이오

길바닥에 문동꽃은 예양으로 모양좋다

밭가운데 메밀꽃은 온갖 봉접(蜂蝶) 불러오네

밭머리에 배화꽃은 백자천손(百子千孫) 점지(點指)하고

영그렀다 무꽃은 바람따라 어러지고

동실동실 실이화는 코맥한데 당제(當劑)되고

오리붉은 이시화는 담결린데 명약(名藥)이오

희고 누린 금은화(金銀花)는 이름따라 더욱 좋다

옥창앞에 매화(梅花)꽃은 자주염색(紫朱染色) 근사(近似)하고

층암절벽(層岩絕壁) 칠기꽃은 언덕을 얻었구나

곱고고운 봉선화(鳳仙花)는 보기좋고 사랑하다

덥석덥석 장미화(薔薇花)는 재상원장(宰相垣墻) 되어있고

송이송이 박달꽃은 육십일년 도수되고

지붕 위에 포화(匏花)꽃은 촌양(村樣)을 밝게하고

울밑에 호박꽃은 아침이슬 웃고있고

쪼작쪼작 돌개꽃은 사발이름 전해있고

마디마디 잔대꽃은 마디마디 달려있고

푹신푹신 갈대꽃은 떼기러기 날아들고

향기많은 작약화는 대구령(大邱令)에 당제(當劑)되고

목구꿨다 고운예꽃 청루미인(靑樓美人) 비녀되고

개골가에 오래꽃은 염소불러 희롱(戲弄)하고

바다위에 그뭄꽃은 세상흥망(世上興亡) 개락하고

낸달내 그진꽃은 살인(殺人)하려 네 났드냐

노릿노릿 참외꽃은 서리 한풍(寒風) 겁을내고

햇긋햇긋 달이꽃은 유방백세(遺芳百世) 하여있고

사랑앞에 파초(芭蕉)꽃은 만화백조(萬花百鳥) 다모였다

말 잘하는 앵무(鸚鵡)새는 만세만세(萬歲萬歲) 호만세요
글 잘하는 한림새는 군자만년(君子晩年) 축수하고
뒤동산 소쩍새는 금년풍조(今年豊兆) 미리 전(傳)코
동산(東山)에 새벽까치 좋은 소식(消息) 전(傳)했도다
은하수(烏河水) 한 구비에 오작교(烏鵲橋)를 놓아주고
더디오는 청조(靑鳥)새는 배운가를 다시 불러
소상강(瀟湘江) 저 기러기 소문편지 전해주고
종남산(終南山) 우는 봉황(鳳凰) 오현금(五絃琴)을 화답(和答)하고
호수(湖水)가에 관저구구(關關雎鳩) 군자호구(君子好逑) 짝을불러
강강남에서 나온 제비 봉황각에 하례(賀禮)하고
월상시 현백치는 태묘에 올랐구나

영소(靈沼)위에 저 홍안(鴻雁)은 우리임금 돌아본다
노자작 가득부어 천년하수(千年遐壽) 비나이다
소리좋은 저 꾀꼬리 양류사(楊柳絲)로 비단 짜서
우리 성상(聖上) 곤룡포(袞龍袍)에 오색(五色)실로 수(繡)를놓아
흥망(興亡)이 꿈같으니 천년만년 울고지고
바지벗은 탈고(脫袴)새는 서리한풍(寒風) 춥다마라
보리타작(打作) 백학(白鶴)새는 풍년풍년(豊年豊年) 우지진다
귀촉도(歸蜀道) 불여귀(不如歸)는 촉망제(蜀亡帝)의 넋이로다
동정추월(洞庭秋月) 초혼조(招魂鳥)는 초패왕(楚霸王)의 넋이로다
진무관에 우는 닭은 맹상군(孟嘗君)의 손이로다
맹진의 날랜 매는 강태공(姜太公)의 용맹(勇猛)이오
청천(靑天)에 운조진은 강태공(姜太公)의 진법(陣法)이오
오색채(五色彩) 빛난 꿩은 곤룡포(袞龍袍)에 수를 놓고
반포(反哺)의 저 까마귀 효자(孝子)를 뽄을 받고

빛 좋은 딱따구리 뚜딱뚜딱 나무파고
앞 연당(蓮塘) 저 물가에 오리오리 십리로다

구만장천(九萬長天) 운무중(雲霧中)에 높이 뜬다 공작孔雀이여
공산명월(空山明月) 깊은 밤에 슬피 우는 자규(子規)새
만경창파(萬頃蒼波) 녹수중(綠水中)에 두리쌍쌍 비치새
칠팔월(七八月) 새 단풍(丹楓)에 녹두밭에 파랑새
동문 밖에 제사할제 장문 중에 원거새
자기개롱 밝은달에 도연명(陶淵明)의 백학(白鶴)새
상풍소우 불수귀라 서산(西山)에 백로(白鷺)새
청강일곡(淸江一曲) 포촌류(抱村流)에 상친상근(相親相近) 백구(白鷗)새
풍화일란 조정원에 이름불러 자명새
부요직상(扶搖直上) 구만리(九萬里)라 북해상(北海上)의 태풍(颱風)새
만수무강(萬壽無疆) 축수연(祝壽宴)에 춤잘춘다 상양새
도화유수(桃花流水) 흘러가니 쌍거쌍래(雙去雙來) 원앙(鴛鴦)새
청춘시절(靑春詩節) 재촉하니 밭뚝 밑에 뻐꾹새
경수무풍(鏡水無風) 야자파(也自波)라 낮게 떴다 무족새
천광운영(天光雲影) 공배회(共非徊)라 높이 떴다 고뉘새
낙화방초(落花芳草) 무심처(無心處)에 소리좋다 방울새
방문자의 죽은 넋이 활 잘 쏜다 호반(虎班)새
백년한정(百年限定) 한평생(限平生)에 해로인정(偕老人情) 비림새
귀남자(貴男子)의 의관문물(衣冠文物) 풍채(風采)좋다 준의새
앞 남산중(南山中) 야반(夜半)에 부흥부흥 부흥새
만지낙화(萬枝落花) 점은 봄에 오락가락 할미새
억제간운(憶弟看雲) 백일면(白日眠)에 언덕위에 척영새
서방에 오색산조 미물좋다 숙상새

백운홍하(白雲紅霞) 떨기나무 같이울자 부부새
사랑 앞에 연당(蓮塘)위에 위세당당(威勢堂堂) 기우새
곡식밭에 저 참새 오동(梧桐)가지 저 난(鸞)새
솔뿌리에 저촉새 점은날에 저 뱁새
논둑밑에 저 황새 살림독주 저 집새
말못하는 벙어리새 베 잘짜는 용두머리새
해동청(海東靑)에 보라매 반공중에 소리개
용맹(勇猛)있는 독수리 애교(愛橋)있는 비둘기
밤에 나는 올빼미 슬피우는 접동새
대추먹는 탐조(貪棗)새 긴 주둥이 삐죽새

아서라 치워라 이세상 천지간에
허다한 꽃과 새를 어이다 말할소냐
아차 잊었다 새가 또 있구나
이 새는 날개는 눈도 코도 꽁지도 다 없고
크기는 한량없는 매일 세 번씩 먹는
사람의 먹새 이 새가 제일 크다

『고대도시로 떠나는 여행(중국)』. 둥젠훙 지음. 이유진 옮김. 글항아리. 2016.
『교양으로 읽어야 할 중국지식』. 다케우치 미노루 지음. 양억관 옮김. 이다미디어. 2006
『구중궁궐여인』. 씨앙스 지음. 신종욱 옮김. 미다스북스. 2014
『국역 고종신축진연의궤 1~3』. 한국예술학과 음악사료강독회. 민속원. 2001
『국역 순조무자진작의궤』. 이의강 책임번역. 보고사. 2003
『궁궐 그날의 역사』. 글 황인희, 사진 윤상구. 기파랑. 2014.
『궁중정재용어사전』. 손선숙. 민속원. 2005.
『궁중정재의 복원과 재현』. 손선숙. 학고방. 2012.
『궁중홀기속의 우리춤과 음악찾기』. 송방송, 손선숙 편저. 보고사. 2009
『꽃으로 보는 한국 문화사 2』. 이상희. 넥서스 BOOKS. 1998.
『당나라 뒷골목을 읊다』. 김준연, 하주연 옮김. 글항아리. 2018.
『당현종』. 임대희, 우성민 옮김. 서경문화사. 2012
『唐詩選』. 이병한, 이영주 역해. 서울대학교출판부. 1998.
『동궐의 우리 새』. 장석신 지음. (주)눌와. 2009.
『동양고전 당시(唐詩) 300수 1,2』. 채지충 편회(編繪), 김현신 역. 도서출판 두성. 1991
『동양고전 당시(唐詩)』. 채지충 편회(編繪), 김현신 역. 도서출판 두성. 1991
『동양고전 송사(宋詞)』. 채지충 편회(編繪). 유문랑 역. 도서출판 두성. 1991
『동양화 읽는 법』. 조용진. 집문당. 2000.
『마음으로 읽는 궁궐이야기』. 윤돌 지음. 이비락. 2004.
『별자리에 숨겨진 우리역사』. 정태민 지음. 한문화. 2007.
『서울 600년 1~5』. 김영상. 대학당. 1999.
『송사 300수』. 주조모 엮음. 류종목 옮김. 지식을 만드는 사람들. 2016.
『순조조 연경당 진작례』. 허영일 외. 민속원. 2009
『신역 악학궤범』. 이혜구 역주. 국립국악원. 2000
『심소 김천흥 무악 70년』. 김천흥. 민속원. 1995.
『심소 김천흥 선생의 무악 인생록』. 김천흥 지음, 김영희 엮음. 소명출판사. 2017

『심소 김천홍의 춘앵전』. 인순림. 민속원. 2008.
『악인열전』. 허경진 편역. 한길사. 2005.
『양귀비의 사랑과 배반에 관한 보고서』(상, 하). 나채훈 지음. 들마루. 2005
『여령정재무도홀기』. 인남순, 김종수 공역. 민속원. 2001
『여인들의 중국사』. 왕번강 지음. 구서인 옮김. 김영사. 2008
『역주 악서 1~5권』. 진양 지음. 조남권, 김종수 옮김. 소명출판사. 2012
『왕실양명술(王室養命術) 1~3』. 이원섭 지음. 도서출판 초롱. 1993
『왕이 못된 세자들』. 함규진. 김영사. 2009
『왕자의 눈물』. 배상열 지음. 청아출판사. 2008.
『우리 궁궐을 아는 사전』. 역사건축기술연구소. 돌베개. 2015.
『우리춤 이야기』. 김천홍. 민속원. 2004
『음악, 삶의 역사와 만나다』. 국사편찬위원회. 경인문화사. 2011.
『의궤속의 우리 춤과 음악을 찾아서』. 송방송 편저. 보고사. 2008
『이야기 동양신화 1,2』. 정재서. 황금부엉이. 2004
『이야기 중국문학사(상, 하)』. 지세화 편저. 일빛. 2002.
『이야기 중국사』. 김희영 지음. 청아출판사. 2006
『장서각 정재무도홀기』(영인본). 한국정신문화연구원. 1994.
『장악원, 우주의 선율을 담다』. 송지원. 추수밭. 2010.
『정재무도홀기 창사보 1, 2』. 김천홍. 민속원. 2003
『조선 후기 궁중연향문화 1~3권』. 한국정신문화연구원. 민속원. 2003
『조선국왕 VS 중국황제』. 신동준 지음. 역사의 아침. 2010.
『조선시대 궁중연향과 여악연구』. 김종수. 민속원. 2001
『조선왕실 기록문화의 꽃 의궤』. 기문식, 신병주. 돌베개. 2005.
『조선왕실의 의례와 생활 궁중문화』. 신명호. 돌베개. 2002.
『조선왕실의 자녀 교육법』. 신명호 지음. 시공사. 2005.
『조선왕실의 천재 교육』. 백승헌 지음. 이지북. 2005.
『조선의 동궐에 들다』. 글 한영우, 사진 김대벽. 효형출판. 2006
『조선의 왕세자 교육』. 김문식, 김정호 지음. 김영사. 2003.
『조선의 참 궁궐, 창덕궁』. 최종덕 지음. (주)눌와. 2006

『조선임금 잔혹사』. 조민기 지음. 책비. 2016
『조선조 궁중의례와 음악』. 이재숙 외. 서울대학교 출판부. 1998.
『조선조 궁중풍속연구』. 김용숙 지음. 일지사. 1986.
『조선조 악장의 문예미학』. 조규익 지음. 민속원. 2005
『조선조 음악사 연구』. 송방송 저. 민속원. 2001.
『중국 고전 이야기 1,2』. 송철규 지음. 나무. 2000.
『중국 명시의 향연』. 김상홍. 도서출판 박이정. 1991.
『중국문인열전』. 류소천 지음. 박성희 옮김. 북스넛. 2011.
『중국문화 오딧세이』. 강윤옥. 차이나 하우스. 2006.
『중국사 인물열전』. 소준섭 지음. 현대지성. 2018
『중국신화 이야기 1, 2』. 김선자. 아카넷. 2004
『중국역사속 가장 특색있는 황제들』. 쫭롄 지음. 안명자, 김문 옮김. 어진이. 2005
『중국철학 사상사』. 김백현. 차이나 하우스. 2006.
『춘앵전』. 허영일 편. 민속원. 2012.
『춤꾼 김진환의 재미나는 춘앵전』. 광림북하우스. 2008.
『칼을 품은 춤 - 효명세자』. 이상각. 서해문집. 2013.
『하늘에 새긴 우리 역사』. 박창범 지음. 김영사. 2002.
『하룻밤에 읽는 중국사』. 미야자키 마사카즈 지음, 오근영 옮김. 렌덤하우스중앙. 2001
『한국궁중무용총서 2』. 이흥구, 손경순 공저. 보고사. 2009
『한국궁중무용총서 9』. 이흥구, 손경순 공저. 보고사. 2010
『한국궁중무용총서 10』. 이흥구, 손경순 공저. 보고사. 2010
『한국궁중무용총서 11』. 이흥구, 손경순 공저. 보고사. 2010
『한국궁중무용총서 12』. 이흥구, 손경순 공저. 보고사. 2010
『한국궁중무용총서 13』. 이흥구, 손경순 공저. 보고사. 2011
『한국의 전통 무용연구』. 장사훈 저. 일지사. 1977.
『한시와 일화로 보는 꽃의 중국문화사』. 나카무라 고이치. 조선진, 조영렬 옮김/. 뿌리와 이파리. 2004
『화전(話典)』. 정후수 지음. 어진소리. 2004.
『화정만필』. 기태완. 고요아침. 2007
『황궁의 성(性)』. 씨앙스 지음. 강성애 옮김. 미다스북스. 2009

『황제를 지배한 여인들』. 씨앙스 지음. 강성애 옮김. 2005.
『효명세자연구』. 한국무용예술학회 편. 두솔. 2005

■ 저자소개

동호 김거부(金巨富)
- 성균관대학교 졸업
- 법고창신 대표
- 전통의례 전문 감독
- (사)아시아민족조형학회 부회장
- 일본 동아시아역사문화연구소 위촉 교수

[전통문화행사연출]
- 왕조의 꿈 태평서곡 의례연출(국립국악원. 2001~2018)
- 덕수궁 수문장 교대의식 연출(서울시. 2001~2003)
- 중궁명부회례의 기획/연출(경희궁. 2002년)
- 왕비간택의식 기획/연출(운현궁. 2005~2006)
- 고종 명성후 가례 연출(운현궁. 2005~2006)
- 국빈방한 환영식 의전개선 고증(청와대 의전실. 2007)
- 세종조 회례연 의례연출(국립국악원. 2008~2013)
- 왕이 모신 잔치 孝. 대본/의례연출(국립부산국악원. 2016~2017)

[논문]
- 조선조 궁중 진연의 원형과 공연예술로서의 방법론
- 국빈방한 환영식 개선 TF사업보고서(의장기·무기)
- 정조, 사도세자의 천도재를 열다
- 효명세자 예제 정재명과 악곡명에 대한 연구
- 조선시대 양로연의 의례와 의물
- 양로연의 현대적 공연 콘텐츠 개발

춤을 사랑한 조선의 왕세자

초판발행	2020년 8월 01일
저　자	김 거 부
발 행 인	권 호 순
발 행 처	시간의물레
등　록	2004년 6월 5일(제1-3148호)
주　소	서울시 마포구 마포대로 4다길 3, 1층
전　화	02-3273-3867
팩　스	02-3273-3868
전자우편	timeofr@naver.com
블 로 그	http://blog.naver.com/mulretime
홈페이지	http://www.mulretime.com
ISBN	978-89-6511-315-7 (93990)
정　가	30,000원

* 이 책의 저작권은 저자에게 출판권은 시간의물레에 있습니다.

** 이 도서의 국립중앙도서관 출판예정도서목록(CIP)은 서지정보유통지원시스템 홈페이지(http://seoji.nl.go.kr)와 국가자료종합목록 구축시스템(http://kolis-net.nl.go.kr)에서 이용하실 수 있습니다.(CIP제어번호: CIP2020031086)